U0737221

电子商务促进乡村振兴发展研究报告(2021)

胡东兰　编著

合肥工业大学出版社

图书在版编目(CIP)数据

电子商务促进乡村振兴发展研究报告.2021/胡东兰编著.—合肥:合肥工业大学出版社,2023.5
ISBN 978 - 7 - 5650 - 5959 - 9

Ⅰ.①电… Ⅱ.①胡… Ⅲ.①电子商务—作用—农村—社会主义建设—研究报告—中国—2021
Ⅳ.①F320.3

中国版本图书馆 CIP 数据核字(2022)第 231698 号

电子商务促进乡村振兴发展研究报告(2021)

胡东兰　编著		责任编辑　张　慧	
出　版	合肥工业大学出版社	版　次	2023 年 5 月第 1 版
地　址	合肥市屯溪路 193 号	印　次	2023 年 5 月第 1 次印刷
邮　编	230009	开　本	889 毫米×1194 毫米　1/16
电　话	人文社科出版中心:0551 - 62903205	印　张	10.5
	营销与储运管理中心:0551 - 62903198	字　数	242 千字
网　址	www.hfutpress.com.cn	印　刷	安徽联众印刷有限公司
E-mail	hfutpress@163.com	发　行	全国新华书店

ISBN 978 - 7 - 5650 - 5959 - 9　　　　　　　　　　定价:46.00 元

如果有影响阅读的印装质量问题,请与出版社营销与储运管理中心联系调换。

前　　言

实施好乡村振兴战略，是党的十九大报告作出的重大决策部署，是新时代做好"三农"工作的重要抓手。农村电商作为电子商务的重要组成部分，在刺激农村消费、推动农业升级、助力精准扶贫、促进农村发展中的作用日益凸显，为促进乡村产业振兴、人才振兴、文化振兴、生态振兴、组织振兴注入了强劲的动力。支持农村电商发展，有利于推动农村产业兴旺、强化乡村人才保障、孕育和谐人文氛围、助建农村良好人居环境、协同健全现代乡村社会治理体制。

在此背景下，探究农村电子商务如何助力乡村振兴发展至关重要。本书第一章系统梳理了乡村振兴战略的科学内涵、现实意义、路径选择和阶段性目标；第二章全面阐述了我国电子商务特别是农村电子商务发展的历程、取得的成绩、发展的空间差异和未来发展的趋势；第三章到第七章从电子商务促进乡村产业振兴、乡村人才振兴、乡村文化振兴、乡村生态振兴和乡村组织振兴五个方面，详细解读了在乡村振兴的过程中，电子商务成为助力发展的新动能；第八章分别从强化电子商务基础设施、壮大农村电商主体、完善农村电商服务体系、加强农村电商人才资源建设、加强农产品品牌化标准化建设和建立健全监管制度六个方面提出农村电子商务促进乡村振兴发展的政策建议。本书的附录部分还介绍了五个案例，以优秀的实践成果突出电子商务在乡村振兴战略中的重要作用。

本书是集体智慧的成果，由合肥工业大学经济学院资深教师和研究生编写。具体分工如下：第一章由郭艺丹撰写；第二章由朱佳敏、胡东兰撰写；第三章由李鑫、胡东兰撰写；第四章由张臣杰撰写；第五章由李奥运、胡东兰撰写；第六章由曹燕飞、胡东兰撰写；第七章由杨露瑶撰写；第八章由汪妮撰写。李鑫、汪妮负责案例一的编撰；张臣杰负责案例二的编撰；李奥运、曹燕飞负责案例三的编撰；王宏飞负责案例四的编撰；杨露瑶负责案例五的编撰。胡东兰老师负责全书的框架设计、统稿和修订工作。全书数据主要由作者根据国家统计局、中国政府网、各领域主要研究报告等公布的数据进行整理。此外，感谢参考文献的所有作者，他们卓有成效的研究成果是本书研究的重要基础。

限于作者的水平及时间，本书还有一些不足之处，敬请读者批评指正。

目　　录

第 1 章　我国乡村振兴发展现状 ……………………………………………………（001）

　　1.1　乡村振兴战略的科学内涵 ……………………………………………（001）

　　1.2　乡村振兴战略的现实意义 ……………………………………………（010）

　　1.3　乡村振兴战略的发展目标 ……………………………………………（014）

　　1.4　乡村振兴战略的路径选择 ……………………………………………（016）

　　1.5　乡村振兴战略的阶段性目标 …………………………………………（020）

第 2 章　我国农村电子商务发展现状 ………………………………………………（024）

　　2.1　中国电商发展的基本情况 ……………………………………………（024）

　　2.2　中国电商发展的空间差异 ……………………………………………（033）

　　2.3　中国农村电商发展的整体情况 ………………………………………（037）

　　2.4　中国农村电商发展的空间差异 ………………………………………（043）

　　2.5　中国农村电商未来发展趋势 …………………………………………（048）

第 3 章　电子商务促进乡村产业振兴发展情况 ……………………………………（051）

　　3.1　乡村产业振兴的内涵及意义 …………………………………………（051）

　　3.2　乡村产业振兴的发展现状 ……………………………………………（053）

　　3.3　电子商务促进乡村产业振兴发展现状 ………………………………（058）

　　3.4　电子商务促进乡村产业振兴发展面临的主要问题 …………………（063）

　　3.5　电子商务促进乡村产业振兴的发展趋势与展望 ……………………（065）

第 4 章　电子商务促进乡村人才振兴发展情况 ……………………………………（067）

　　4.1　乡村人才振兴的内涵及意义 …………………………………………（067）

　　4.2　乡村人才振兴的发展现状 ……………………………………………（070）

4.3　电子商务促进乡村人才振兴发展现状 …………………………（074）

4.4　电子商务促进乡村人才振兴面临的主要问题 …………………（078）

4.5　电子商务促进乡村人才振兴的发展趋势与展望 ………………（081）

第5章　电子商务促进乡村文化振兴发展情况 ………………………（084）

5.1　乡村文化振兴的内涵及意义 ……………………………………（084）

5.2　乡村文化振兴的发展现状 ………………………………………（086）

5.3　电子商务促进乡村文化产业振兴发展现状 ……………………（090）

5.4　电子商务促进乡村文化产业振兴发展面临的问题 ……………（093）

5.5　电子商务促进乡村文化产业振兴的发展趋势与展望 …………（094）

第6章　电子商务促进乡村生态振兴发展情况 ………………………（097）

6.1　乡村生态振兴的内涵及意义 ……………………………………（097）

6.2　乡村生态振兴的发展现状 ………………………………………（099）

6.3　电子商务促进乡村生态振兴发展现状 …………………………（104）

6.4　电子商务促进乡村生态振兴发展面临的主要问题 ……………（106）

6.5　电子商务促进乡村生态振兴的发展趋势与展望 ………………（108）

第7章　电子商务促进乡村组织振兴发展情况 ………………………（112）

7.1　乡村组织振兴的内涵及意义 ……………………………………（112）

7.2　乡村组织振兴的发展现状 ………………………………………（114）

7.3　电子商务促进乡村组织振兴发展现状 …………………………（120）

7.4　电子商务促进乡村组织振兴发展面临的主要问题 ……………（123）

7.5　电子商务促进乡村组织振兴的发展趋势与展望 ………………（126）

第8章　农村电子商务助力乡村振兴的政策建议 ……………………（128）

8.1　强化电子商务基础设施 …………………………………………（128）

8.2　壮大农村电商主体 ………………………………………………（130）

8.3　完善农村电商服务体系 …………………………………………（132）

8.4　加强农村电商人才资源建设 ……………………………………（133）

8.5　加强农产品品牌化、标准化建设 ………………………………（135）

8.6　建立健全监管制度 ………………………………………………（137）

附　录 ……………………………………………………………………………………（139）

案例一　"电子商务＋坚果产业"：三只松鼠跨区域促进乡村产业振兴 …………（139）

案例二　湖南宁远：守正创新，引领乡村人才新发展 ………………………………（142）

案例三　"两山"理念引领新川村"蝶变" ………………………………………（147）

案例四　三瓜公社：电子商务的乡村生态振兴之旅 ………………………………（151）

案例五　北寨村："党建＋合作社＋电商"联动促进集体经济发展 ………………（156）

参考文献 …………………………………………………………………………………（158）

第 1 章　我国乡村振兴发展现状

1.1　乡村振兴战略的科学内涵

党的十九大报告准确把握我国"三农"发展新的历史方位,从国家现代化建设全局出发,提出实施乡村振兴战略,契合了我国社会主要矛盾的变化要求,顺应了人民日益增长的美好生活需要,为新时代建设什么样的乡村、怎样建设乡村指明了战略方向,必将给农业农村发展带来重大而深远的影响。可以说,乡村振兴战略在加快农业农村现代化步伐、推动我国由农业大国向农业强国迈进的征程中发挥了非常重要的作用。

1.1.1　乡村振兴战略的总体要求

乡村振兴战略的总体要求是"产业兴旺、生态宜居、乡风文明、治理有效、生活富裕",涉及乡村产业、生态文明、乡村善治、乡风民俗、民生发展等方面,彼此之间相互依赖、相得益彰,统一于乡村振兴的整个过程中。

（一）产业兴旺是乡村振兴的重点

产业兴旺是乡村生态建设、组织建设、民生建设和民风建设的基础。只有兴旺的产业,农村产业才能参与到经济大市场的产业分工中,农民增收基础薄弱、农村空心化问题才能得到有效解决。当前,中国乡村的经济社会结构主要表现为:第一,自给自足的农业生产。我国第一产业增加值占 GDP 的比重总体上呈现下降趋势,2012 年第一产业增加值占 9.1%,2021 年第一产业增加值占 7.3%,而 2021 年我国农村人口占总人口的比重却高达 35.28%。农业经营已不能为农民提供足够的收入进而实现富裕生活,仅能维持基本生活需要,土地的利用逐步向自给自足的状态转变。第二,持续发展的乡镇企业。进入 21 世纪以后,乡镇企业发展进入了转型提速阶段。2019 年乡镇私营企业就业人数为 8267 万人,同比增长了 11.36%;乡镇私营企业就业人数占乡村总就业人数的比重也呈现持续上涨趋势,从 2012 年的 9.6% 增加到 2019 年的 27.38%。

由于农业农村长期作为粮食、土地、劳动力等要素的供给方,国家对其政策导向也更多强调农产品的供给,一定程度上忽视了农村非农产业的发展。乡村产业兴旺并不单纯指农业发展,而是指农村农业和非农产业的综合发展。实现乡村产业兴旺要以深化农业供给侧结构性改革为重点,既要加快构建农业现代化产业链,提高乡村产业供给体系质量和效益,做好食物供给的角色,又要加快转变农业发展方式,加快推进农村三大产业协调统一,引导更多的资本、技术、劳动力等要素流入乡村，激发乡村产业发展潜力。

2012—2021 年一、二、三产业增加值占 GDP 比重如图 1-1 所示。

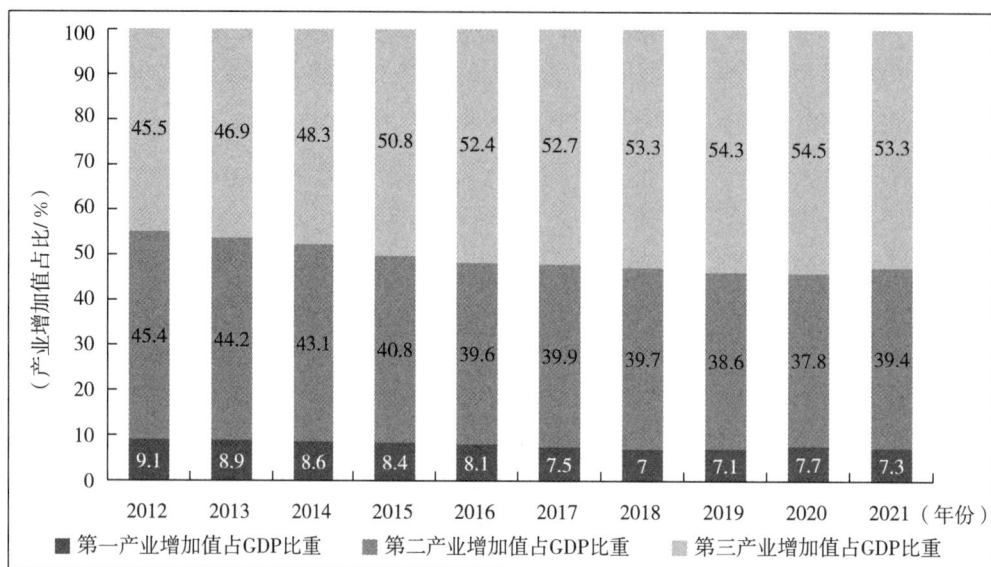

图 1-1　2012—2021 年一、二、三产业增加值占 GDP 比重

（数据来源：国家统计局）

2012—2019 年乡镇私营企业就业人数及占比情况如图 1-2 所示。

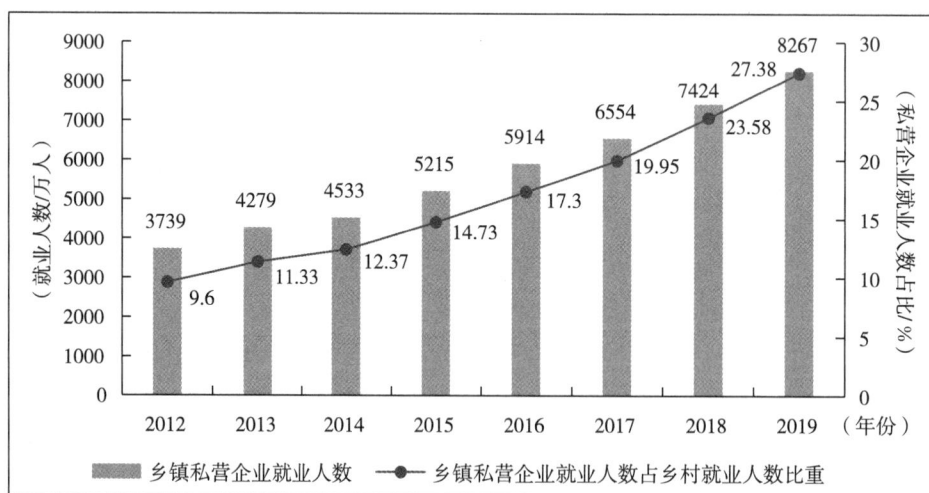

图 1-2　2012—2019 年乡镇私营企业就业人数及占比情况

（数据来源：国家统计局）

（二）生态宜居是乡村振兴的要求

绿色是兴旺乡村产业、完善基础设施的底色。建设美丽中国，关键是建设生态宜居的美丽乡村。我国乡村土地面积占全国土地总面积的比例高达 94.7％，乡村的环境问题对整个中国的生态安全起着至关重要的作用。乡村作为农产品的供给方，乡村的环境问题与国家的粮食安全也直接挂钩。当前，现代生活方式持续向农村渗透，但农村基础设施建设滞后，日

常生活中的塑料制品增多，生活垃圾、污水缺乏处理，使得农村污染问题日益突出。2020年，我国对生活污水进行处理的乡仅占 34.87%，乡村污水处理厂日处理能力仅为 104.8 万立方米。同时，增产导向下农业粗放生产，造成资源要素紧绷，耕地被污染，湿地被侵占，草原面积缩小，农业环境问题日益加重。当前我国耕地面积呈现下降趋势，2020 年初全国耕地面积仅为 12786.19 万公顷。

乡村生态环境现状如图 1-3 所示。

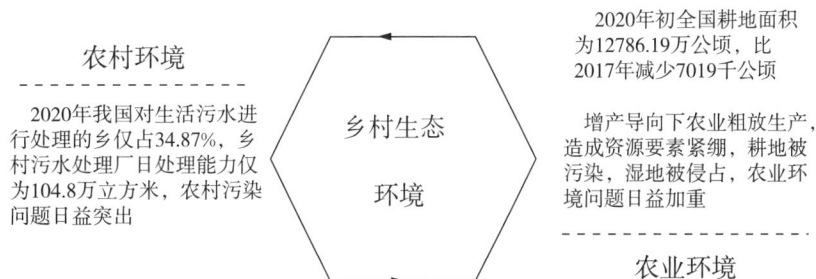

图 1-3 乡村生态环境现状

实现生态宜居，就是要在保障主要农产品供给的基础上，构建节约资源和保护环境的空间格局与产业结构，让广大农民享受美丽的田园风光。其主要内容包括：第一，加大乡村环境问题治理力度，既要整治人居环境，建立垃圾分类管理体系，延长城镇污水处理管网，又要构建绿色生产方式，监控化肥使用量，引进灌溉技术，循环利用农业生产废弃物资源。第二，构建乡村生态产业体系。基层部门要立足乡村生态优势，挖掘乡村美丽的自然风光，构建乡村生态旅游基地，打通生态与经济之间的良性循环，推进乡村资源快速增值。

（三）乡风文明是乡村振兴的途径

良好的乡风关乎民生福祉、发展大局，乡村振兴离不开文明乡风的涵养。乡风文明建设通过营造良好的文明乡风氛围，潜移默化转变村民的传统落后观念和不良生活习惯，能够凝聚集体意识、塑造主体价值，为乡村治理、产业振兴、生态建设奠定精神支柱。当前，攀比随礼、薄养厚葬、封建迷信等现象开始在部分农村地区蔓延，给许多农村家庭造成沉重的负担，成为农村不稳定、不和谐的潜在因素。

树立文明乡风，提升农民思想道德素养是基础，健全农村公共文化服务体系是重要途径。不仅要科学制定村规民约，通过广播站、宣传栏等传播媒介营造文明乡风氛围，提升农民群众的文化道德素养，还要顺应农民群众的精神需求，构建基层文化服务中心，组织电影放映、戏曲下乡等农村文化惠农活动。

树立文明乡风，主线是继承和发展乡村优秀传统文化。习近平总书记指出："农耕文化是我国农业的宝贵财富，是中华文化的重要组成部分。"我们既要保护好农耕文化，传承农耕文化蕴含的符合新时代发展潮流的思想观点、道德准则等，也要着力培育乡村特色文化产业，建设特色文化产业乡村，让乡风文明更富有生命力。

树立乡风文明的举措如图 1-4 所示。

健全公共文化服务体系

构建基层文化服务中心，组织电影放
映、戏曲下乡等农村文化惠农活动

途径

提升农民思想道德   传承乡村优秀传统

完善村规民约，借助各   基础   主线   挖掘农耕文化蕴含的符合新时
类传播媒介营造文明乡   代发展潮流的思想观念、人文
风氛围   精神和道德准则，培育乡村特
                                              色文化产业

图 1-4　树立乡风文明的举措

（四）治理有效是乡村振兴的保障

乡村振兴除了有国家政策支持之外，更需要乡村增强自身治理能力，无乡村善治，必无乡村振兴。在当前工业化、城镇化进程中，部分农村社会面临治理体制困境和治理主体困境局面（如图 1-5 所示）。大多数村民存在"官本位"思想，习惯把自己当下级，坚决服从上级命令，忽视村民自治制度；与此同时，城市强大的"虹吸效应"吸引了乡村大量劳动力，人口的流失和流动导致乡村治理主体缺位，基层自治工作常流于形式，致使乡村治理面临前所未有的困境。

村民存在"官本位"思想   农村人口流失严重
坚决服从上级命令   治理主体困境   乡村治理主体缺位
忽视村民自治制度   治理体制困境   基层自治工作常流
                                              于形式

图 1-5　乡村治理困境

推进乡村治理，就是要在村级党组织的领导下加快构建自治、法治、德治相结合的治理体系，动员各类主体有效参与乡村振兴。村级党组织的引领提升了村民参与乡村治理的积极性；"三治"结合要统筹兼顾，精准把握自治是基础、法治是保障、德治是支撑的原则，只有"三治并举"，方能让治理运行更加高效、乡村社会更具活力、人民生活更加幸福。

（五）生活富裕是乡村振兴的目标

生活富裕是实施乡村振兴战略的起点和归宿。农民生活是否富裕，事关社会主要矛盾解决，事关共同富裕承诺兑现。近年来，我国农村居民人均可支配收入持续较快增长，但农民增收渠道相对单一、增收能力相对薄弱，与城镇居民人均可支配收入存在一定的差距。2021年，城镇居民人均可支配收入为 47412 元，比 2020 年增长 10.51％；农村居民人均可支配收入为 18931 元，比 2020 年增长 8.16％（如图 1-6 所示）。此外，我国农村民生短板依旧突出，不少农民生活难言富裕。2020 年，我国乡村燃气普及率仅为 30.87％，人均住宅建筑面积和人均道路面积分别仅有 35.78 平方米和 21.41 平方米。

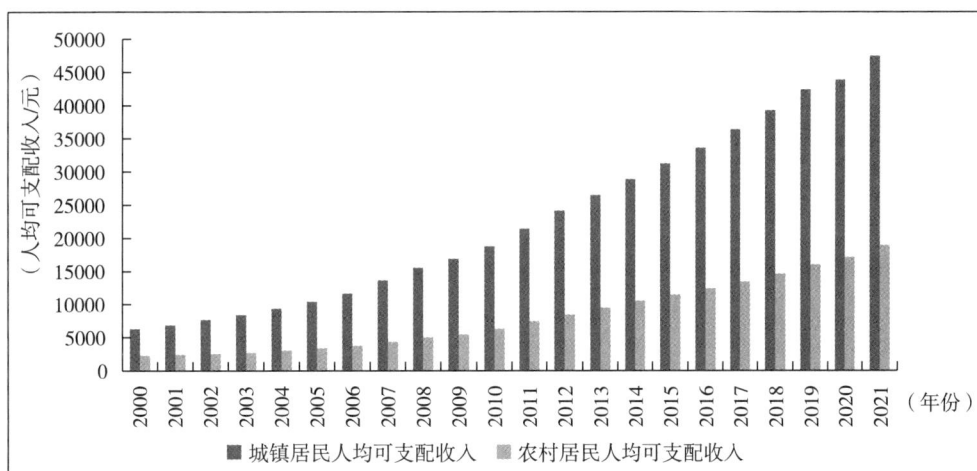

图 1 - 6　2000—2021 年城镇、农村居民人均可支配收入

（数据来源：国家统计局）

实现生活富裕，关键在于拓宽农民增收渠道，提升农民生活质量。这既要制定有利于农村转移劳动力就业的政策，改善农民工务工环境，让城乡居民享受平等就业的机会，又要加强对农村中青年劳动力的职业技能培训，提高其专业技术水平，提升其就业竞争力。同时，还要瞄准农村民生短板，推进农村公路、水利、电网等基础设施建设，完善基本养老金和异地就医制度，全面提升农民生活质量，让农民群众过上有品质的生活。

1.1.2　乡村振兴战略的战略导向

实施乡村振兴战略，坚持农业农村优先发展是总方针。当前坚持农业农村优先发展，是在兼顾城乡发展、城乡利益的基础上，根据现实需要做出的适当侧重，是城乡融合发展两点论和重点论的统一。

（一）农业农村优先发展：发展历程

农业农村农民是社会可持续发展的基础。作为一个农业大国，我国关于乡村建设的探索从未中断。中华人民共和国成立以来，我国农业农村发展的历程大体分为四个阶段（如图1 - 7所示）。

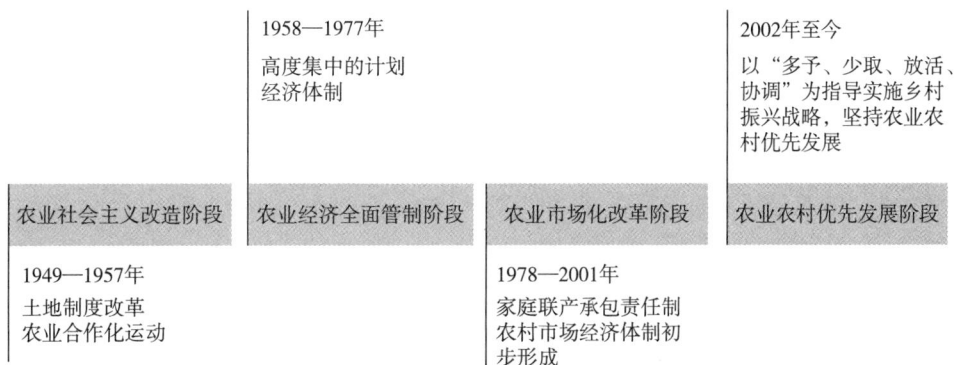

图 1 - 7　农业农村发展历程

第一阶段：农业社会主义改造阶段（1949—1957年）。中华人民共和国成立初期，个体私有小农劳动率低下、农业生产方式落后、生产资料无法达到有效利用的现象普遍存在，乡村整体呈现贫穷落后的面貌。恢复农业生产、改进农业生产方式、开展农村土地改革运动迫在眉睫。在借鉴苏联建设和解放区土地改革的经验基础上，1950年中央人民政府颁布《中华人民共和国土地改革法》，创造性地提出实行农民的土地所有制，农民才开始真正拥有自己的土地，农业生产开始走上正轨。1952年年底，农村土地改革基本完成；在此基础上开展了农业合作化运动，在互帮互助的氛围下推进农业机械化发展。1956年年底，全国基本完成了农业社会主义改造。

第二阶段：农业经济全面管制阶段（1958—1977年）。这一时期，我国实行高度集中的计划经济体制，国家对农业经济在生产、交换、分配等方面进行全面管制。短期内，这种全面管制的治理模式可以提高农业生产效率，刺激农村经济发展，但随着现代化程度的提高，社会经济活动的规模和复杂程度提高到一个新的阶段，农业生产效率低下、农民积极性不足等问题逐渐显现。1958—1977年，农业增加值占GDP比重从34%下降到29%，农业发展受到很大束缚。

第三阶段：农业市场化改革阶段（1978—2001年）。改革开放初期，我国迫切需要解放和发展农村生产力，彻底摆脱计划经济体制的约束。党的十一届三中全会后，凤阳小岗村率先开启包产到户，拉开了农业市场化改革的序幕，随后家庭联产承包责任制得到广泛推广，农业市场化改革深入推进。这一时期，国家开展农产品市场流通体制改革，构建了农产品网络体系；放开企业限制，鼓励乡镇企业发展。通过一系列措施，市场化取向的经济体制改革融入农村社会发展的各个领域，农业生产力大幅度提高，农村市场经济体制初步形成。

第四阶段：农业农村优先发展阶段（2002年至今）。自2004年开始，中央一号文件连续以"三农"为主题，且农业农村政策均以"多予、少取、放活、协调"为指导。2018年党中央明确提出实施乡村振兴战略，转变以往以城市为主体、通过城市发展带动农村发展的思路，重新确立以农村为主体，立足乡村特色优势，发挥农民的创造性，实现城乡发展一体化的乡村振兴思路。

（二）农业农村优先发展：新的认识

我国是农业大国，农耕文化源远流长，农业的发展为民族整体实力的提升打下了坚实的基础。21世纪以来，我国农业稳步发展、农村文明和谐、农民持续增收，农业农村各项发展成绩斐然。但不容否认的是，农业劳动力减少、土壤贫瘠化、农产品供给结构失衡等导致农业可持续性发展面临严峻挑战；农村基础设施、公共服务供给和生态环境短板突出；农民增收基础不稳固，城乡收入差距呈现递增趋势。有鉴于此，推进乡村振兴，坚持农业农村发展的优先地位，是在遵循经济客观规律的前提下着眼实现社会主义现代化目标的必然之举。

农业农村在实现社会主义现代化目标的过程中扮演了关键角色（如图1-8所示），主要体现在以下几方面：首先，作为农产品的供给方，农业农村优先发展能够有效筑牢国家粮食安全防线。近几年，我国粮食产量持续创新高，2021年粮食播种面积为176447万亩，粮食总产量达到68285万吨，居世界首位。我国现代化粮食生产体系的建设进程正持续加快，国家粮食安全战略体系的初步框架已基本形成。坚持农业农村优先发展，将农产品供给牢牢掌握在自己手中，是应对国内外各种风险挑战的基石。其次，农民在我国低收入人群中占比较高，而农业是农民获取收入的主要渠道，农业农村经济的市场化对提高农民收入进而提高国民整体收入以及维护社会稳定具有重大意义。最后，作为消费市场的重要增长极，农业农村优先发展能够激发农民消费潜力。农业农村发展，一方面引导城市生活方式向农村转移，开拓农村线上消费、外卖服务等潜在市场，激发农民消费潜力；另一方面加大了对农村的土地制度改革和财税改革力度，筑牢了农村市场优势。

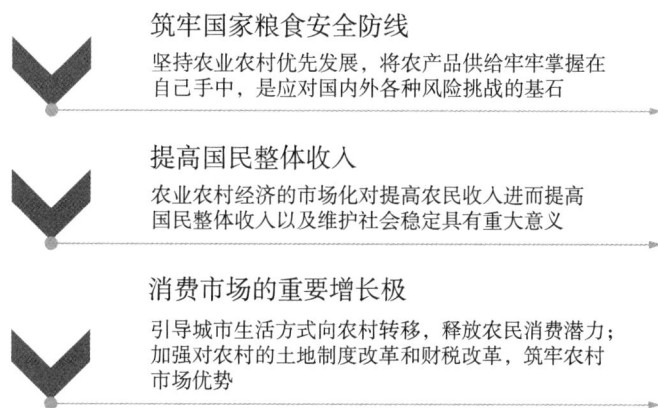

筑牢国家粮食安全防线
坚持农业农村优先发展，将农产品供给牢牢掌握在自己手中，是应对国内外各种风险挑战的基石

提高国民整体收入
农业农村经济的市场化对提高农民收入进而提高国民整体收入以及维护社会稳定具有重大意义

消费市场的重要增长极
引导城市生活方式向农村转移，释放农民消费潜力；加强对农村的土地制度改革和财税改革，筑牢农村市场优势

图 1-8　农业农村发展的新认识

1.1.3　乡村振兴战略中需要处理好的关系

（一）城市与乡村的关系

实施乡村振兴战略，并不意味着放弃城市发展，也不是不需要城市对乡村的带动作用，而是在加快城市建设步伐，把城市做大做强，以足够的能力带动乡村发展的同时更加强调乡村自身的主动性和发展动能，激发乡村发展潜力，实现农村与城市在关系上平等互利、资源上双向互动、发展上互惠共生。党的十八大以来，我国新型城镇化建设成效显著，常住人口城镇化率从 2012 年的 52.57％提升到 2021 年的 64.72％，户籍人口城镇化率从 2012 年的35％提升到 2021 年的 46.4％，但 2021 年两者仍相差 18.32 个百分点（如图 1-9 所示）。

作为一个尚未完成城镇化进程的大国来说，发展农村现代化与新型城镇化建设应相辅相成、共同成长。一方面，城镇化离不开农业农村现代化的强力支撑。目前我国城镇发展内需动力不足，而农业农村现代化的发展提高了农民的整体收入，农民产生了更高层次的消费需求，成为拉动产业发展的新生力量。另一方面，城镇化是农业农村现代化的重要引擎。我国农村农业劳动力供过于求的矛盾日益凸显。新型城镇化建设的推进，不仅能够实现农村剩余劳动力持续有效转移，为城市经济建设提供大量低成本的劳动力，拓宽农民增收渠道，还能够为农业规模化经营腾出空间，为农业现代化发展创造条件。

（二）产业发展与生态保护的关系

产业发展和生态保护不是对立的关系，生态资源是产业发展的"稳定器"，产业发展是

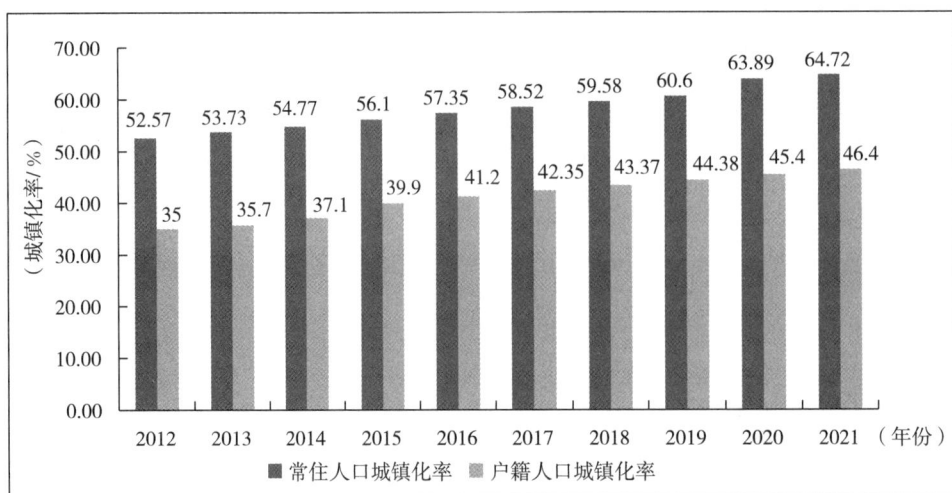

图 1-9　2012—2021 年我国城镇化率

（数据来源：国家统计局）

生态保护的"助推器"。我国早期的产业结构以高污染、高耗能产业为主，工业污水、有害气体、固体废弃物等大量排放，严重制约了生态系统功效。因此，发展乡村产业不能再以打破生态平衡、过度开发资源为代价，但也不能以保护环境为由而放弃产业发展，耕地只种不养、草原超载放牧并非产业发展初衷，土地闲置、养殖关停更非产业发展本意。推进乡村振兴要把握好产业发展与生态保护的关系：首先，乡村产业发展需要生态资源的辅助，良好的生态资源能够为乡村产业发展提供充足的土地资源和水资源。其次，改善乡村环境需要兴旺的产业支撑。产业兴旺才能通过带动乡村经济发展，为引进污水处理设施、购置滴灌设备、改造乡村公厕等环境治理措施提供资金支持。最后，生态保护与产业发展既没有孰先孰后，更没有孰轻孰重的问题，乡村振兴需要兼顾发展的可持续性和环境的永续性，打通生态与经济之间的良性循环，以实现产业兴旺与生态宜居深度融合、相向而行。

城市与乡村的关系、产业发展与生态保护的关系如图 1-10 所示。

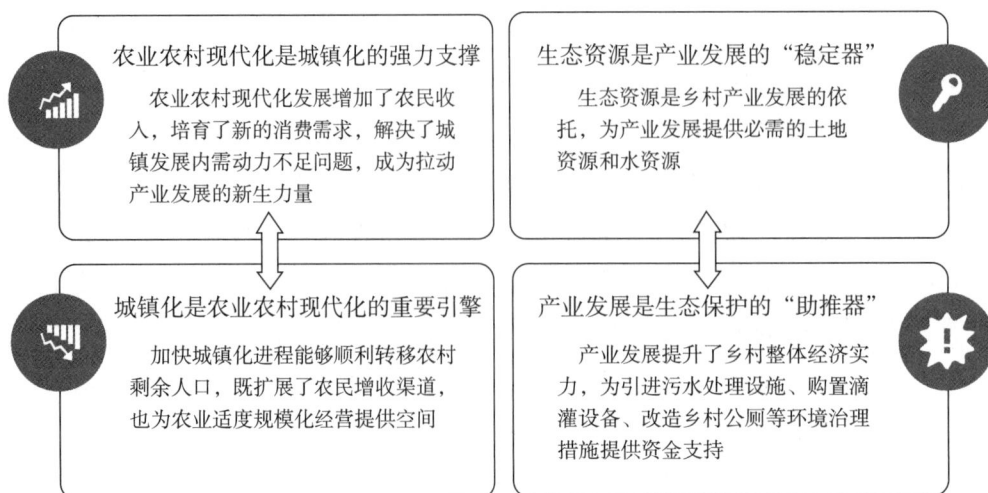

图 1-10　城市与乡村的关系、产业发展与生态保护的关系

（三）统一规划与因地制宜的关系

推进乡村振兴，不是设计出一条普适性、理想化的道路，而是在党中央为乡村发展确定制度和政策的大环境下，发挥各地农民的主体性和创造性，立足本土资源，走出一条独特的乡村振兴道路。一方面，科学统一的规划是推进乡村振兴的前提。推进乡村振兴需要发挥总规划的引领作用，各地在探索适合自己的发展道路时不能无视总规划，更不能与总规划背道而驰。另一方面，因地制宜是推进乡村振兴的大原则。不同乡村受地理环境、政策偏好、要素禀赋等因素的影响，发展水平存在显著差异。任何一条发展道路都不可能适用于所有乡村，例如东部沿海地区凭借独特的区位优势，对外贸易发达，区域经济发展水平持续走高；中西部地区近几年在政策的引导下经济发展速度快，但发展水平相对较低；东部发达地区的乡村工业化路径不一定适用于中西部乡村地区；成都、杭州等城市旅游资源丰富，其独具特色的休闲农业和乡村旅游模式也无法适用于非旅游型城市。如何在统一规划的部署下，科学依据各区域的资源禀赋和文化特色，因地制宜、精准发力，让乡村"沉睡"的资源要素"活"起来，形成乡村振兴的内生动力，是未来乡村振兴中必须着力解决的问题。具体如图1-11所示。

图 1-11　统一规划与因地制宜的关系

（四）政府主导与农民主体的关系

推进乡村振兴要坚持政府主导地位和农民主体地位的有机统一。政府主导，就是指政府要明确乡村振兴的阶段性目标和要求，基层党组织要依据各区域的独特优势明确振兴路径，向各基层部门分配具体任务，并定期提供指导，考察实施效果，合理掌控乡村振兴的发展进度。农民主体，首先就是指农民是乡村产业发展、生态保护、民生建设和民风建设的主要实践者和最终受益者。一方面，发挥政府主导作用需要农民主体的实践和监督。实现乡村振兴的"五项要求"均以农民的实践主体为依托，产业兴旺需要农民的投入，生态宜居需要农民维护，乡风文明需要农民对优秀传统文化的传承，乡村治理也需要农民的积极参与。另一方面，农民主体的监督有助于规范基层政府的行为，提升其工作效率，保障乡村振兴工作有序推进。其次，发挥农民主体作用需要政府的财政支撑和制度保障。只有农村基础设施根本改善、农民社会保障制度根本确立，才能减少农村人口流失，真正使农民留在农村，激发农民参与乡村振兴的活力。具体如图1-12所示。

实现乡村振兴的"五项要求"均以农民的实践主体为依托，农民主体的监督提升政府的工作效率，保障乡村振兴工作有序推进

农民主体的实践和监督

政府主导　　　　　　　　　　　　　　　　　　　农民主体

政府要明确乡村振兴的阶段性目标和要求

向各基层部门分配具体任务，提供指导，考察实施效果，合理掌控乡村振兴的发展进度

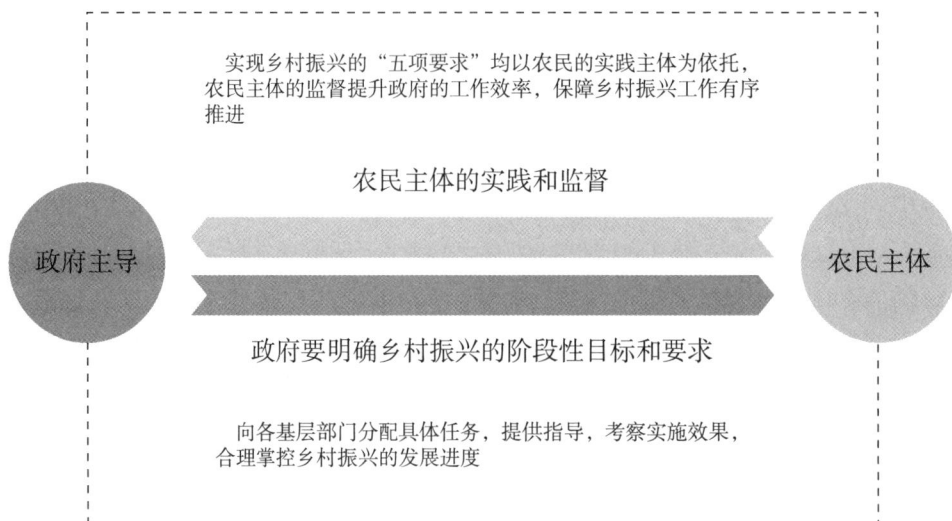

图 1-12　政府主导与农民主体的关系

1.2　乡村振兴战略的现实意义

1.2.1　乡村振兴是开启新时代乡村建设的新战略

改革开放以来，党和政府高度重视"三农"发展，中央一号文件在 1982—1986 年和 2004—2022 年持续聚焦"三农"（如图 1-13 所示）。党的十六届五中全会提出"生产发展、生活宽裕、乡风文明、村容整洁、管理民主"的新农村建设总要求，党的十九大报告提出实施乡村振兴战略，要坚持农业农村优先发展、坚持"产业兴旺、生态宜居、乡风文明、治理有效、生活富裕"的总要求。从这两个"总要求"的表述变化中可以看到：从生产发展到产业兴旺，强调了乡村发展要同时兼顾农业生产和农村非农产业发展；从生活宽裕到生活富裕，强调了生活富裕是各项发展的最终目标；从村容整洁到生态宜居，强调了人与自然和谐共生；从管理民主到治理有效，强调了乡村善治要以激活乡村治理的主体机制为前提；乡风文明的表述不变，但内涵上更突出新时代要保护和利用好乡村优秀传统文化。乡村振兴战略的提出，是社会主义乡村建设思想的升级，既涵盖了以往不同历史时期党的农村战略思想的核心内容，又顺应时代变化，赋予了乡村发展新的内涵，为我们开启新时代的乡村建设提供了指导。

1.2.2　乡村振兴是实现城乡均衡发展的必由之路

城乡发展不平衡已经成为现代化进程中的短板，是我国社会发展不平衡问题的突出表现。当前，我国城乡发展不平衡主要表现在以下两个方面：

第一，城乡公共资源配置失衡。目前，我国城乡基础设施、社会保障、公共服务等公共产品供给机制呈现二元分割特点，城市在教育、医疗、社会保障等领域享受到的服务主要由国家财政投入，乡村除部分由国家财政投入外主要依靠农民个人。不公平的制度安排造成城

《当前农村经济政策的若干问题》
家庭联产承包责任制

1982 ●　《全国农村工作会议纪要》
　　　　　包产到户等是社会主义集体经济的生产责任

　　　　　1983 ●

《中共中央国务院关于进一步活跃农村经济的
十项政策》
国家计划合同收购

1984 ●　《中共中央关于一九八四年农村工作的通知》
　　　　　继续稳定和完善联产承包责任制

　　　　　1985 ●

《中共中央国务院关于促进农民增加收入若干政
策的意见》
农民增收

1986 ●　《中共中央国务院关于1986年农村工作的
　　　　　部署》
　　　　　继续贯彻执行农村改革的方针政策

　　　　　2004 ●

《中共中央国务院关于推进社会主义新农村建
设的若干意见》
新农村

2005 ●　《中共中央国务院关于进一步加强农村工
　　　　　作提高农业综合生产能力若干政策的意见》
　　　　　农业综合生产能力

　　　　　2006 ●

《中共中央国务院关于切实加强农业基础建设进
一步促进农业发展农民增收的若干意见》
农业基础设施建设

2007 ●　《中共中央国务院关于积极发展现代农业扎
　　　　　实推进社会主义新农村建设的若干意见》
　　　　　现代农业、新农村

　　　　　2008 ●

《中共中央国务院关于加大统筹城乡发展力度
进一步夯实农业农村发展基础的若干意见》
统筹城乡发展

2009 ●　《中共中央国务院关于2009年促进农业稳定
　　　　　发展农民持续增收的若干意见》
　　　　　农业稳定发展

　　　　　2010 ●

《中共中央国务院关于加快推进农业科技创新
持续增强农产品供给保障能力的若干意见》
农业科技创新、农产品供给保障

2011 ●　《中共中央国务院关于加快水利改革发展的
　　　　　决定》
　　　　　水利改革发展

　　　　　2012 ●

《中共中央国务院关于全面深化农村改革加快
推进农业现代化的若干意见》
深化农村改革

2013 ●　《中共中央国务院关于加快发展现代农业
　　　　　进一步增强农村发展活力的若干意见》
　　　　　现代农业

　　　　　2014 ●

《中共中央国务院关于落实发展新理念加快农
业现代化实现全面小康目标的若干意见》
农业现代化

2015 ●　《中共中央国务院关于加大改革创新力度加
　　　　　快农业现代化建设的若干意见》
　　　　　农业现代化

　　　　　2016 ●

《中共中央国务院关于实施乡村振兴战略的意见》
乡村振兴

2017 ●　《中共中央国务院关于深入推进农业供给侧
　　　　　结构性改革加快培育农业农村发展新动能的
　　　　　若干意见》

　　　　　2018 ●

《中共中央国务院关于抓好"三农"领域重点
工作确保如期实现全面小康的意见》
如期实现全面小康

2019 ●　《中共中央国务院关于坚持农业农村优先
　　　　　发展做好"三农"工作的若干意见》
　　　　　农业农村优先发展

　　　　　2020 ●

《中共中央国务院关于做好2022年全面推进乡
村振兴重点工作的意见》
守住"保障国家粮食安全和不发生规模性返贫"
两条底线

2021 ●　《中共中央国务院关于全面推进乡村振兴加
　　　　　快农业农村现代化的意见》
　　　　　全面推进乡村振兴、加快农业农村现代化

　　　　　2022 ●

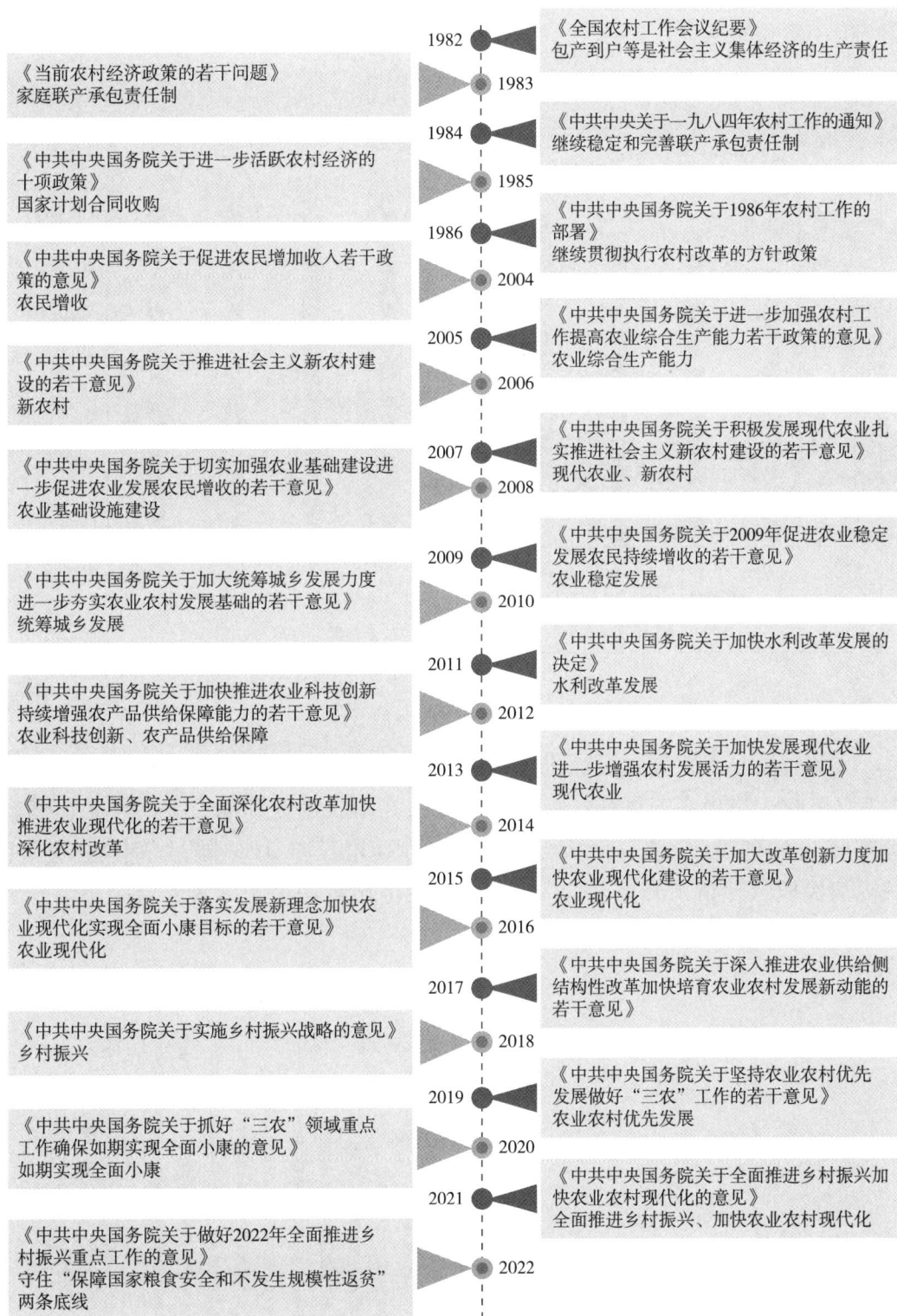

图 1-13　1982—2022 年以"三农"为主题的中央一号文件

乡居民人均享受的基础设施和教育医疗水平等差距较大，乡村地区陷入"基础设施和公共服
务供给薄弱—乡村人才流出—投资规模降低—基础设施和公共服务持续薄弱"的恶性循环。
2020 年，城市集中供热面积达到 988209 万平方米，平均每万人拥有医疗机构床位数达到

88.1 张，燃气普及率高达 97.87％；而乡村集中供热面积仅为 3040.41 万平方米，平均每万人拥有医疗机构床位数为 49.5 张，燃气普及率为 30.87％（如图 1-14 所示）。城乡二元的结构体制持续加剧城乡发展差距。

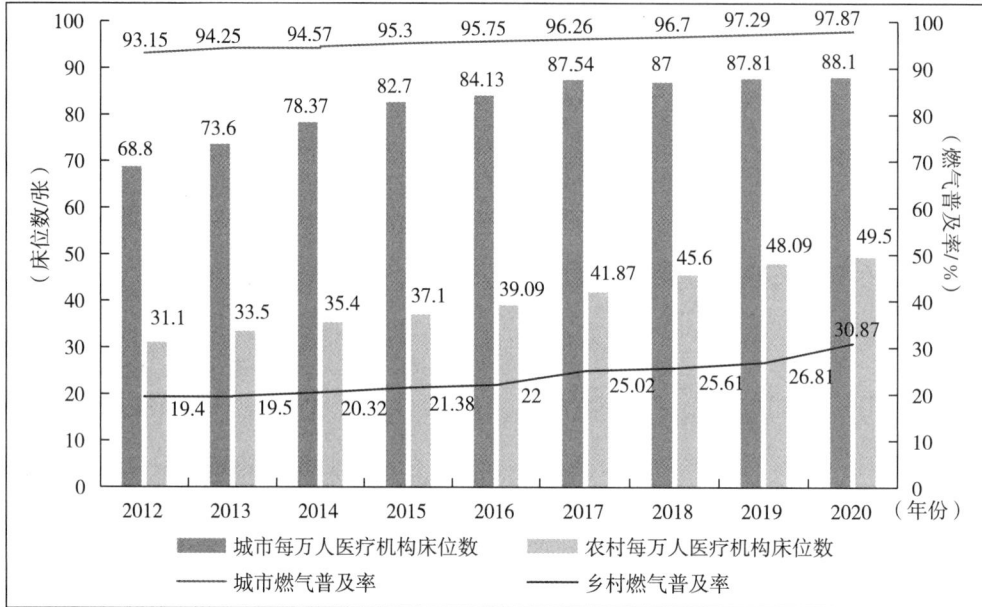

图 1-14　2012—2020 年城乡每万人医疗机构床位数和燃气普及率

（数据来源：国家统计局、EPS 数据库）

　　第二，城乡居民收入差异显著。进入 21 世纪以来，我国城乡居民就业机会平等性有了大幅提高，农民收入呈现高速增长，但与城市居民在增收途径和能力上的差距仍然较大。我国城乡居民收入比值在 2000—2003 年从 2.84 持续增至 3.12，随后整体呈现下降趋势，2021 年城乡居民收入比值下降至 2.504。然而，我国城乡居民实际收入差距持续拉大，2021 年达到 28481 元（如图 1-15 所示）。

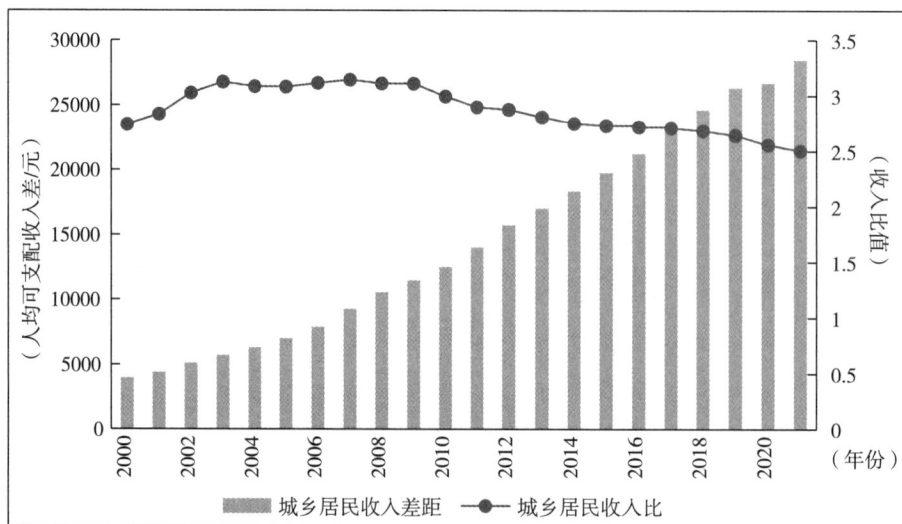

图 1-15　2000—2021 年城乡居民人均可支配收入差与比值

（数据来源：国家统计局）

乡村振兴战略的提出，转变了乡村仅作为农产品供给角色的传统观念，改革了制约农村发展的体制机制，冲破阻断城乡间要素自由流动和高效配置的瓶颈制约，推进农村剩余劳动力、土地等要素适当流向城市，推动城市资金、人才、设备等要素有条不紊地下乡，从而更好地发挥了城市辐射带动效应，促进了城乡均衡发展。

1.2.3　乡村振兴是面对乡村衰落问题的积极响应

农业占比持续下降、农村人口不断减少是全球农业农村发展的客观趋势。在这两个趋势性变化过程中，农业萎缩、农村凋敝、人口老龄化是普遍难题，乡村衰落是伴随城市化和现代化发展的世界性难题，为此，不同国家采取了不同的应对措施：美国在初期推行"小城镇建设"，要求城乡发展与工农业发展协调推进，在后期通过开发"生态村"，合理挖掘乡村生态资源，振兴乡村旅游业。德国认为乡村发展要循序渐进，在稳定农村农产品供应的基础上激发多重功能。荷兰由单一的农业发展路径转向乡村的综合开发建设，包括聚焦优势领域，发展乡村旅游业；构建多方产业链，促进农业高效生产；集合耕地面积，开展规模经营等。法国提出"卓越乡村"项目，改革思路由"补短"转为"扬长"，挖掘乡村优势项目；推行"明日小镇"，解决乡村人口老龄化及基础设施老化等问题。日本发起"一村一品"运动，鼓励各乡村挖掘潜在资源，培育特色产业基地。韩国推行"新乡村运动"，从基础设施、特色资源、乡村教育、各方协作等方面全面提升乡村价值，为其创造的"东亚经济奇迹"奠定了坚实基础。具体见表 1-1 所列。

表 1-1　世界其他主要国家乡村发展战略

国　家	战　略	主要内容
美　国	小城镇建设、生态村	城乡、工农业发展双重推进，振兴乡村旅游业
德　国	村庄更新	循序渐进发挥农业多重功能
荷　兰	农地整理	整合农村资源，综合开发建设
法　国	卓越乡村、明日小镇	"补短"转"扬长"，挖掘优势项目
日　本	一村一品	挖掘潜在资源，培育特色产业
韩　国	新乡村运动	从基础设施、特色资源、乡村教育、各方协作等方面全面提升乡村价值

改革开放以来，我国农业农村发展情况大体也符合农业比重持续下降、农村人口不断减少这一全球性趋势。1978—2021 年，我国乡村人口占总人口比重从 82.08% 下降至 35.28%，第一产业增加值占国内生产总值比重从 27.7% 下降至 7.3%（如图 1-16 所示）。然而，全球范围内没有一个人口超过 10 亿的大国有实现农业农村现代化的先例，我国现代化的进程注定不同于其他国家。乡村振兴战略的提出，契合了现代化发展阶段转变的需求，必将掀开中国特色社会主义乡村建设新的一页，有望为世界上陷入"现代化陷阱"的国家贡献中国智慧。

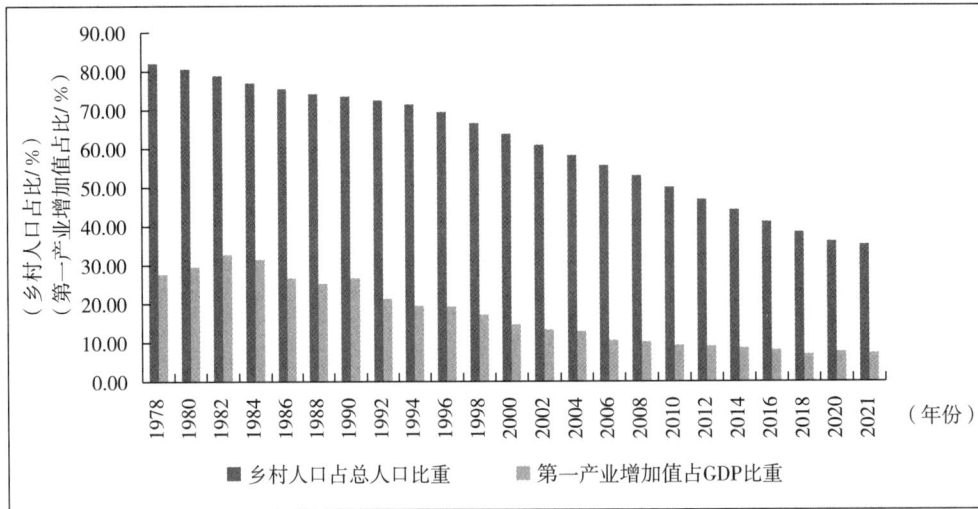

图 1-16　1978—2021 年乡村人口占总人口比重、第一产业增加值占 GDP 比重

（数据来源：国家统计局）

1.3　乡村振兴战略的发展目标

农业农村现代化是乡村振兴战略的总目标。习近平总书记指出："新时代'三农'工作必须围绕农业农村现代化这个总目标来推进。"农业是国家综合发展的"支撑杆"，农村是民族乡愁文化的承载地，没有农业农村的现代化就没有国家的现代化。

1.3.1　实现农业农村现代化是社会和谐稳定的"助推器"

农业现代化的推进，一方面加快了农业机械化发展，使得农业经济效益显著提升，农民生产主动性得以充分调动；另一方面促进了更多的科研经费投入农作物研究中，通过培育新型农作物品种以及改进滴灌技术等方式，提高了农作物单位面积产量，满足了人民群众多层次多样化的粮食需求。农村现代化的推进，引导了资金流向农村，加快了农村传统产业转型以及新兴产业兴起，农民增收基础得到巩固；改善了农村的生态环境，垃圾污水污染问题得到根本解决；实现了"三治并举"，村民自治制度真正得到落实。由此可见，农业农村现代化的发展打破了阻碍城乡融合发展的瓶颈制约，使得城市的辐射带动作用得以有效发挥，进而破解了城乡发展矛盾，有利于社会的和谐稳定。

1.3.2　实现农业农村现代化是新时代应对新变局的"压舱石"

2020 年，新冠肺炎疫情的暴发，导致全球金融市场动荡、经济衰退、贸易投资萎缩、国际交往受阻，显著增大了国际环境的不稳定性。在全球经济发展整体退步的大环境下，我国社会和谐稳定、经济前景向好，脱贫攻坚任务圆满完成，小康社会全面建成，开启了经济发展的新时期。2021 年，我国国内生产总值为 1143669.7 亿元，国民总收入达到 1133518 亿元，全年人均国内生产总值达到 80976 元，粮食产量达到 68285 万吨，比上年增产 2%。事实告诉我们，农业农村的稳定发展是我们应对一切风险和挑战的基石，应对新的发展变局亟须进一步强化农业农村现代化的"压舱石"功能。因为只有实现农业农村现代化，才能稳定国家生存发展的基础，守住脱贫攻坚成果，进而在各种危机面前掌握主动权、于变局中开新局。

1.3.3　实现农业农村现代化是构建新发展格局的"支撑杆"

党的十九届五中全会提出，要加快构建以国内大循环为主体、国内国际双循环相互促进的新发展格局。农业农村的发展是构建新发展格局的重要组成部分。

一方面，国内大循环以扩大内需为支点。当前我国农村存在巨大的消费市场，我国乡村社会消费品零售总额从 2012 年的 27849.1 亿元增长到 2021 年的 59264.8 亿元，平均增速为 10.70%，在此期间城镇社会消费品零售总额平均增速为 10.47%，低于乡村 0.23 个百分点（如图 1-17 所示）。同时，我国农村消费支出结构跨入新的阶段。我国农村居民人均消费支出从 2012 年的 6667 元增长到 2021 年的 15916 元，平均增速高于城镇居民 0.04 个百分点（如图 1-18 所示）。2020 年，农村居民人均居住支出、人均交通通信支出和人均食品烟酒支出分别提升 3.2%、0.2% 和 12%，高档耐用品在农村居民消费支出中所占的比重也有所提升。实现农业农村现代化将激发农村消费市场的经济活力，进一步释放农民消费潜力，为推动国内大循环培育了新的内需动力。

另一方面，农业农村现代化发展过程中，政府财政投入加上科技与农业深度融合使得农产品生产效率显著提升，农业产业链加快形成，农产品高质量供给体系初步构建，有效缓解了供给无法满足多样化多层次需求的矛盾，同时我国农产品国际市场占有率也显著提升。提

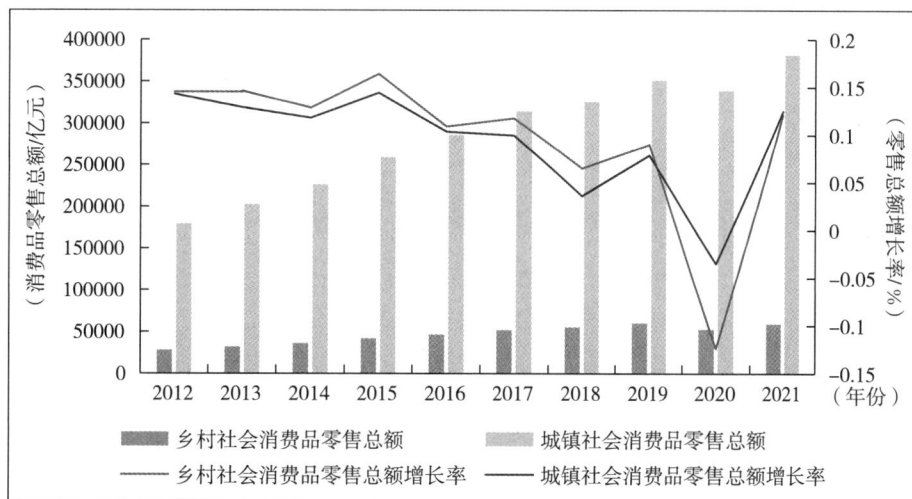

图 1-17　2012—2021 年乡村与城镇社会消费品零售情况

（数据来源：国家统计局）

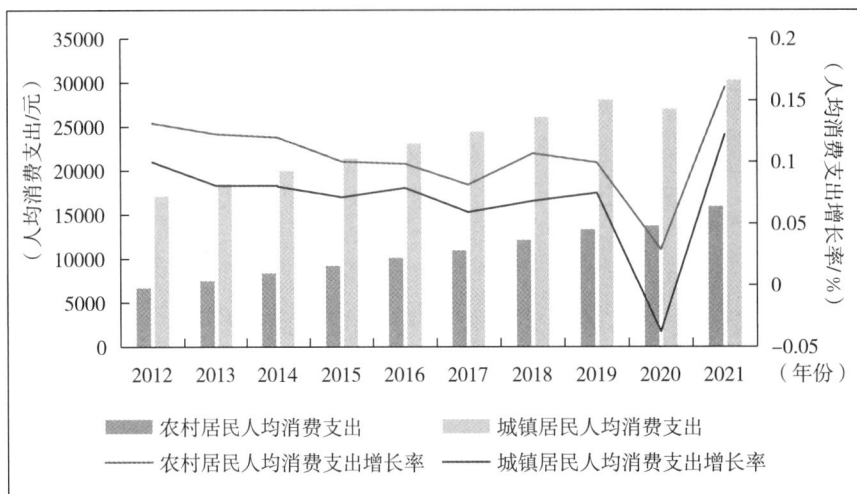

图 1-18　2012—2021 年农村与城镇居民人均消费支出情况

（数据来源：国家统计局）

高农产品供给质量、提升农业竞争力正是国内国际市场双循环的必然要求。

实现农业农村现代化的必要性如图 1-19 所示。

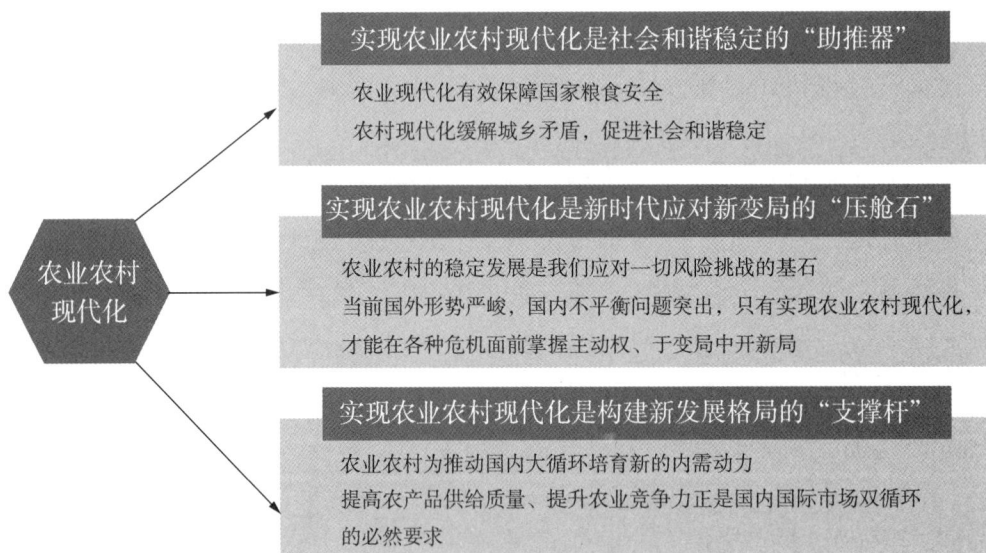

图 1-19　实现农业农村现代化的必要性

1.4　乡村振兴战略的路径选择

1.4.1　振兴农村产业，走产业兴旺之路

产业兴旺处于乡村振兴战略总体要求的首位，是提高乡村综合发展水平的必由之路。实

现产业兴旺，可以从以下三个方面入手（如图 1-20 所示）：

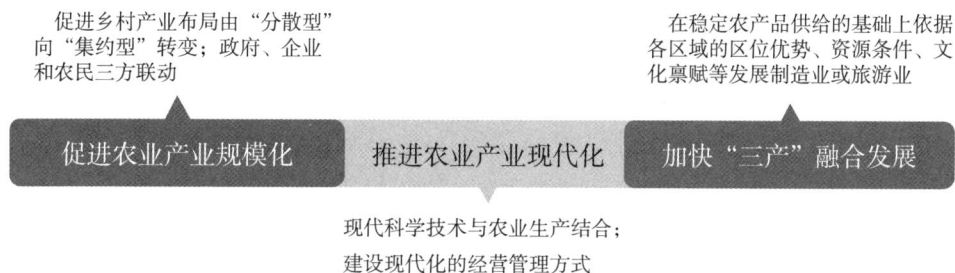

促进乡村产业布局由"分散型"
向"集约型"转变；政府、企业
和农民三方联动

在稳定农产品供给的基础上依据
各区域的区位优势、资源条件、文
化禀赋等发展制造业或旅游业

| 促进农业产业规模化 | 推进农业产业现代化 | 加快"三产"融合发展 |

现代科学技术与农业生产结合；
建设现代化的经营管理方式

图 1-20　走产业兴旺之路的三种途径

其一，促进农业产业规模化。过去的农村产业呈现出分散型格局，产业数量多规模小，生产效益低。而实现产业兴旺要促进乡村产业布局由"分散型"向"集约型"转变，扩大产业规模，加快形成农业生产、加工、分配一体化发展的产业链。这需要政府、企业和农民三方联动。首先，政府需要构建良好的政策环境，加大对农村的财政投入，改善农村基础设施，加快各类要素的合理流动。其次，有实力的企业要对农户提供技术支持，帮助构建线上销售网络，解决农产品滞销问题。此外，银行等金融机构要为小农户提供专项贷款，打破产业发展中的资金阻碍。最后，农民要提高自身的专业技术水平，及时关注市场变化，抓住市场机会，通过直播、短视频等线上、线下多种方式加大宣传力度，拓宽销售渠道，从而降低农业风险，增加农业利润。

其二，推进农业产业现代化。随着我国科技进步和经济实力的提升，人们对农产品的数量、质量和品种都提出了更高的要求，推进农业产业现代化是迎合市场需求变化，提高我国农业在国际市场竞争力的必然选择。促进农业产业现代化既要应用现代科学技术，将现代滴灌技术、耕作技术等与农业生产有机结合，又要建设现代化的经营管理模式，形成生产、加工、分配一体化的经营格局，提升我国农产品的国际市场占有率。

其三，加快"三产"融合发展。兴旺农村产业，在稳定农产品供给的基础上要加快农业向二、三产业的延伸，依据各区域的区位优势、资源条件、文化禀赋等发展制造业或旅游业，在激发乡村资源潜力的同时增加就业机会，拓宽增收渠道。

1.4.2　加强人才培育，走人才振兴之路

人才是乡村产业发展的组织者，是乡村环境治理的带动者，是乡村文化弘扬的传承者，是乡村组织建设的管理者。当前农业生产给农民带来的收入无法满足其对美好生活的向往，加之城市对人才的"虹吸效应"持续增强，容易引发基层管理组织难以留住人才、乡村治理主体缺失等问题。人才缺失依然是制约乡村振兴的突出瓶颈。乡村振兴战略由科学规划到落地生根的过程中，打造一支专业化、年轻化的人才队伍迫在眉睫。

其一，要培育新时代的新型农民。农民作为乡村振兴的主要参与者和最终受益者，其科学素养关系到具体措施的落实效果，与总体目标的实现与否直接挂钩。走人才振兴之路需要对中青年农民提供对口的知识培训，提高其文化水平、运用新科技的能力、参与乡村振兴建

设的活力，使其切实参与到乡村振兴建设中，真正成为乡村治理的主体。

其二，要加快人才引进。人才是激发乡村活力的重要驱动力。首先，乡村振兴需要管理型人才。这类人才具备较强的领导能力，能够在国家方针政策的引领下因地制宜改革乡村治理机制，推动建设现代化的乡村管理机制，让乡村治理真正落到实处。其次，乡村振兴需要技术型和经营型人才。技术型人才可以定时、定人地开展农业新品种的推广培训，以期使农业生产满足多样化需求；经营型人才帮助探索新型销售模式，拓展线上线下一体化的营收渠道，稳固农民增收基础。最后，乡村振兴不能忽视乡村教育。大学生通过实习、社会实践等形式投入乡村建设，提升乡村教育师资力量，为乡村持续振兴培育后备人才。

走人才振兴之路的两种途径如图 1-21 所示。

图 1-21　走人才振兴之路的两种途径

1.4.3　传承优秀文化，走文化振兴之路

乡村优秀传统文化可以引领向善、凝聚人心、提高民族自豪感，因此乡村振兴在依靠外源力量的同时更应该注重内生的主动力量，发挥乡村优秀传统文化在乡村建设中的根基作用。当前，文化传承主体缺失、载体单一、形式单调等问题制约着乡村传统文化发展，现有的文化发展措施不足以推进乡村振兴，未来走文化振兴之路可以从以下几个方面入手（如图1-22所示）：

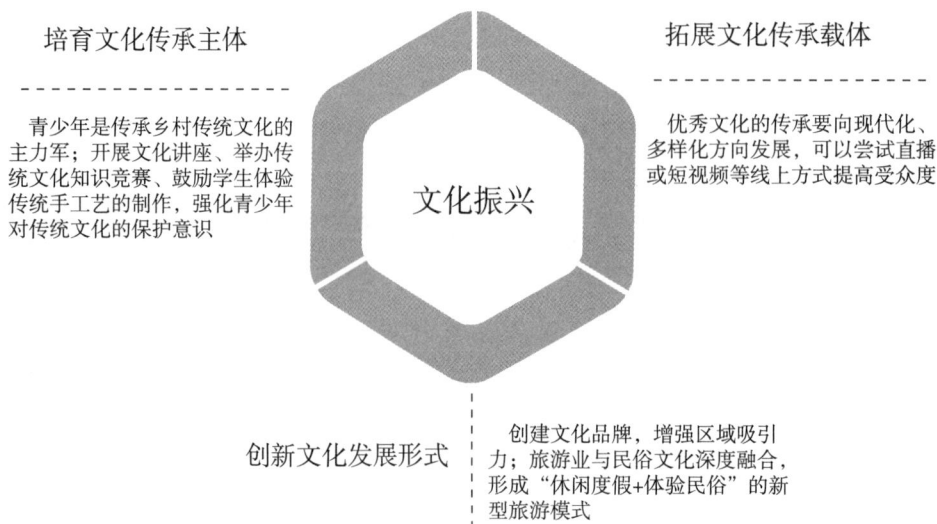

图 1-22　走文化振兴之路的三种途径

其一，培育文化传承主体。青少年是传承乡村传统文化的主力军。文化振兴必须加强国民教育，既可以通过开展文化讲座或者举办传统文化知识竞赛等实践活动，让优秀传统文化进校园，也可以鼓励学生体验传统手工艺的制作，提升传统文化在学生群体中的认知度，强化青少年对传统文化的保护意识。

其二，拓展文化传承载体。现代技术的发展使得报刊、广播、电视等传统文化传播载体逐渐衰落，乡村优秀文化的传承要紧跟时代潮流，向现代化、多样化方向发展。目前，短视频深受各年龄段人群的喜爱，传承乡村优秀文化可以通过制作高质量短视频或者名人直播等线上方式提高其受众度，在社会上营造浓厚的传承氛围。

其三，创新文化发展形式。弘扬乡村优秀传统文化不能只注重保护而忽视创新，只有保护与创新有机结合，乡村文化才能发展得更长久。各地乡村可以因地制宜创建独特的文化品牌，好的文化品牌对于增强区域吸引力具有积极的作用。此外，在发展乡村旅游业的同时融入乡村民俗文化，形成"休闲度假＋体验民俗"的新型旅游模式，让乡村优秀传统文化更具有时代性。

1.4.4　改善生态环境，走生态宜居之路

生态环境关乎乡村振兴的质量和底色，实现生态宜居可以从农业、农村、农民三个方面入手（如图 1-23 所示）：

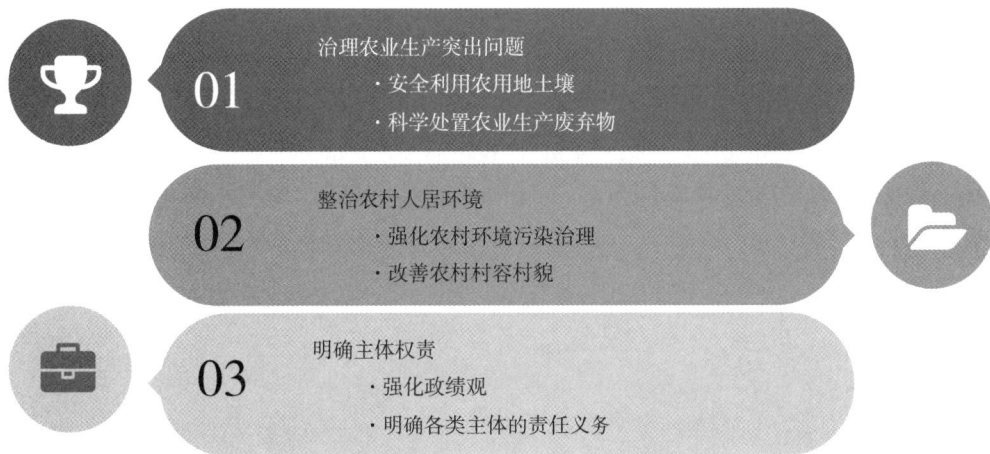

图 1-23　走生态宜居之路的三种途径

其一，治理农业生产突出问题。一要安全利用农用地土壤。基层政府要严格规定农药最大使用量，严禁使用高毒农药，同时加快生物农药的引进速度，推行绿色耕种方式。二要科学处置秸秆、农膜等农业固体废物。既要加大对地膜、秸秆回收的财政投入力度，又要加强回收后的处理和监督，鼓励科研机构对生物降解地膜及秸秆地膜无害化处理研究，保证农业绿色生产。

其二，整治农村人居环境。一要强化农村环境污染治理。基层干部要重点整治垃圾违规排放点，加快配置垃圾、污水等污染物处理设备，同时引导村民形成垃圾分类的自觉行为，从根源上解决污染问题。二要改善农村村容村貌。聚焦农村道路泥泞不平、农村环境卫生脏

乱差等问题，加快推进城镇公路、电网等基础设施向周边乡村延伸；整治违章建筑物，清理建筑物上的不规范广告，美化乡村公共区域，为农民群众提供干净整洁的人居环境。

其三，明确主体权责。既要强化政绩观，增加生态管理在基层政府考核中所占的比重，又要明确各类主体的责任义务，包括各类污染物排放主体、处理主体，并对各主体的履行义务情况进行奖惩。

1.4.5 强化组织领导，走组织振兴之路

乡村振兴是一项复杂的工程，牵涉产业、生态、民生、民俗等多个方面，实现乡村振兴需要基层党组织遵循乡村振兴战略的各项要求，贯彻落实党中央的系列规划，充分发挥组织领导力，为乡村振兴筑牢组织保障。

其一，巩固村级党组织核心地位，提升村级党组织的政治领导力。村级党组织在乡村振兴中起着领导核心作用，党组织要加强对乡村其他各类组织的管理，明确其他各类组织在乡村振兴中的任务与目标，定期监督各类组织的实践情况，形成党组织总揽全局、其他各类组织分工协作的多元参与运行体系，夯实乡村振兴的组织基础。

其二，明确基层组织成员选拔标准，激发组织成员干实事的动力。基层组织成员是落实乡村全面振兴战略的带头人，组织成员要满足政治上信念坚定、思想上观念超前、作风上廉洁自律的基本标准，同时严禁贿赂拉票、威胁村民等破坏选举的违法行为，从而保证村民选出满意的、能够带领村民实现生活富裕的基层组织成员。加快建立"基本薪酬＋绩效奖励＋社会保障"的基层组织薪酬体系，对深受农民群众认可且在乡村治理中表现突出的组织成员发放绩效奖励。同时，为基层组织成员提供医疗保险、养老保险等基础社会保障，不仅可以激发基层组织成员干实事的动力，还能解除其振兴乡村、服务群众的后顾之忧。

走组织振兴之路的两种途径如图 1－24 所示。

形成党组织总揽全局、其他各类组织分工协作的多元参与运行体系，夯实乡村振兴的组织基础

提升村级党组织政治领导力

组织振兴

激发组织成员干实事的动力

严格选拔标准，严禁贿赂拉票等违法行为；建立"基本薪酬+绩效奖励+社会保障"的基层组织薪酬体系

图 1－24　走组织振兴之路的两种途径

1.5 乡村振兴战略的阶段性目标

按照中共中央、国务院印发的《乡村振兴战略规划（2018—2022 年）》（以下简称《规划》），乡村振兴战略的发展目标如图 1－25 所示。

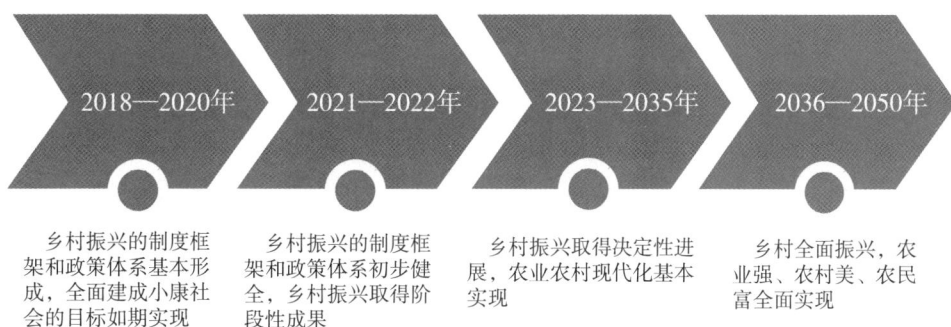

图 1-25　乡村振兴战略的阶段性目标

1.5.1　政策体系基本形成，小康社会如期实现（2018—2020 年）

《规划》明确，到 2020 年，乡村振兴的制度框架和政策体系基本形成，各地区各部门乡村振兴的思路举措得以确立，全面建成小康社会的目标如期实现。农业方面，农业与科技深度融合，农业供给数量和质量显著提升；农业与制造业、旅游业等二、三产业融合思路初步确立。农民方面，农民增收途径进一步畅通；农民继续保持增收势头，与城镇居民的收入差持续降低；区域性整体贫困得到妥善解决。农村方面，农村基层组织初步整改，各部门乡村振兴的具体任务加快落实。

2020 年我国指标完成情况符合预期，乡村振兴战略的第一个阶段性目标已经如期实现。首先，粮食稳定生产，农业现代化迈上新台阶。2021 年我国粮食种植面积达到 11763 万公顷，粮食产量达到 68285 万吨，新增耕地灌溉面积 46 万公顷，农业科技进步贡献率超过60％，农业高质量绿色发展成为现代农业发展的主流。其次，农民稳步增收，小康社会全面建成。2021 年农村居民人均可支配收入为 18931 元，同比增长 10.5％；脱贫县农村居民人均可支配收入为 14051 元，同比增长 11.6％。最后，农村设施齐全，农村改革深入推进。2021 年农村互联网普及率为 57.6％，同比增长 1.7％；乡镇医疗卫生机构床位数为 144 万张，比上年增长 49675 张；农村集体产权制度改革试点任务已基本完成（如图 1-26 所示）。

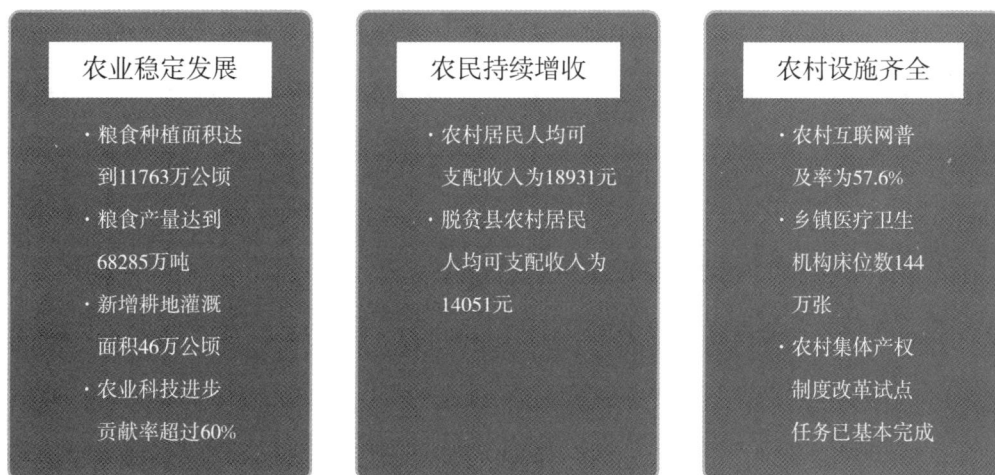

图 1-26　2021 年中国农业农村农民发展情况

1.5.2 政策体系初步健全，改革发展成效显现（2021—2022 年）

《规划》明确，到 2022 年，乡村振兴的制度框架和政策体系初步健全。在农业产业方面，现代农业体系初步健全，农业绿色发展全面推进；农村三产融合发展格局初步形成。在农村建设方面，农村基础设施建设持续改善，城乡统一的社会保障制度体系基本建立；农村人居环境显著改善，生态宜居的美丽乡村建设扎实推进；城乡融合发展体制机制初步建立，农村基本公共服务水平进一步提升，城乡基本公共服务均等化更加完善；农村基层组织建设明显加强，乡村治理能力进一步提升，现代乡村治理体系初步构建。在农民生活方面，农民收入水平进一步提高，脱贫攻坚成果得到进一步巩固；乡村优秀传统文化得以传承和发展，农民精神文化生活需求基本得到满足（如图 1 - 27 所示）。

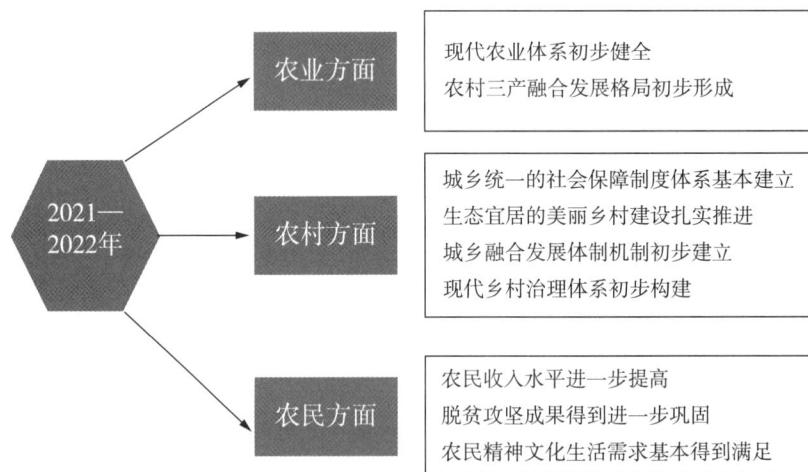

图 1 - 27　乡村振兴战略的第二个阶段性目标

1.5.3 乡村振兴进展显著，发展目标基本实现（2023—2035 年）

《规划》明确，到 2035 年，乡村振兴取得决定性进展，农业农村现代化基本实现。首先，农业结构得到根本性改善。其次，乡村公共服务设施改善持续推进，城乡基本公共服务均等化基本实现；城乡融合瓶颈得到突破，城乡融合发展体制机制进一步完善；乡风文明迈上新的台阶，乡村治理体系进一步完善；农村生态环境实现根本性转变，生态宜居的美丽乡村基本实现。最后，农民就业质量明显提升，相对贫困进一步缓解，在通往共同富裕的道路上迈出坚实步伐（如图 1 - 28 所示）。

1.5.4 乡村振兴全面完成，发展目标全面实现（2036—2050 年）

《规划》明确，到 2050 年，乡村全面振兴，农业强、农村美、农民富的目标全面实现。首先，农业全面升级，农业农村现代化全面实现；其次，美丽宜居乡村目标全面实现，城乡融合发展体制机制日益成熟；最后，农民生活富裕，美好生活的愿景如期实现（如图 1 - 29 所示）。

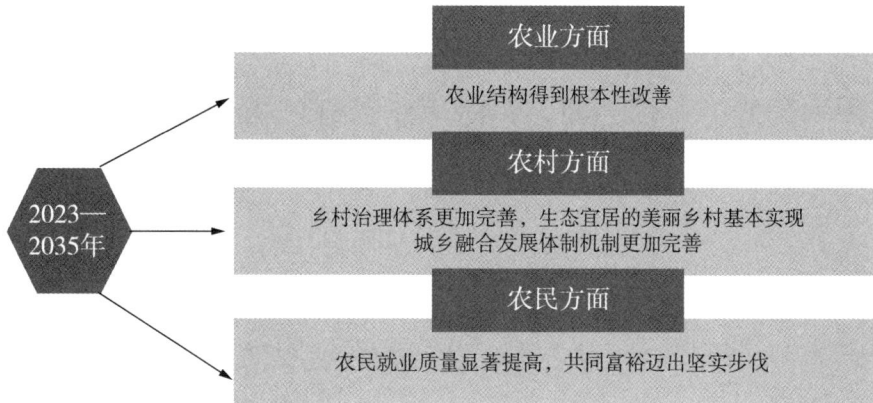

图 1 - 28　乡村振兴战略的第三个阶段性目标

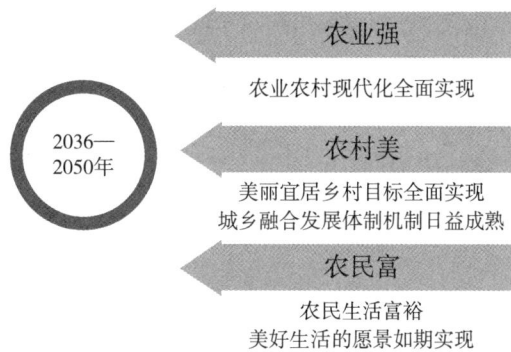

图 1 - 29　乡村振兴战略的第四个阶段性目标

第 2 章 我国农村电子商务发展现状

2.1 中国电商发展的基本情况

2.1.1 中国电商发展历程

随着信息化水平的提高与国民经济的发展，我国电子商务行业发展也随之步入了快车道，取得了丰硕的成果。整体观察我国电商的发展历程，可分为四个阶段：1993—2002 年的初创期、2003—2007 年的平台建设期、2008—2014 年的高速发展期和 2015 年至今的全面爆发期（如图 2-1 所示）。

初创期
（1993—2002年）

信息化水平较低
事件：
1993年顺丰速运成立
1993年申通快递成立
1999年当当网成立
1999年易购网成立
1999年韵达快递成立
2000年圆通快递成立
2002年中通快递成立

平台建设期
（2003—2007年）

电商行业标准逐渐建立
事件：
2003年淘宝网成立
2004年京东进军电子商务
2004年支付宝拆分为独立公司
2005年腾讯财付通成立
2007年京东自建物流体系
2007年极兔速递成立

高速发展期
（2008—2014年）

电商平台百花齐放
事件：
2008年唯品会成立
2008年饿了么成立
2009年淘宝"双11"开始
2010年美团成立
2010年京东"618"开始
2011年快手成立
2012年京东获得支付牌照
2012年京东物流正式注册公司
2013年小红书、菜鸟成立

全面爆发期
（2015年至今）

全面进入移动互联网时代
事件：
2015年拼多多成立
2016年网易严选成立
2016年美团获得支付牌照
2016年抖音上线
2019年美团配送平台对外开放
2020年多多买菜/橙心优选/美团优选等社区团购扎堆上线

图 2-1 我国电商发展历程

（一）初创期（1993—2002 年）

在初创期，信息化水平还处于较低的阶段，真正的互联网市场还没被开发起来，那时电脑仍是"稀有物种"，众多事物皆才刚刚兴起。此阶段，多家物流公司刚刚成立，如 1993 年顺丰和申通快递成立、1999 年韵达快递成立等，这些物流公司为以后电子商务的发展奠定了基础；购物平台亦是寥寥无几，1999 年当当网和易购网也刚刚成立，此时大众对电子商务的认知几乎为空白。

（二）平台建设期（2003—2007 年）

在平台建设期，电商行业悄然兴起，行业标准逐步建立。2003 年淘宝网成立，2004 年支付宝被拆分成独立的公司，对于现在大众来说，日常生活中许多人已离不开淘宝与支付宝。在 2004 这一年，京东也开始进军电子商务。2005 年腾讯财付通成立。2007 年京东自建物流体系，同年极兔速递成立。在这几年，电商平台逐渐丰富，作为配套设施的支付方式和物流亦日益完善，电子商务开始逐步进入大众视野。

（三）高速发展期（2008—2014 年）

在高速发展期，伴随着互联网的普及，电商平台发展迅速，属于百花齐放的状态。与日常生活息息相关的平台此时慢慢出现，例如 2008 年成立的饿了么和 2010 年成立的美团；2009 年淘宝的"双 11"和 2010 年京东的"618"大促开始出现，激发了消费者的热情，并一直延续到现在，可见影响力之大；还有"菜鸟"的出现让大家对快递配送产生了争议，到底需不需要送货上门成为主要的争议点，而种种迹象都验证了电商平台正处于高速发展期。

（四）全面爆发期（2015 年至今）

在全面爆发期，电子商务进入了移动互联网时代，WIFI 和 4G 网络的普及，促进了大数据时代的发展。如今仅需一个手机便可解决"所有"事情，给大众日常生活带来了极大的便利。2015 年，购买方式以拼团为主的拼多多成立，并飞速发展，截至 2021 年，该平台活动用户已增至 8.69 亿。2016 年抖音的出现，让短视频迅速火热起来，受到大众的广泛欢迎且使用群体不分年龄。还有美团优选、多多买菜等平台的出现，让居民买菜也可足不出户，使大家皆可享受到互联网带来的便利。

2.1.2　中国电商发展现状

（一）电子商务模式层出不穷

与过去的传统消费途径对比，当前我国消费者的消费习惯已经发生了很大的变化，消费者愈发倾向于网络消费。越来越多的电子商务平台接连出现，根据服务主体的不同，可以把商业模式细致划为 B2B、B2C、C2B、C2C、O2O 等。伴随着电子商务模式的愈来愈多，特别是移动电子商务平台 App 的出现，可以使用户随时随地享受这些平台带来的便捷。在未来，经济发展水平越来越高，不同种类不同模式的电商平台还会接连出现。电子商务模式见表 2-1 所列。

表 2-1　电子商务模式

	B2B 模式	B2C 模式	C2B 模式	C2C 模式	O2O 模式	移动电子商务模式
英文全称	Business to Business	Business to Customer	Customer to Business	Consumer to Consumer	Online to Offline	Mobile e - Commerce
释　义	商家与商家建立的商业互补关系	商家直接把商品卖给消费者，即"商对客"模式	由客户发布自己需要的物品种类与价格，商家选择是否接受	个人与个人之间的电子商务	将线下商务的机会与互联网结合在一起，让互联网成为线下交易的前台	利用手机、掌上电脑等无线终端进行的 B2B、B2C、C2B、C2C 或 O2O 的电子商务

（续表）

	B2B 模式	B2C 模式	C2B 模式	C2C 模式	O2O 模式	移动电子商务模式
举例说明	如在麦当劳喝的可乐品牌都是可口可乐	如消费者在网上店铺购买商品	如淘宝"双11"的预售模式	如闲鱼平台，大家可以售卖闲置物品	如在网上购买消费券，到实体店铺购买物品	如电商平台App，可以让我们随时随地购物

（二）参与电子商务交易活动的企业数大量增长

近年来，在国内经济下行的压力下，消费者的购买力有所下降，但与过去传统交易途径对比，电子商务的活跃性依然较强。针对消费者改变消费模式的现实状况，企业也纷纷建立自己的购物网站，不断开通线上业务，使得存在电子商务交易的企业数大量提升。2013—2020 年全国有电子商务交易活动的企业数及同比增长率如图 2-2 所示，从中可以看出，2020 年存在电子商务交易的企业数量达 124552 个，同比增长 13.8％。另外，近几年来，有电子商务交易活动的企业数整体上呈稳步上升趋势，在 2015 年之前，有电子商务交易活动的企业数还较少，但是增长迅速，增长率超过 30％；而 2020 年增长率只有 13.8％，说明大多数企业已经存在电子商务交易活动，导致增长率处于较低水平。

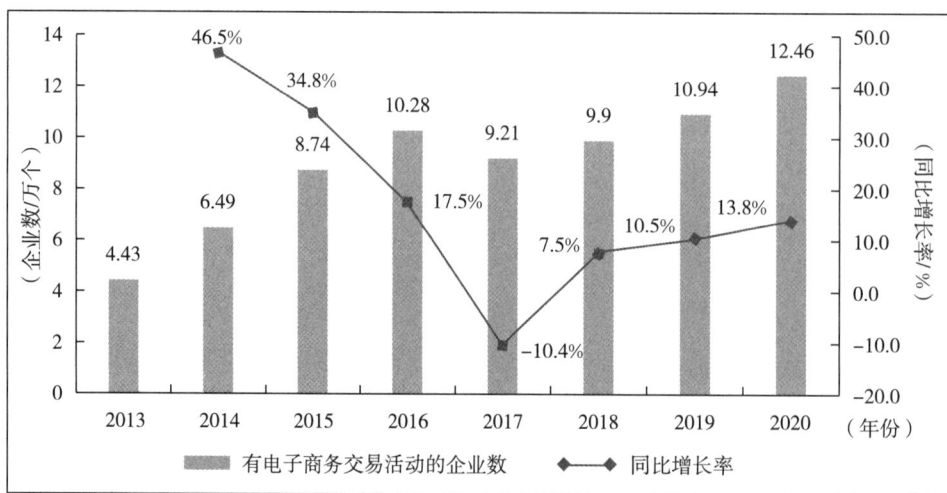

图 2-2　2013—2020 年全国有电子商务交易活动的企业数及同比增长率

（数据来源：国家统计局）

注：有电子商务交易活动的企业是指通过互联网开展电子商务销售或电子商务采购的企业。

2013—2020 年全国有电子商务交易活动的企业数在企业总数中的占比如图 2-3 所示，从中可以看出，2020 年有电子商务交易活动的企业数比重为 11.1％，且整体上呈现不断上升的趋势。近几年来，全国的企业数不断增多，而有电子商务交易活动的企业数比重也在不断上升，从 2013 年的 5.2％上升到 2020 年的 11.1％，说明越来越多的企业开通了线上业务，存在电子商务交易活动。

（三）电子商务销售额和采购额稳步上升

国家统计局数据显示（如图 2-4 所示），2020 年全国电子商务销售额达 18.93 万亿元，

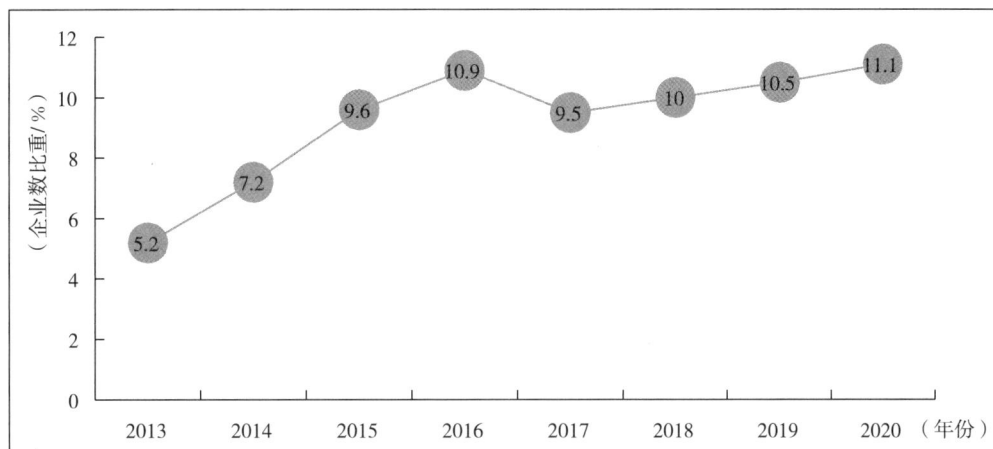

图 2-3　2013—2020 年全国有电子商务交易活动的企业数比重

（数据来源：国家统计局）

同比增长 10.6％；而 2020 年电子商务采购额达 10.91 万亿元，同比增长 7.2％，比电子商务销售额低。从图 2-4 中可以看出，近几年来，电子商务销售额和采购额一直稳步增长，但由于销售额和采购额的具体数额越来越大，造成二者的增长率都呈下降趋势。销售额在 2013—2020 年增长率均值为 15.6％，而采购额均值为 14.9％，较销售额低一些。

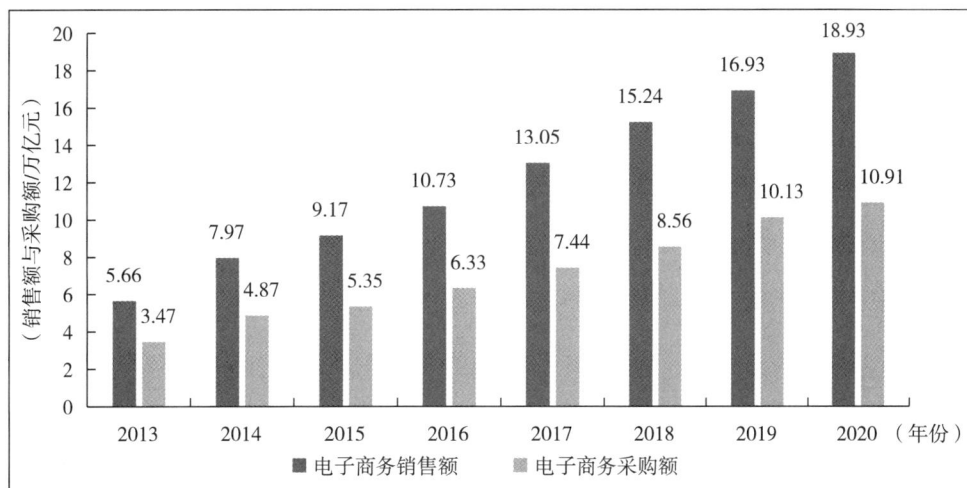

图 2-4　2013—2020 年全国电子商务销售额与采购额

（数据来源：国家统计局）

如今电商平台愈发普及，越来越多的消费者通过电商平台去购物，电商平台中的销售额是电子商务销售额的重要部分。目前来说，大家常用的是阿里巴巴的淘宝、京东、唯品会和拼多多等。把这些电商平台 2021 年的营业收入、同比增长等财报数据收集起来做对比分析（见图 2-5 所示），从中可以看出，2021 年阿里巴巴的营收为 2425.8 亿元，同比增长 10.0％；唯品会全年总净营收为 1171.0 亿元，同比增长 15.0％；京东全年总收入 9516 亿元，同比增长 20.8％；拼多多全年营收达 939.5 亿元，同比增长 27.6％。我们可以发现：第一，这 4 家电商 2021 年的营收相比于 2020 年都是增长的，拼多多的增长幅度最大，与其成立时间短和基数较小有关；第二，在这 4 家电商平台中，京东营收最高，在前几年是阿里巴巴高于其他电商平台，2021 年京东实现了反超，说明京东发展潜力较大。

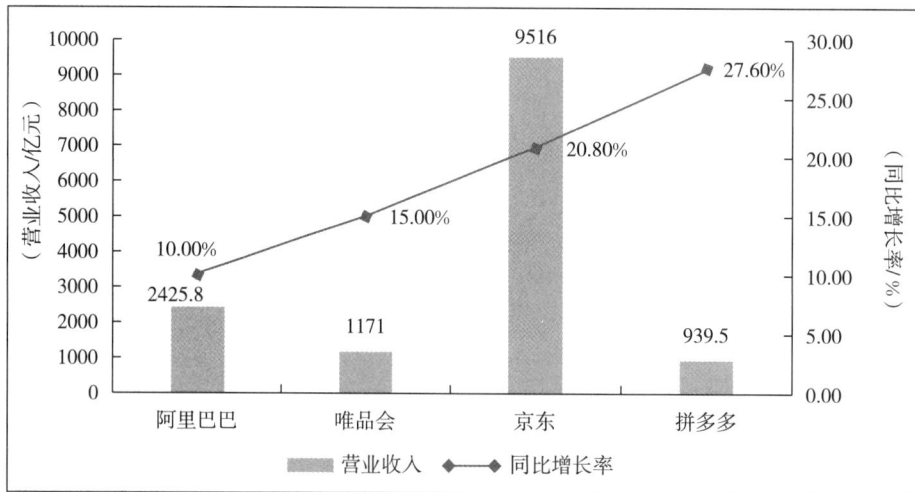

图 2-5　2021 电商代表营业收入与同比增长率

（数据来源：中国政府网）

（四）电子商务网上零售交易规模庞大

2011—2021 年全国网上零售交易规模如图 2-6 所示。2021 年网上零售交易规模达 13.1 万亿元，同比增长 14.1%。这 11 年来，全国网上零售交易规模迅速扩大，从 2011 年的 0.78 万亿元到 2021 年的 13.1 万亿元，增长近 16 倍，说明大家越来越倾向于在网上购买物品。在 2021 年中，吃类、穿类和用类商品分别增长 17.8%、8.3% 和 12.5%，可见吃类商品占比较高。

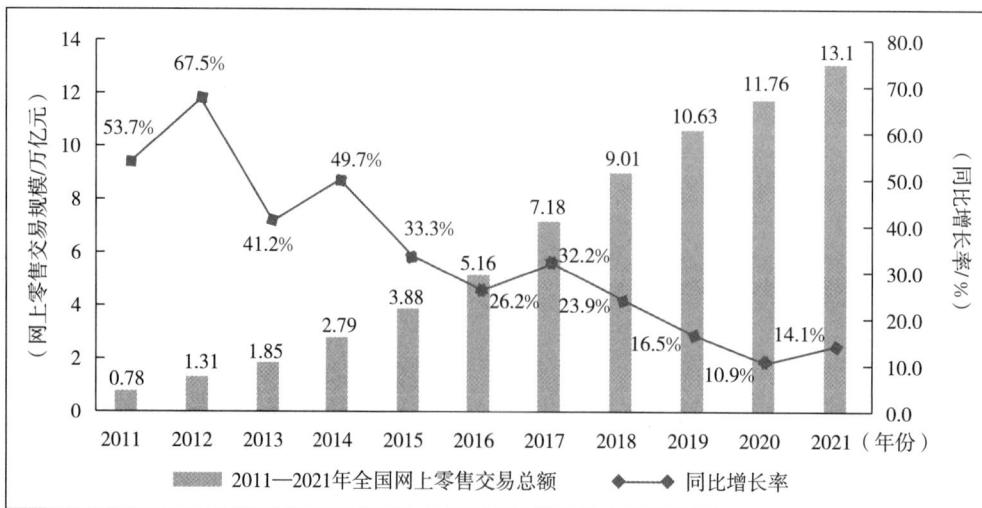

图 2-6　2011—2021 年全国网上零售交易规模

（数据来源：国家统计局）

在零售市场上，健康商品越来越受到广大消费者的喜爱。通过对 2021 年网络零售市场部分商品销售额同比增长率进行分析，发现消费者愈发注重自身的健康，这就导致与健康相关的商品越来越受到消费者追捧。2021 年，网络零售市场健康商品销售额同比增长率如图 2-7 所示，其中家居智能设备、户外用品、有机蔬菜、有机奶和有机食用油销售额同比增长率分别为 90.5%、30.8%、127.6%、24.1% 和 21.8%，从中发现有机蔬菜销售额同比增长率最高，说明消费者越来越看重健康食品。而消费者对这些健康商品的喜爱，也体现出在网购市场中消费者的消费习惯在慢慢升级。

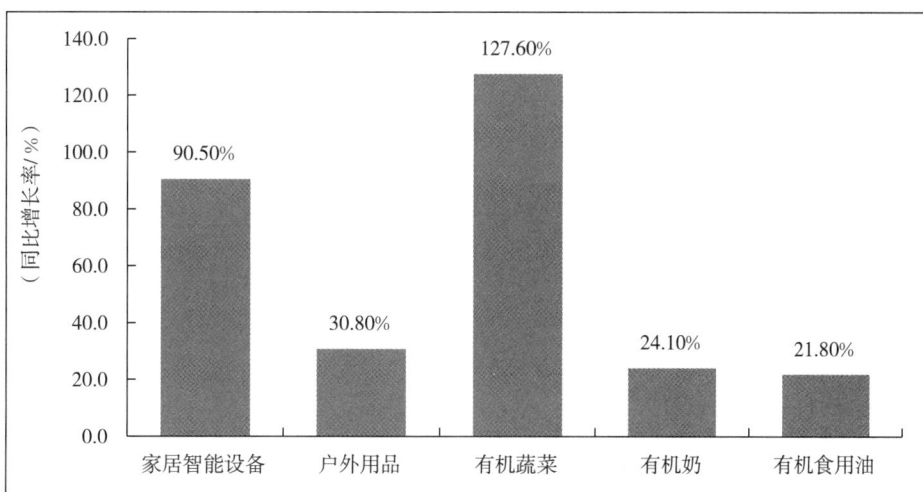

图 2-7　2021 年网络零售市场健康商品销售额同比增长率

（数据来源：商务大数据）

同时，生鲜食品在网络零售中也备受欢迎，以往生鲜食品因为保质期较短且物流基础设施不发达等原因，只能由当地人购买享用。而现在由于电商的出现，用户可在电商平台下单，商家会在发货时对商品进行保鲜处理，最后到消费者手中的食物依旧新鲜，所以越来越多的消费者喜欢在网上购买生鲜食品。2014—2021 年中国生鲜电商交易规模及同比增长率如图 2-8 所示，交易规模从 2014 年的 290 亿元增长到 2021 年的 4658.1 亿元，增长了 15 倍，

图 2-8　2014—2021 年中国生鲜电商交易规模及同比增长率

（数据来源：《2021 年度中国生鲜电商市场数据报告》）

说明大家越来越倾向于在网上购买生鲜食品。从同比增长率来看，虽然同比增长率呈下降趋势，但增长率数值还比较高，例如 2021 年交易额已达到 4500 亿以上，同时保持 27.9％ 的增速，说明生鲜食品市场的销售额十分可观。

（五）电子商务配套设施日益强化

电子商务依托于互联网改变了过去传统商品的分销方式。但想要完成线上销售的全过程，不仅要依靠互联网，还需要众多其他基础设施予以支持，如线上支付技术、快递配送服务等。目前，我国电子商务的相关基础设施已日益完善，且发展势头良好。

信息传输、软件和信息技术服务业企业电子商务销售额及同比增长率如图 2－9 所示。2020 年，信息传输、软件和信息技术服务业企业的电子商务销售额达 14698.8 亿元，同比增长 28.2％。近 10 年来，信息传输、软件和信息技术服务业企业电子商务销售额呈快速增长态势，从 2013 年的 1883.8 亿元增长到 2020 年的 14698.8 亿元，增长近 7 倍。

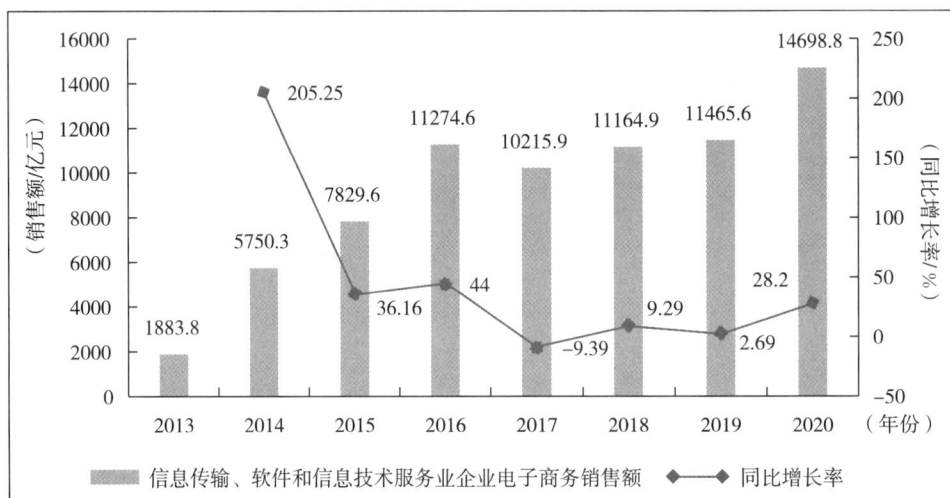

图 2－9　信息传输、软件和信息技术服务业企业电子商务销售额及同比增长率

（数据来源：《中国电子商务报告（2020）》）

如今，电子支付不再局限于以往的第三方支付方式，区块链技术也被广泛运用。由于第三方支付方式产生的两次移交会使资金价值产生损失并且花费成本过高，而区块链的存在，可使电子商务交易双方直接交流，并且每个环节都会被储存记录下来以保证数据的完整性。如今电子支付业务空前繁荣，以金融机构银行业为例，2020 年在银行业金融机构中，关于电子支付业务总共处理 2352.25 亿笔，金额 2711.81 万亿元。其中，网上支付业务 879.31 亿笔，金额 2174.54 万亿元；移动支付业务 1232.2 亿笔，金额 432.16 万亿元。移动支付业务的支付笔数最多，而网上支付业务的金额最大（如图 2－10 所示）。

依据《中国电子商务报告（2020）》，近 10 年来，全国快递服务企业的业务量飞速增长，从 2011 年的 36.7 亿件增长到 2020 年的 833.6 亿件，增长超过 20 倍，说明在电子商务规模扩大的过程中，相关基础配套设施亦在持续完善。2011—2020 年全国快递服务企业业务量如图 2－11 所示。

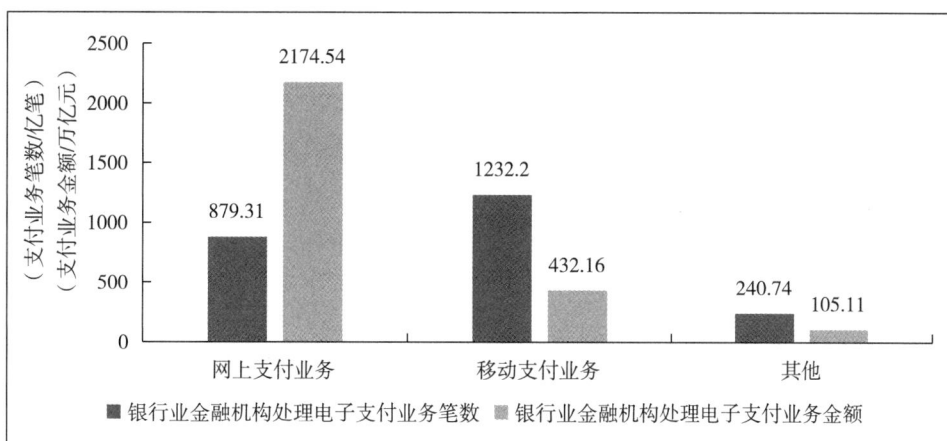

图 2-10　2020 年银行业金融机构处理电子支付业务情况

（数据来源：中国人民银行）

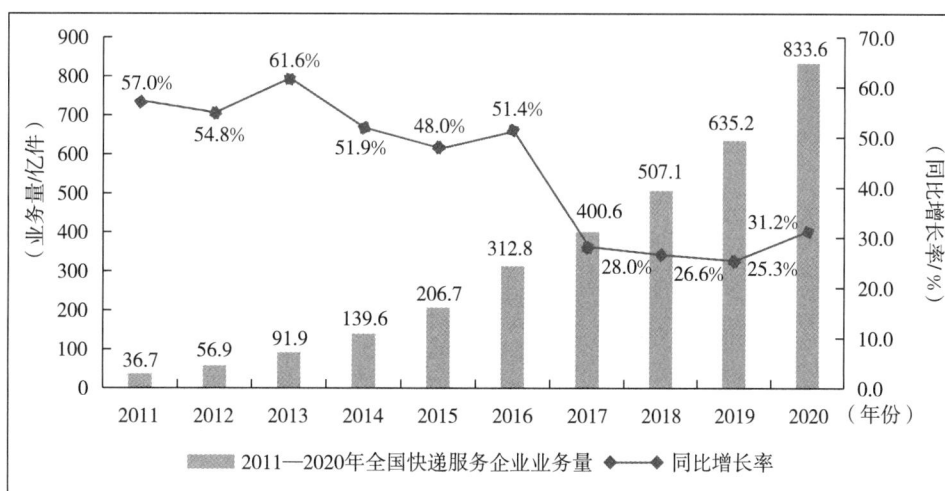

图 2-11　2011—2020 年全国快递服务企业业务量

（图表来源：《中国电子商务报告（2020）》）

2.1.3　中国电商发展的现存问题

（一）网络安全问题

网络安全问题存在的危害如图 2-12 所示。计算机网络安全系统一直是多样且复杂化的。当前，攻击网络安全的手段多种多样，存在行为纷繁复杂、黑客攻击高频且强烈等特点，使得网络安全系统面临极大考验。对计算机网络安全存在严重威胁的另一个因素则是信息泄露和窃取，因为多数企业

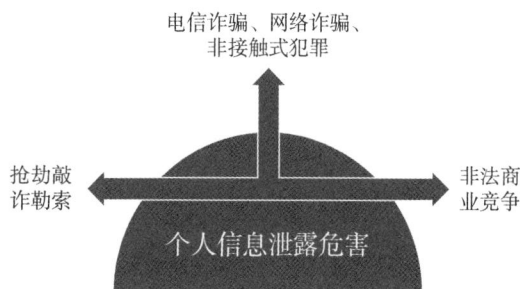

图 2-12　网络安全问题存在的危害

制定的安全措施还不能把所有的威胁因素都抵挡在外，因此大量不法分子通过收集和转发信息、调用等方式，不正当地对数据进行窃取，并利用一些手段对这些数据进行重新读取使用。这将极容易引致电子商务交易双方——企业和用户的信息安全受到威胁。纵然网络平台的出现给用户带来了极大的方便，但大众对网络安全问题依然存有疑虑。虽然企业已承诺保证用户的信息安全，但还是有一些用户的顾虑没有完全打消，因为电子银行、网上订货等方式虽然已普及，但整个订单的完成还是不透明的，还存在诈骗电话、病毒入侵、网络诈骗等这些事实，让大家对使用网络平台购物一直有戒备心，所以网络环境是否健全、如何把用户的戒备心消除已成为电子商务企业亟须解决的难题。一旦发生个人信息泄露，可能会出现较大的危害，如电信诈骗、网络诈骗、非接触式犯罪、抢劫敲诈勒索和非法商业竞争，这会让消费者对网络安全失去信心。

（二）商业诚信问题

目前，我国信用机制仍不够完善，这对我国电子商务的发展有一定的阻碍。因为利用网络平台进行交易，大家无法对真实情况进行真正的了解，存在一定的虚拟性，所以很多冒用商家身份骗取用户钱财或者有些用户存在抵赖的行为经常发生。在现在数字化的时代，商业诚信问题已见怪不怪，其中最普遍的现象即是用户个人信息的泄露。泄露方式主要分为两种：一种是商家为获得不正当的利益对客户的信息随意泄露，侵犯了他人的隐私；另一种是网络诈骗，不法分子通过设计和正规平台类似的界面，诱导这些用户信以为真，最后导致这些不法分子既骗取了用户的钱财，又获取了他们的个人信息，这些不法分子通过贩卖这些用户的个人信息来获取更多的钱财。无论是哪种方式泄露用户的个人信息，用户都将因此蒙受巨大的损失。

2021年网民遭遇过网络信息泄露占比如图2-13所示。在网民中，遭遇过网络信息泄露的占41.9%，还有不清楚信息是否被泄露的网民占9.7%，只有不超过一半的网民没有遇到过网络信息泄露。网络信息泄露中有一部分就是商业诚信问题所导致，所以在日常生活中，我们要多注意保护我们的个人信息。在遭遇信息泄露后，有41.1%的网民选择拒绝录入隐私信息，

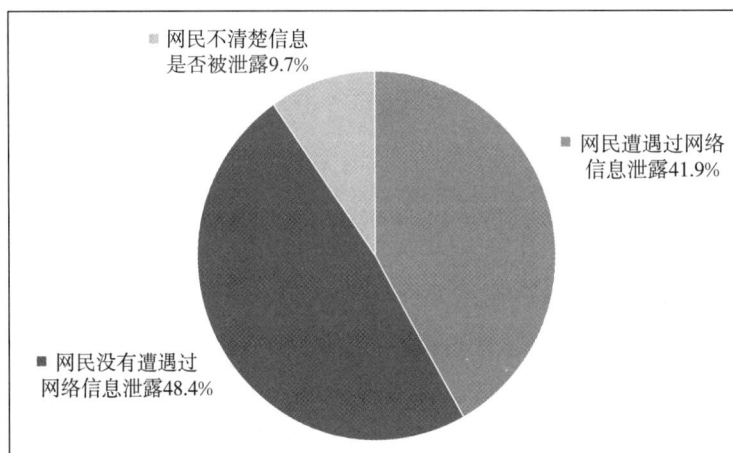

图2-13 2021年网民遭遇过网络信息泄露占比

（数据来源：艾媒咨询数据）

36.7%的网民重新设置信息密码来确保自己的信息不被泄露，还有一部分人选择报警，这部分人的占比为20.1%，从中可以看出，大多数网民通过自发的行为去保护自身的隐私。

（三）产品虚假化与同质化问题

因为电子商务有一定的虚拟性，所以企业产品的虚假化与同质化可能会进一步放大。在传统销售方式中，大家都是在店铺里购买商品，可以真实触摸商品，对商品的质量有一定的判断，但在网上购物平台，消费者只能通过图片来看到商品，这些图片可能经过处理，使得消费者无法获得商品的真实信息。这些商品通过商家的渲染、盲夸，引诱用户购买，在真实收到商品之后质量不符合商家口中所说的，还有可能是一些商家售后做得较差，最终给用户不好的购物体验。这些行为，较轻的后果是导致客源流失，严重地则会扰乱市场秩序，最终会不利于企业的长期发展。此外，同质化问题亦需要引起大众注意，现在电商平台众多，商家也越来越多，很多商家为了获得更多的客户，盲目从众，商品缺乏特点，同质化严重。当同质化的商品随处可见就会使得大众出现厌烦心理，从而会减少对此类商品的购买，不利于电商行业的发展。

在火热的直播电商领域，企业产品虚假问题广泛存在（如图2-14所示）。第一，价格误导问题占33.37%，是所有问题中占比最高的，说明此问题最为严重；第二，产品质量问题紧随其后，占32.06%；第三，虚假宣传问题占比也是较高的，数值为30.54%。这三个问题占比超过95%，说明在相关问题中，这三个最为突出，其他像诱导场外交易、发货慢、退换货和销售违禁商品分别只占1.66%、1.20%、1.09%和0.08%，这些问题占比较小，说明只有很少一部分人会遇到这些问题。

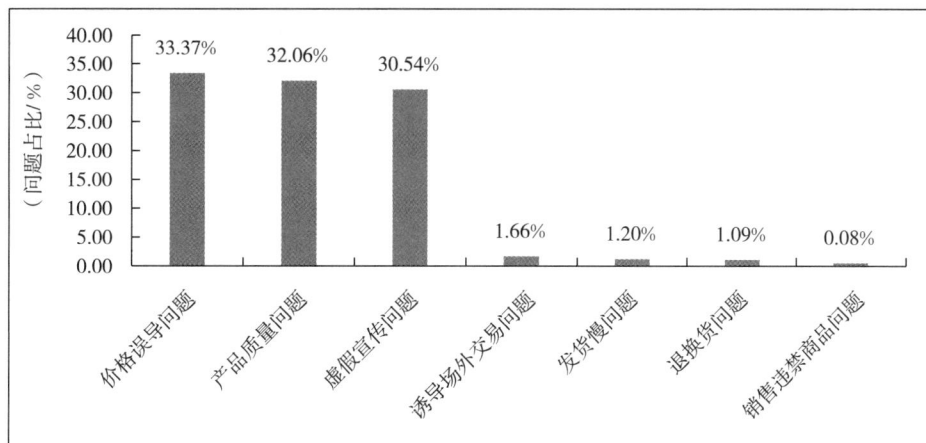

图 2-14　消费者投诉的主要问题占比情况

（数据来源：第一财经）

2.2　中国电商发展的空间差异

随着国民经济的高速增长，各地区发展愈发不平衡，特别是东、中、西和东北部四大区域之间的差异在不断扩大。相应地，我国电商产业在东、中、西和东北部四大区域之间也呈现不均衡发展，出现空间集聚的特点。本节通过对东、中、西和东北部四大区域之间电商发展的差异进行对比分析①，得出相应的结果。

2.2.1 四大经济分区电子商务相关交易活动的企业数分析

2015—2020 年，四大经济分区有电子商务交易活动的企业数占比情况如图 2-15 所示。从各分区的占比情况来看，在 2015—2020 年，东部地区有电子商务交易活动的企业数占比在 59%～64%，中部地区占比在 18%～20%，西部地区占比在 14%～19%，东北地区占比在 3% 及以下，可以看出有电子商务交易活动的企业还是大多集中在东部地区，中部地区和西部地区数量相当，东北地区最少。从 2015 年到 2020 年，东部地区占比由 63.96% 下降为 61.81%，中部地区由 18.31% 上升为 19.06%，西部地区从 14.73% 上升为 16.87%，东北部地区由 3% 降低为 2.26%。从中可以看出，东部地区和东北部地区中有电子商务交易活动的企业数占比在降低，中部和西部地区在升高。

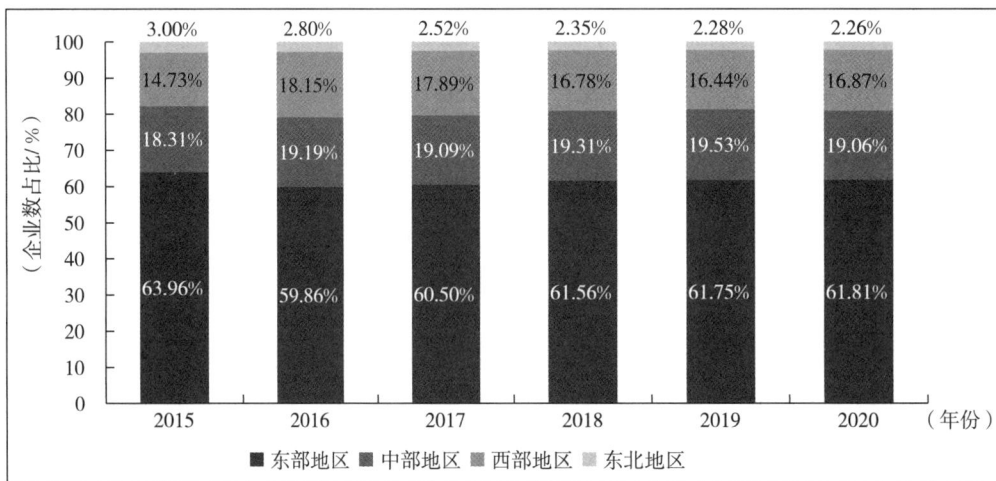

图 2-15 2015—2020 年四大经济分区有电子商务交易活动的企业数占比情况

（数据来源：国家统计局）

2.2.2 四大经济分区电子商务销售额占比分析

2015—2020 年四大经济分区电子商务销售额占比情况如图 2-16 所示。电子商务销售额越高，说明此地区电子商务发展得越好。从各分区的占比情况来看，在 2015—2020 年，东部地区电子商务销售额占比在 66%～72%，中部地区占比在 13%～15%，西部地区占比在 11%～15%，东北地区占比在 4% 以下，可以看出电子商务销售额基本集中在东部地区，中部地区和西部地区数量相当，东北地区数量最少。从 2015 年到 2020 年，东部地区占比由 66.99% 上升为 70.72%，中部地区由 14.56% 下降为 13.42%，西部地区从 14.55% 下降为 12.93%，东北地区由 3.9% 下降为 2.93%。从中可以看出，只有东部地区的电子商务销售

① 根据国家统计局对全国区域的划分，全国区域划分成东、中、西和东北部四大区域。

额占比在上升，其余地区电子商务销售额都在下降。

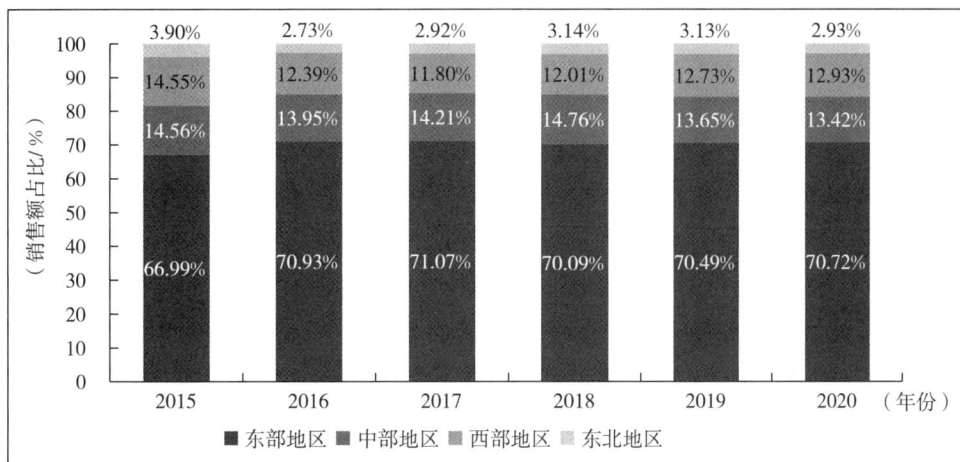

图 2-16　2015—2020 年四大经济分区电子商务销售额占比情况

（数据来源：国家统计局）

2.2.3　四大经济分区网络零售额差异分析

如图 2-17 所示，通过对中东部、中部、西部和东北部的 2020 年网络零售额进行对比分析，我们发现，从各区域网络零售额占比方面看，东部占全国比重为 84.54%，中部占全国比重为 8.37%，西部占全国比重为 5.68%，东北部占全国比重为 1.41%，可以发现各区域的网络销售额差距特别大，全国的网络零售额大都集中在东部地区，东北部占的份额最小。从同比增速方面来看，东部为 10.7%，中部为 6.2%，西部为 4.1%，东北部为 7.4%，可以发现还是东部地区的同比增速较大，说明东部地区网络零售额相比于其他区域来说，有较快的增长速度；2020 年东北地区同比增速达到 7.4%，虽然占比份额小，但是增长速度较快。

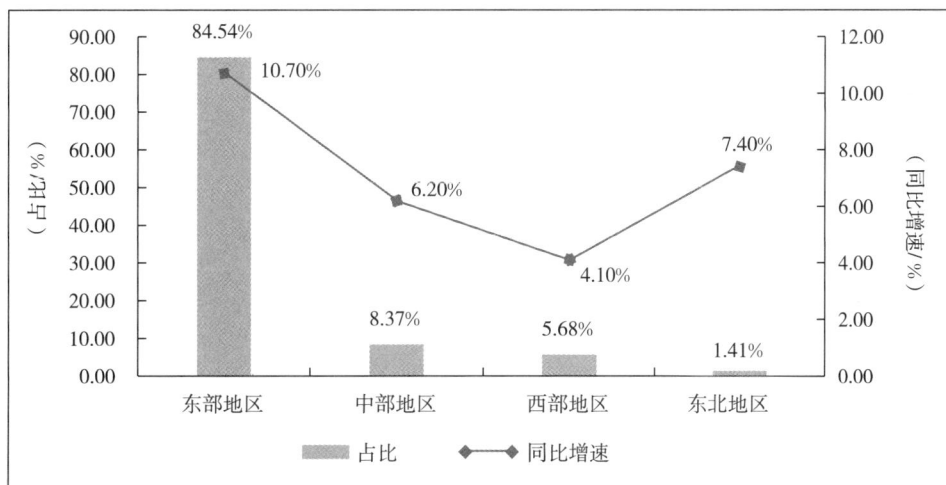

图 2-17　2020 年四大经济分区网络零售额情况

（数据来源：《中国电子商务报告（2020）》）

2.2.4 四大经济分区互联网业务收入分析

电子商务与互联网密不可分，所以电子商务的发展也可以促进互联网业务收入的增加。2021年四大经济分区互联网业务收入及同比增长率如图2-18所示。通过对东部、中部、西部和东北部的2021年互联网业务收入进行对比分析，东部、中部、西部和东北部分别为13134亿元、567.6亿元、960.6亿元和51.4亿元，各区域的互联网业务收入差距特别大，全国的互联网业务收入大都集中在东部地区，东北地区占的份额最小。从互联网业务收入同比增长率来看，东部、中部、西部和东北部分别为20.8%、3%、37.8%和-0.5%，可以发现东部地区不仅互联网业务收入最高，而且增长得也较快；增长最快的是西部地区，说明西部地区在2021年发展得较好；而东北地区不仅互联网业务收入很低，而且2021年的互联网业务收入比2020年降低了0.5%，说明在东北地区的互联网业务较少。

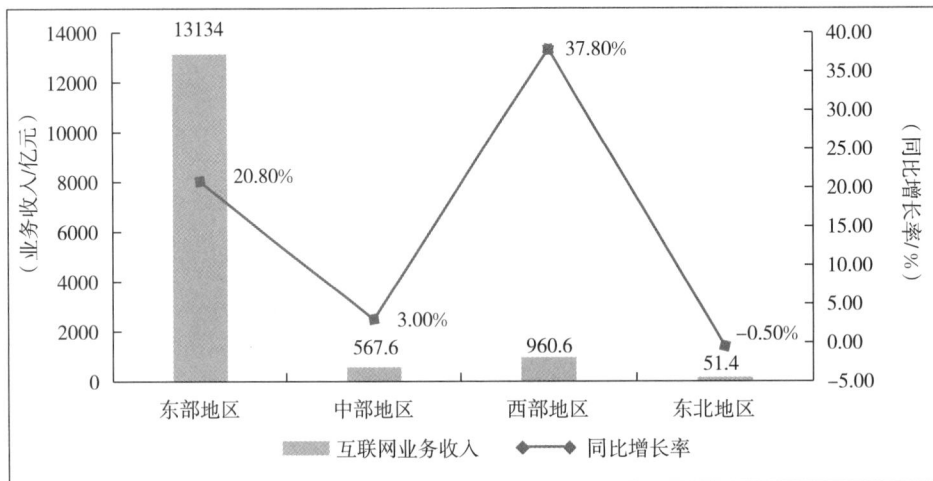

图 2-18　2021年四大经济分区互联网业务收入及同比增长率

（数据来源：中国政府网）

本节通过对东、中、西和东北地区有电子商务交易活动的企业数、电子商务销售额占比、网络零售额和互联网业务收入进行比较分析，得出以下结论：

① 有电子商务交易活动的企业数占比：东部地区占比最高，中部地区和西部地区相当，东北地区最低。在2015—2020年，东部地区占比在下降，其余地区占比在上升。

② 电子商务销售额占比：与网络零售额特征类似，东部地区是最高的且占绝大部分，接着是中部和西部，最后是东北部地区占比最小。在2015—2020年，东部地区占比在上升，其余地区占比在下降。

③ 网络零售额：东部地区是最高的且占绝大部分，接着是中部和西部（两个区域的数值相差较小），最后是东北地区占比最低。

④ 互联网业务收入：在互联网业务收入方面与网络零售额、电子商务销售额类似，东部最高，东北地区最低。在同比增速中，西部地区最高，东北地区最低，且为负值，说明东北地区互联网收入相比于上年有所下降。

2.3 中国农村电商发展的整体情况

2.3.1 中国农村电商发展历程

如今，我国农村电商政策持续完善，信息基础设施建设不断优化，农产品直播逐步盛行，不仅有效抵消突发公共卫生事件对电商的不利影响，而且推动了农村电商的发展，为脱贫攻坚和乡村振兴贡献一份力量。

我国农村电商发展历程分为以下四个阶段：萌芽阶段（1995—2005 年）、探索阶段（2005—2012 年）、发展阶段（2012—2014 年）和成熟阶段（2014 年至今）。萌芽阶段：1995 年郑州商品交易所成功实现网上卖粮，是我国农村电子商务的开端，到 2005 年农村网络设施的改善，农村电子商务由此萌芽。探索阶段：2005 年零售平台易果网的成立，是农产品网上销售的开端，到 2012 年越来越多的农产品在网上交易，农村电子商务在慢慢探索。发展阶段：2012 年生鲜电商主动抢占电商市场，到 2014 年利用全新的信息通信技术，农村电子商务在快速发展之中。成熟阶段：2014 年农村电子商务迎来新的发展机会，到如今农村电子商务产业的格局逐步趋于稳定，慢慢走向成熟。1995—2021 年农村电商标志性事件见表 2-2 所列。

表 2-2 1995—2021 年农村电商标志性事件

年 份	标志性事件
1995	郑州商品交易所成功实现网上卖粮
1999	建成棉花网上交易市场
2001	成立中华粮网
2005	成立零售平台易果网
2008	和乐康、沱沱工社加入生鲜农产品交易队伍
2009	中粮我买网建成
2012	主动出击抢占电商市场
2013	宣传和支付的新方式分别为微博和微信，为农村电子商务交易所服务
2014	农村电子商务首次出现在中央一号文件中，从三方面推进农村电子商务
2015	农业部、国家发展和改革委员会、商务部印发《推进农业电子商务发展行动计划》
2017	农业部办公厅印发《农业电子商务试点方案》
2020	组织实施"互联网＋"农产品出村进城工程
2021	"十四五"规划的开局之年，中央一号文件提出继续加大农村电商发展政策力度

2.3.2 中国农村电商发展现状

（一）农村电商市场潜力巨大

在"互联网＋"时代，农村居民也和城市居民一样慢慢倾向于在网上平台购买商品，特别是在淘宝、拼多多、抖音等电商平台盛行后，农村居民消费欲望进一步增强。由于当前农村居民的消费需求在逐步扩大、农村电商的发展环境在不断优化，我国农村电商市场在未来的发展潜力是巨大的。

如图 2-19 所示，近几年来，全国农村网络零售额从 2015 年的 0.35 万亿元上升到 2021 年的 2.05 万亿元，增长了近 5 倍，且一直呈稳步上升趋势；同比增长率从 2015 年的 96.1% 下降到 2021 年的 11.3%，整体上呈下降趋势。现在全国农村网络零售额慢慢接近于饱和状态，所以同比增长较低。把全国网上零售交易规模与农村网络零售额相比较，2021 年的全国网上零售交易规模为 13.1 万亿元，农村网络零售额为 2.05 亿元，全国网上零售交易规模是农村网络零售额的 6.39 倍，说明农村网络零售额相对来说占比还是较小。

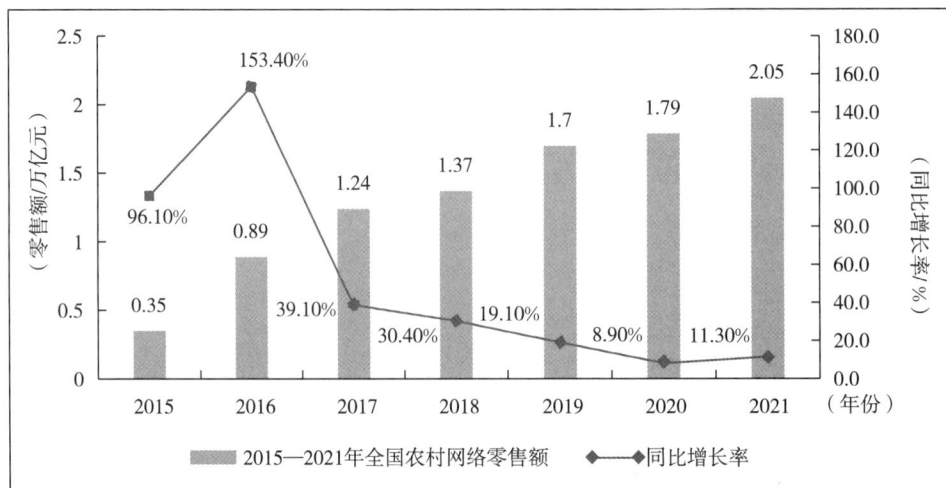

图 2-19　2015—2021 年全国农村网络零售额

（数据来源：国家统计局）

（二）农产品网络零售额快速增长

如图 2-20 所示，从 2020 年的零售额同比增速中可以看出，农产品零售额与 2019 年相比是增长的，因为同比增速都为正数，最高的农产品同比增速高达 58.7%。具体来看各品类的零售额占比，休闲食品居于第一位，占比为 19.8%；粮油为第二位，占农产品网络零售额的 14.6%；滋补食品占 11.3%，位于第三位。而最后三位是奶类、蔬菜和豆制品，这和各类产品的价格与网民的购买习惯相关。具体看各品类的同比增速：增速第一位是粮油，同比增速为 58.7%；第二位是奶类，同比增速为 57.7%；第三位是肉禽蛋，同比增速为 56.9%。最后三位为休闲食品、水产品和水果，同比增速分别为 8.3%、9.3% 和 10.9%，可看出大家越来越倾向于在网上买粮油、奶类和肉禽蛋，而在过去消费者则大多是在线下购买这些食品。

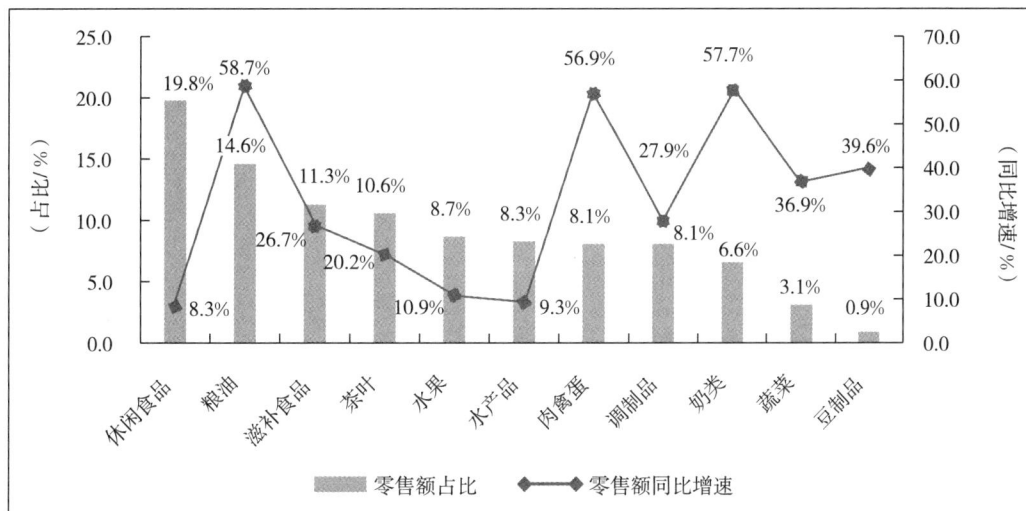

图 2-20　2020 年全国各类农产品网络零售额占比及同比增速

（数据来源：《中国电子商务报告（2020）》）

现在农副产品可在"832 平台"进行销售，此平台是为了帮助贫困地区脱贫而产生的，是政府部门建设运营的脱贫地区农副产品网络销售平台。据中国政府网公布的数据，截至 2022 年 2 月，此平台累计销售额已突破 200 亿元，助推 832 个脱贫县的 230 万农户巩固脱贫成果。

（三）农村电商发展基础不断增强

伴随着互联网的普及，农村人口的素质持续提高，所以对网络的接受程度也越来越高。近年来农村网民数量增长迅速，有利于农村网络销售额的增长。《中国电子商务报告（2020）》显示，2020 年农村网民规模为 3.09 亿，同比增速为 21.18%。从图 2-21 中可以看出，近几年来，农村网民规模从 2016 年的 2.01 亿人上升到 2020 年的 3.09 亿人，4 年时间增长了约 1 亿人，一直呈稳步上升趋势；网民增速从 2016 年的 2.7% 上升为 2020 年的 21.18%，说明农村网民正在以惊人的速度快速增长。

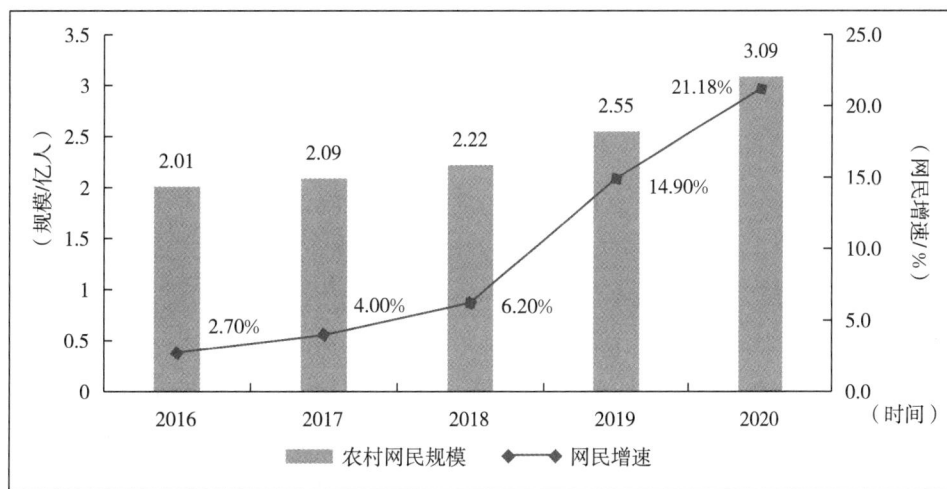

图 2-21　中国农村网民规模及增速

（数据来源：《中国电子商务报告（2020）》）

物流和电商是互相匹配的，缺一不可。农村物流基础设施还未达到非常完善的程度，所以农村当地政府为了鼓励物流公司到农村中来，制定了大量的优惠政策。只要物流公司抓住了机遇，就可以运用好这些资源政策，占领农村物流市场。农村物流市场具有非常大的潜力，物流公司在助力农村物流基础设施完善的同时，也在推动自身公司的发展，获取高额回报，2020年我国农村电商物流指数总体上有所上升，且超过了全国的指数。受到新冠肺炎疫情影响，物流的停运对电商物流农村业务量有非常大的影响，农村电商物流总业务量指数从1月份的124.3下降到2月份的101.9点。随着疫情的好转，在2020年年底又回到1月份最初的水平，甚至比1月份指数还高。将电商物流指数与农村电商物流指数相比，2020年的电商物流指数整体发展趋势与农村电商物流指数的趋势类似，但一直处于农村物流指数之下（如图2-22所示）。

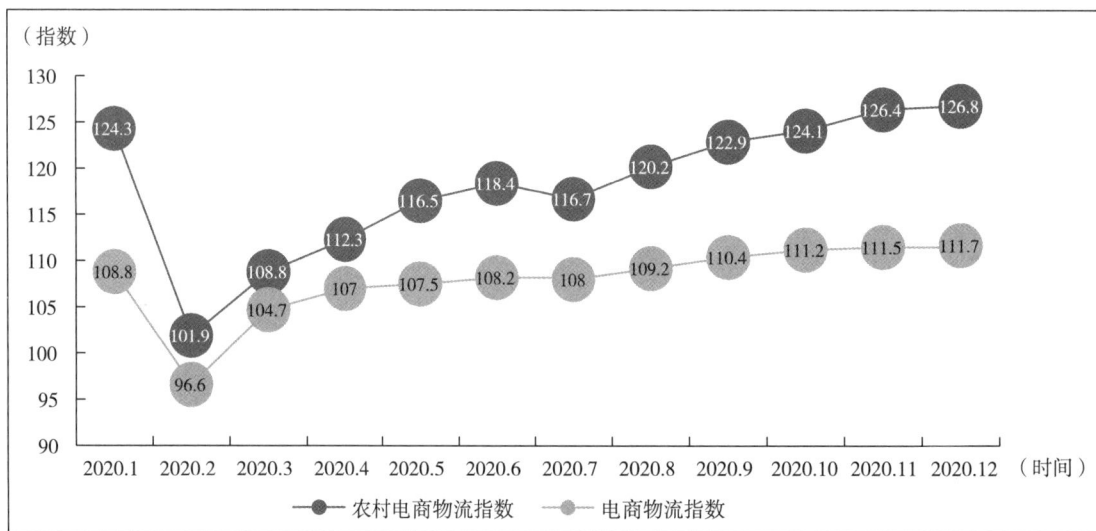

图2-22 2020年分月电商物流指数和农村电商物流指数

（数据来源：《中国电子商务报告（2020）》）

（四）农村中淘宝村、镇逆势增长

随着信息技术的发展与普及，农村电子商务逐渐崭露头角，农村居民能够利用电子商务进行创业，使得农村电商的规模逐步扩大，电商村随之产生，即当前的淘宝村。淘宝村的出现对我国脱贫攻坚助力很大，它解决了农村信息化的难题，很大程度上提高了农村居民的生活水平，为打造"数字乡村"贡献一份力量。2015—2020年淘宝村、淘宝镇数量如图2-23所示，从2015年的212个增长为2020年的5425个，可以看出这5年里，淘宝村增长速度较快，农村电商发展趋势较好。淘宝镇从2015年的19个增长为2020年的1756个，2020年的淘宝镇个数是2015年的90多倍。综上可以看出，农村电商发展势头非常迅猛。

现如今，由于电子商务的存在，传统产业开始转型升级。淘宝村中销售的产品非常丰富，产品集群化较为明显，对图2-24淘宝村百强县主要产品分布数量进行分析：在销售的产品当中，服装最为普遍，有35个淘宝村百强县销售服装，说明服装集群化现象最为明显；家具、鞋、家电紧跟其后，相比于服饰来说集群化较低，但在整体上来看，集群化也是明显

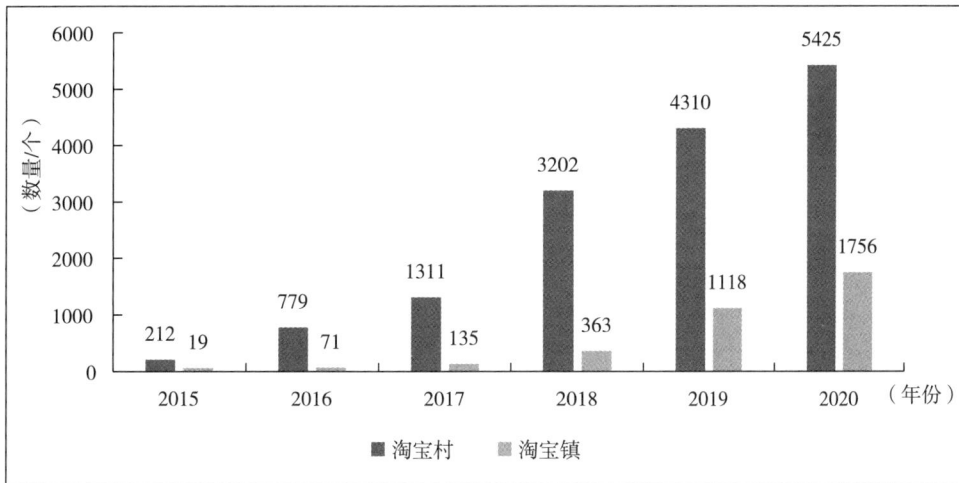

图 2 - 23　2015—2020 年淘宝村、淘宝镇数量

（数据来源：《2020 中国淘宝村研究报告》）

的。在生活用品方面，电商销售得更多，因为这些物品和大家的生活息息相关，更易销售以获取收益。

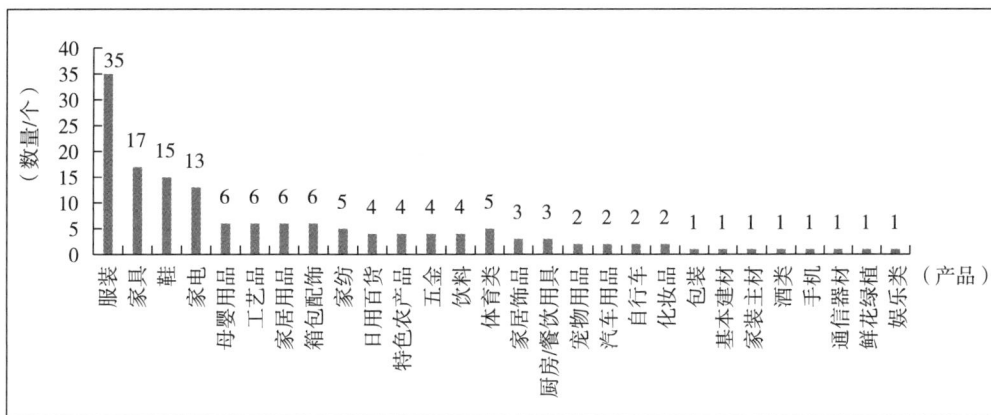

图 2 - 24　淘宝村百强县主要产品分布数量

（数据来源：《2020 中国淘宝村研究报告》）

（五）农村电商中区块链不断运用

农产品的销售在农村电商中占有重要地位，但是近年来食品安全问题频繁地出现，导致公众不相信农产品的安全性。随着区块链在农村电商中的逐步运用，消费者开始慢慢打消对农产品安全性的疑虑。区块链技术可以追踪一个产品的全部流程，从产品的生产、包装、存储、销售、物流再到消费者的手中，如图 2 - 25 所示，这些信息都会被区块链储存起来，向消费者公开。如众安科技将区块链技术与养殖业结合起来，推出了"步步鸡"品牌，消费者可以通过软件，追溯从鸡苗阶段到最终上市销售每个环节的所有信息，从而获取了消费者的信任。

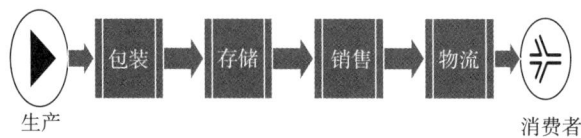

图 2-25　区块链的流程信息追踪

2.3.3　中国农村电商发展的现存问题

我国农村电商还在不断发展之中，仍存在很多问题，诸如农村地区物流基础设施不完善、农村电商人才供不应求和农村电商品牌意识淡薄等（如图 2-26 所示）。

图 2-26　中国农村电商发展过程中存在的问题

（一）农村地区物流基础设施不完善

电子商务的发展与物流基础设施是息息相关的，一个订单的完成指商品从店家转移到客户手中，所以必须依靠物流。在农村地区，怎么把农产品发送到全国各地，是现在很多农村商家遇到的一大难题。虽然近些年随着农村经济的发展，农村的物流设施处于慢慢完善之中，但是不难发现，物流体系较好的农村地区大多靠近城镇边缘，从实际来看，这只是城镇物流的进一步延伸，而不属于真正意义上的农村物流基础设施。在偏远的农村地区，从分布上来看不紧凑，除了 EMS 快递可以送达，其他物流公司因为考虑成本效益而不在这些地区设站点。但是 EMS 快递具有价格相对较高、速度较慢等缺点，并且很多农产品保质期较短，属于大批量运输，所以仅有 EMS 快递难以满足农村电商的现实需要，物流基础设施已经成为制约农村电商发展的一大因素。虽然农村物流近些年一直在快速发展，但与城镇物流相比，仍有一定的差距。第一，因为农村地广人稀，所以农村物流分散程度较高；第二，因为农村的有知识文化的青年都流入城镇，所以农村当地缺乏专业性人才；第三，因为农村缺少完备的信息平台，所以物流基础设施就比较薄弱；第四，由于农村缺乏各种资源，所以运作成本相应地变高（如图 2-27 所示）。

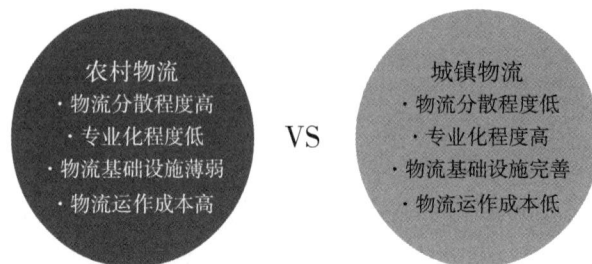

图 2-27　农村物流与城镇物流的差距

（二）农村电商人才供不应求

随着国家出台一系列政策，我国农村物流基础设施在受到政府的帮扶下不断完善，而农村电商人才的缺乏对农村电商的发展有所阻碍。主要原因如下：一方面，由于城镇与农村地区之间的发展极不平衡，很多有知识有文化的大学生或其他青年才俊流向城市，所以只剩下一些受教育程度较低、无专业训练的当地农民从事电商行业，他们缺乏运营知识，一些电商所需要的技能有待提高；另一方面，在政策的帮扶下，农村电商扶贫作用较为明显，有很大的潜力，但是由于存在当地生活交通不便利、薪酬标准较低等这些无法避免的弊端，吸引不了专业的毕业生，导致农村电商人才一直处于欠缺状态。

农村电商文化水平情况如图 2 - 28 所示。在 2020 年的农村电商人群中，文化水平多为初中文化，初中文化人群占 50％，高中文化水平人群占 32.5％，只有 16.5％ 的人群是大学文化，总的来说，农村电商人群文化程度处于中等水平。很多专业性电商人才不会把到农村电商中发展作为第一选择。

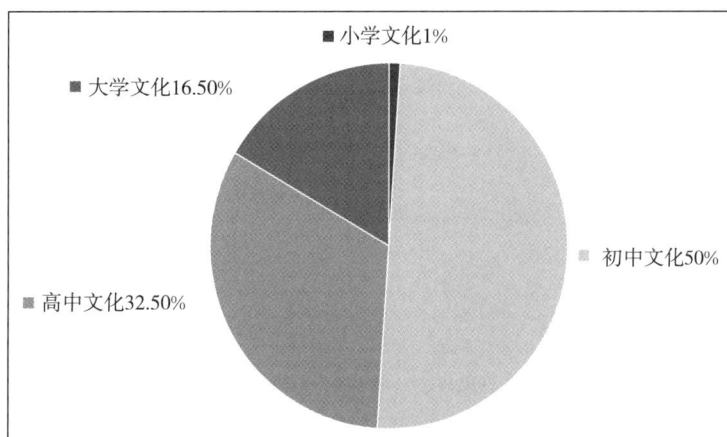

图 2 - 28　农村电商文化水平情况

（数据来源：《2020 年中国农村电商人才现状与发展报告》）

（三）农村电商品牌意识淡薄

在知识产权慢慢完备的市场中，品牌对一个企业的发展至关重要，是企业最核心的竞争力。随着互联网越来越普及，大家获取信息的途径越来越多。在农村电商的发展中，打造一个属于当地有特色的品牌，对农产品的附加值和影响力具有提升作用。但是在农村电商发展过程中，由于当地的农民对于品牌意识不强，常常忽视品牌的建设。特别是一些中小企业，对品牌的作用不够了解，认为其可有可无，对企业的发展作用较小，所以导致农村电商中品牌的形成较为滞后，和重视品牌效应的企业相比，那些无品牌的企业会慢慢失去市场，不利于企业长远发展。

2.4　中国农村电商发展的空间差异

2.4.1　四大经济分区农村网络零售额占比分析

2020 年全国四大经济分区农村网络零售额占比及同比增速如图 2 - 29 所示。通过对中东部、中部、西部和东北部的 2020 年农村网络零售额进行对比分析，从各区域农村网络零售额占比方面看，东部、中部、西部和东北部占全国比重分别为 77.9%、14.1%、6.4% 和 1.6%，可发现各区域的农村网络零售额差距特别大，全国的农村网络零售额大多集中在东部地区，其次是中部地区和西部地区，东北部占的份额最小。从农村网络零售额同比增速方面来看，东部、中部、西部和东北部分别为 8.1%、9.1%、15.8% 和 21.5%，可以发现东部地区的增速最低，说明东部地区农村网络零售额虽然还在增长，但已逐步接近饱和状态。2020 年东北部地区同比增速达到 21.5%，虽然占比小，但发展潜力较大。

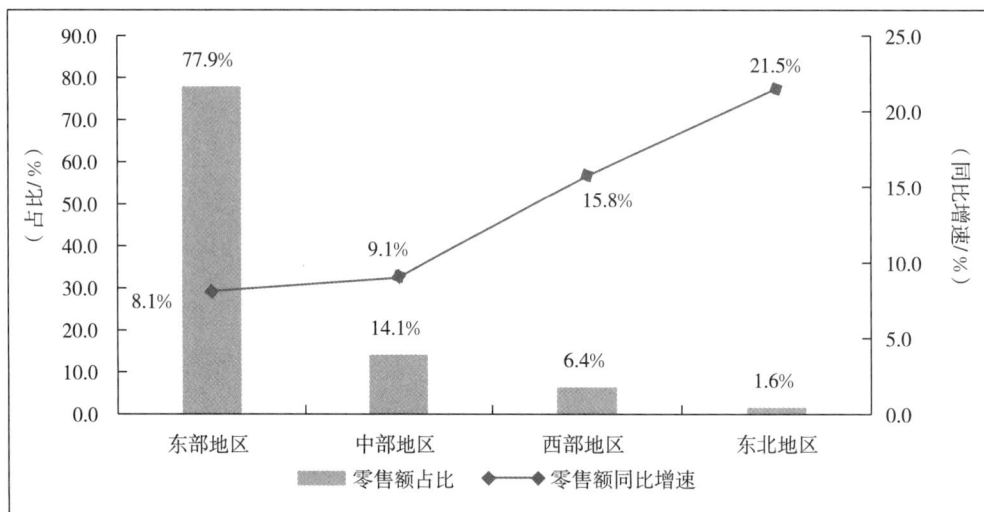

图 2-29　2020 年全国四大经济分区农村网络零售额占比及同比增速

（数据来源：《中国电子商务报告（2020）》）

2.4.2　四大经济分区农产品网络零售额占比分析

2020 年四大经济分区全国农产品网络零售额占比及同比增速如图 2-30 所示。通过对东部、中部、西部和东北部的 2020 年农产品网络零售额进行对比分析，可以看出：在农产品网络零售额占比方面，东部、中部、西部和东北部占全国比重分别为 62.46%、16.87%、14.75% 和 5.92%，可以发现各区域农产品网络零售额和农村网络零售额的占比类似，都集中在东部地区，东北部占的份额最小；但是中部和西部地区农产品网络零售额之间的差距比农村网络零售额中小，所以在农产品网络销售额方面，中部地区和西部地区是相当的；在农产品网络零售额同比增速方面，东部、中部、西部和东北地区分别为 27.9%、14.4%、27.3% 和 44.0%，可以发现东北地区虽然占比较小，但是增长非常迅速，说明东北地区农产品受到广泛好评。

2.4.3　四大经济分区淘宝村、镇分布情况分析

2020 年四大经济分区淘宝村数量如图 2-31 所示。2020 年四大经济分区淘宝村中，东部地区最多，达到 4584 个，占 90% 以上；分布在中部地区的淘宝村有 255 个；西部地区有

74 个；东北地区只有 15 个，数量最少。

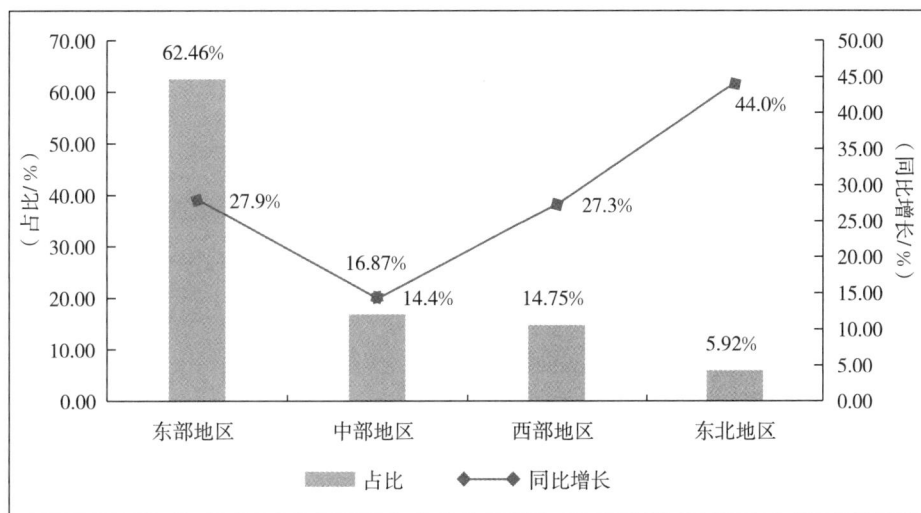

图 2-30　2020 年四大经济分区全国农产品网络零售额占比及同比增速

（数据来源：《中国电子商务报告（2020）》）

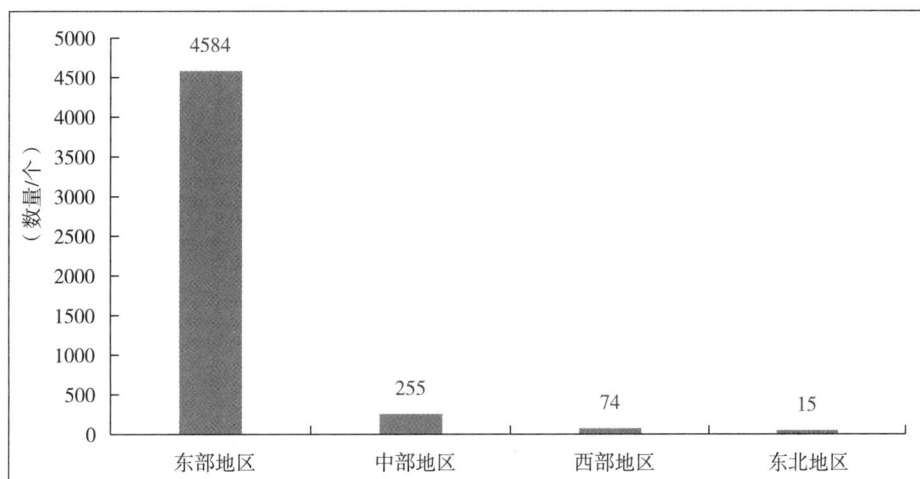

图 2-31　2020 年四大经济分区淘宝村数量

（数据来源：阿里研究院）

2019—2020 年四大经济分区淘宝镇、淘宝村占比情况如图 2-32 所示。从各分区的占比情况来看，2019、2020 年淘宝村中东部地区的占比在下降，从 96.01% 下降为 93.71%，其他三个地区的淘宝村呈现出上升趋势。淘宝镇的分布与淘宝村有差距，虽然大部分集中在东部地区，但淘宝镇分布在中部、西部和东北地区的占比要高于淘宝村。

图 2-33 为 2020 年四大经济分区农产品电商销售百强县的分布，可以发现，东部地区中最多达到 64 个，占 60% 以上；分布在中部地区和西部地区分别为 14 个和 12 个，数量相当；东北部数量最少为 10 个。从其中可以看出，东部农产品电商销售得最好，其他三个地区的差距较小。

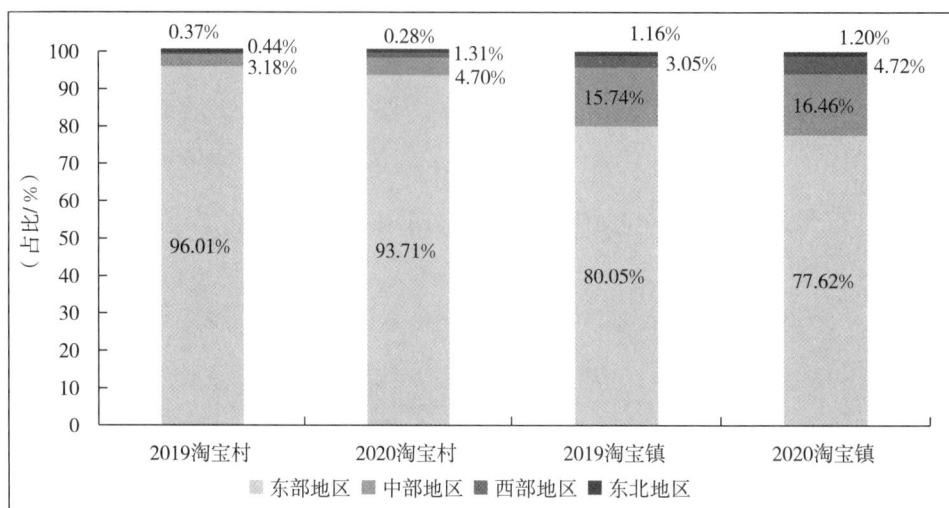

图 2-32 2019—2020 年四大经济分区淘宝镇、淘宝村占比情况

（数据来源：《2020 中国淘宝村研究报告》）

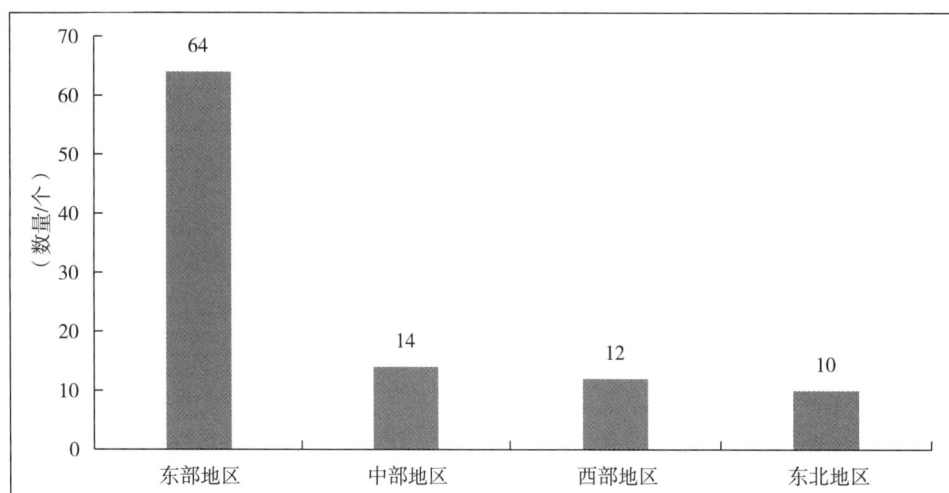

图 2-33 2020 年四大分区农产品电商销售百强县数量

（数据来源：阿里研究院）

在淘宝村中，"亿元村"的大量浮现显示出其巨大的能量。如图 2-34 所示，2020 年四大分区规模过亿的淘宝村中，分布在东部地区中的居多，达到 732 个，占 95% 以上；分布在中部地区和西部地区分别为 10 个和 2 个；东北部则没有达到规模过亿的淘宝村，说明东部的淘宝村发展势头突出，而东北部暂时没有较突出的淘宝村。"亿元村"的大量出现在一定程度上反映出淘宝村十年来产业化、集群化的深度，同时反映出电子商务推动乡村发展的绩效。

2.4.4 四大经济分区国家级贫困县淘宝村、镇分布分析

电子商务在中西部地区贫困县的脱贫减贫作用逐渐凸显，所以一些发展缓慢的贫困县可

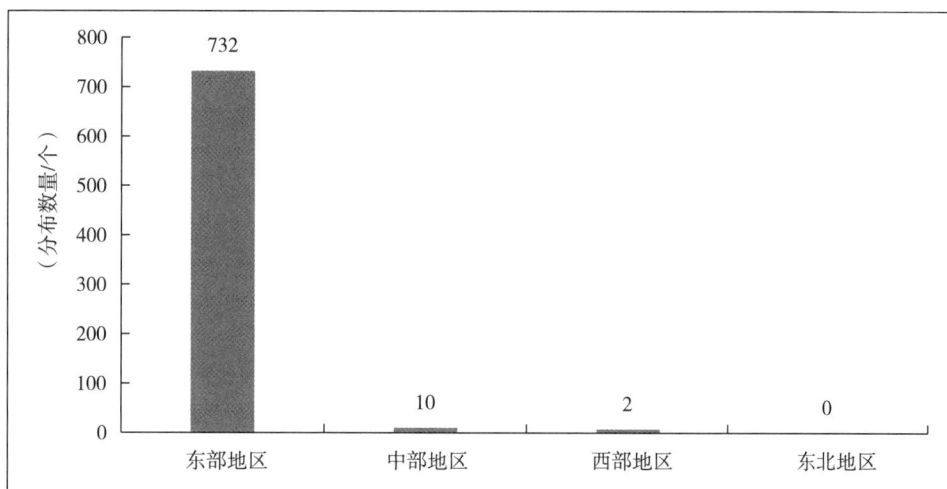

图 2 - 34　2020 年四大分区规模过亿淘宝村分布数量
（数据来源：阿里研究院）

以因地制宜，发展电子商务。从图 2 - 35 可以看出，50.4％的贫困县淘宝村分布在中部地区，42％的贫困县淘宝村分布在东部地区，6.7％的贫困县淘宝村所在地为西部地区，仅有 0.9％在东北地区。贫困县淘宝村主要集中分布在中、东部，这些地区资源相对来说较为充足，在此地区的贫困县发展电子商务对当地经济有巨大推动作用。

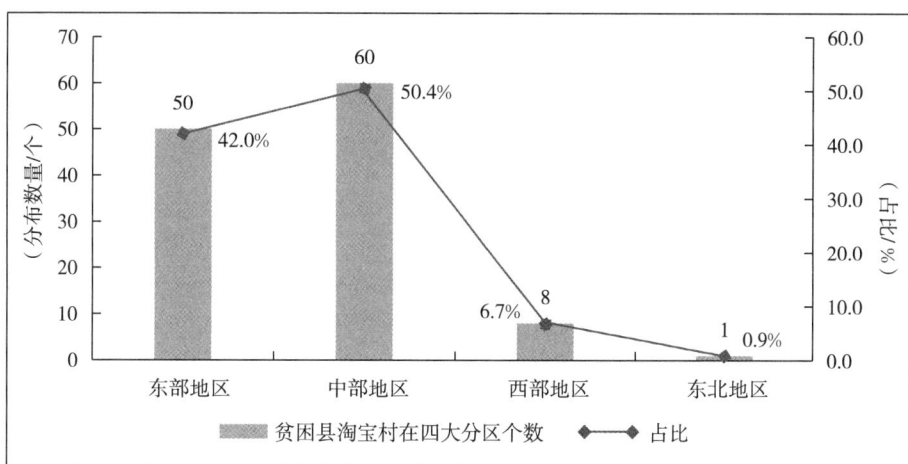

图 2 - 35　国家级贫困县淘宝村所在地区分布数量及占比
（数据来源：阿里研究院）

　　国家级贫困县淘宝镇所在地区分布数量及占比如图 2 - 36 所示。65.1％的贫困县淘宝镇分布在中部地区，28.3％的贫困县淘宝镇分布在东部地区，6.6％左右的贫困县淘宝镇所在地为西部地区，东北地区没有贫困县淘宝村。从图 2 - 36 中可以看出，贫困县淘宝镇也都集中分布在东部和中部地区。

　　本节通过对东部、中部、西部和东北地区农村网络零售额占比，农产品网络零售额占比、淘宝镇、村占比和国家级贫困县淘宝村、镇的分布情况进行比较分析，得出以下结论：

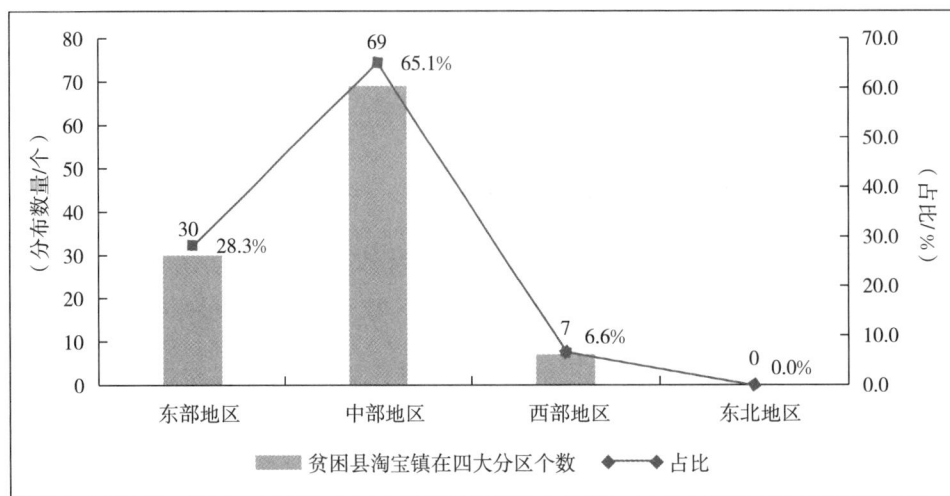

图 2-36 国家级贫困县淘宝镇所在地区分布数量及占比

（数据来源：阿里研究院）

① 农村网络零售额占比：东部地区占比最大，其次是中部和西部地区，且农村网络零售额集中在东部地区。

② 农产品网络零售额占比：与农村网络零售额类似，农产品网络零售额集中在东部地区，但中、西部的农产品网络零售额也占据一部分。

③ 淘宝镇、淘宝村占比：淘宝镇和淘宝村多集中在东部地区，农产品电商销售百强县和规模过亿淘宝村也是多分布于东部地区。

④ 国家级贫困县淘宝村、淘宝镇分布：贫困县淘宝村、淘宝镇都集中分布在东部和中部地区。

综上所述，无论是对于全国电商还是农村电商，贡献的销售额、零售额等都集中在东部地区，这主要与东部的经济发展速度相关，东部地区发展一直处于中国前列，所以在电子商务发展方面，也是东部地区领先于全国各地。

2.5 中国农村电商未来发展趋势

2.5.1 电子商务对数字乡村建设产生的优势愈发明显

农村电子商务的发展对于建设数字农村来说非常重要，数字化广泛地应用到农村电子商务中。农村电商迅速发展的同时也加快了数字乡村前进的步伐。现如今，在农业领域中可以利用先进的信息技术，使农业与互联网相结合，大大推动了农村经济的发展。电子商务在进入农村后迅速发展，"互联网＋"农产品出村进城项目也在不断推动中，农村地区的网络和物流基础建设渐渐完善，并且把大数据与农业生产融合在一起，最终农村电商不断推动了数字乡村的发展。

从提出数字乡村概念以来，我国农村电子商务取得了丰硕的成果。在零售额方面，2020年全国农村网络零售额和农产品网络零售额分别达到1.79万亿元和4158.9亿元；在电子商务进农村综合示范项目方面，2020年共对1338个县提供了支持；在物流方面，2020年年底全国建成县级电商公共服务中心和物流配送中心2120个、村级电商服务站点13.7万个；在网络电商方面，县域内网络店铺数量达到1300万家以上，总从业人员超过3000万人。

2020年数字乡村发展成果如图2-37所示。

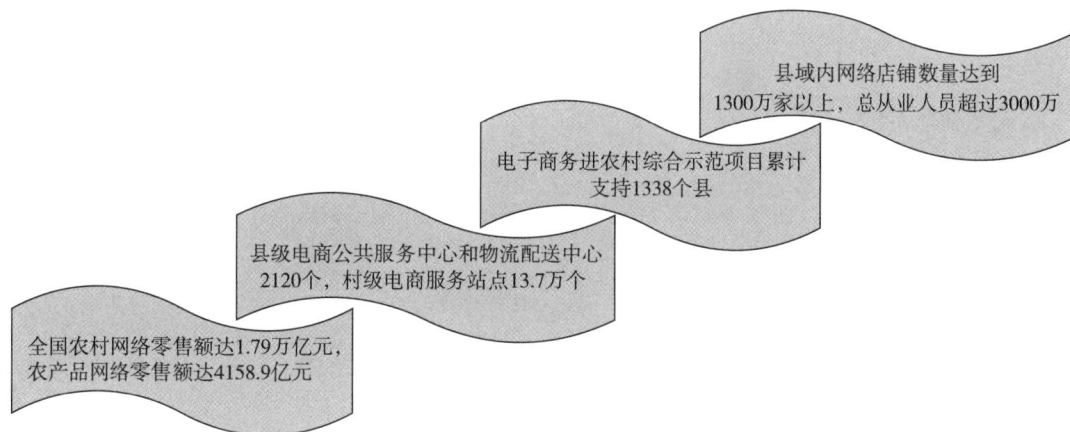

图 2-37　2020 年数字乡村发展成果

2.5.2　电子商务中农产品品牌化效应越来越强

随着居民生活水平的提高，我国进入消费升级阶段，消费者购物看重的不仅仅是价格优惠，还对商品的品质和商家的服务有了更高的关注，越来越集中于有品牌的农产品。农村电子商务发展势头良好，随之而来的即为电商平台间的竞争越来越激烈，农产品品牌成为商家脱颖而出的关键，对农村电商的可持续发展非常重要。然而由于我国农村居民普遍品牌意识较弱，大多数农产品都没有品牌知名度，品牌建设一直属于农村电商中的薄弱环节。一些电商企业为了改变现状，开始重视区域的品牌建设，建立当地产品统一的流程标准，利用互联网、区块链等技术保障品质的供给。各地政府为了发展当地的经济，开始积极探索建设农产品品牌的方式，努力培育出一批属于农产品区域的公共品牌，进而提升农产品的知名度和品牌影响力，最终形成品牌化，带动农村区域产业不断升级。

中国电商扶贫联盟在商务部电商司的指导下，积极培育农产品品牌，截至2020年年底，共帮助1229家贫困地区农产品企业开展"三品一标"认证培训，资助296家通过认证。如湖北小龙虾、陕西柞水县木耳、广西芒果等地方特色产业，打造产业集群，以节庆、品牌推荐会的方式对接生产销售，大力发挥电商平台带货作用，把当地特色农产品品牌打造出来。特色农产品品牌如图2-38所示。

2.5.3　电子商务促使农村创新创业氛围越来越浓

农村电子商务的潜力慢慢展现出来，吸引了一批大学生、退伍军人和外出的农民工返回家乡进行创业。对于农村电商来说，人才供应不足一直是亟须解决的问题，返乡创业的这些人恰好可解决此问题，他们参与到农村电商行业中，在一定程度上对农村电商生态体系的发展起到推动作用。创业氛围的形成与淘宝村的发展有着紧密的联系，从 2009 年 3 个淘宝村到 2020 年发展到了 5425 个淘宝村，其共吸纳了 828 万人口就业，淘宝村现在已经成为农民工返乡创业的天地；而且农村电商的发展带动了农村生产性、生活性服务业，特别是配套产业快递物流、电子商务培训、包装印刷等方面，最终慢慢形成了创新创业氛围。创新创业配套产业如图 2 - 39 所示。

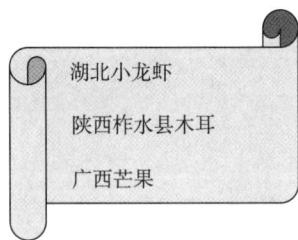

图 2 - 38 特色农产品品牌

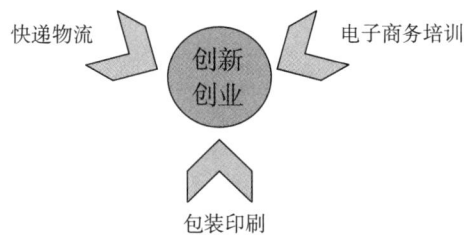

图 2 - 39 创新创业配套产业

第 3 章　电子商务促进乡村产业振兴发展情况

3.1　乡村产业振兴的内涵及意义

3.1.1　乡村产业振兴的内涵

乡村产业振兴是指在乡村产业的基础上，以农民为主体，依托农业农村资源，实现农业现代化、乡村产业升级、产业融合和农业全要素生产率提升等目标（徐腊梅，2019），最终实现乡村振兴。常艳花等（2022）认为，农业现代化需要在现代科学的基础上，将现代科学技术和现代管理理念等有效融入农业之中，提高农业机械化与信息化水平及农业产出效率，使农产品更安全、农业产业结构布局更合理。周娜（2022）认为，农业现代化可以为提高农民素质、改善农村生态环境、提升乡风文明和提高乡村治理效率等乡村振兴目标提供坚实的物质保障。乡村产业升级主要包括产品升级和产业结构升级。其中，乡村产品升级是指对农产品质量和安全进行升级，产品升级可以使乡村产业向高附加值产业转型，有助于打造高质量、有特色的乡村产业；乡村产业结构升级要求优化乡村生产要素的配置格局、升级农业生产经营方式、改善农户与农企的利益分配关系。产业升级可以通过对产业结构的整合，使农业企业与农户建立合理的利益关联机制，进而提高乡村产业生产的质量和效益，提高农民收益。乡村产业融合是指通过对生产方式与产业业态创新发展，推动农村地区一二三产业融合发展，通过三产融合拓展延伸乡村产业链，使农民能够分享从生产到消费多个环节的利润，最终达到增加农民收入和促进乡村产业兴旺的目的（董狮，2021）。农业全要素生产率是指乡村土地、资本、技术和劳动等投入要素的生产效率。全要素生产率能够反映经济活动的效率，是经济高质量发展的推手。提升农业全要素生产率能够加速农业生产转型升级，促进乡村产业高质量发展。因此，实现农业全要素生产率提升是促进乡村产业振兴的重要路径之一。以上四个方面互相影响、共同作用，以实现乡村产业振兴。

农业现代化使得农产品具有更高的附加值，而高附加值农产品有助于促进乡村产业升级，产业升级进而通过优化产业结构促进乡村产业融合，乡村产业融合通过整合乡村各类生产要素和资源、创新农业生产方式，进而提高全要素生产率；农业全要素生产率的提高通过技术要素投入、提高投入产出效率、推动农业数字化发展等方面与农业现代化接轨。因此，乡村产业振兴的独特内涵可概括为：通过农村经济在技术、组织方式和商业模式等方面的创新以及农业现代化发展，推动乡村产业在产业功能拓展、产业链条延伸、产业融合和产业附加值提升等方面的发展，从而提高农村各类要素的回报率和全要素生产率，最终适应我国经济高质量发展和供给侧结构性改革的战略需要，为实现乡村全面振兴夯实基础。乡村产业振兴的内涵如图 3-1 所示。

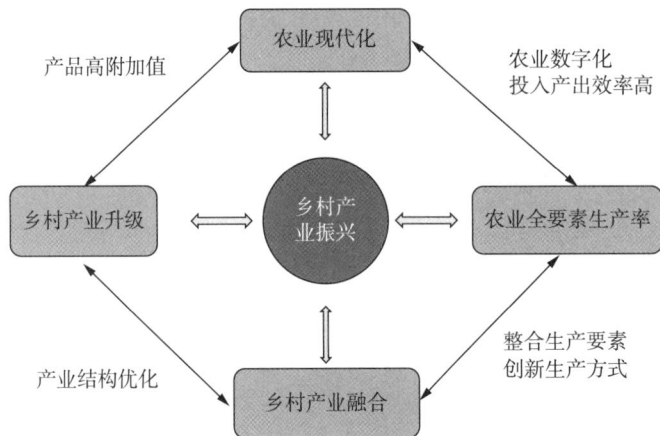

图 3-1　乡村产业振兴的内涵

3.1.2　乡村产业振兴的意义

乡村产业振兴是乡村振兴的启动器，能推动乡村快速发展（胡高强和孙菲，2021）。在全面建设社会主义现代化国家的新征程中，发展乡村产业，实现乡村产业振兴意义重大。

第一，乡村产业振兴是乡村全面振兴的重要根基。发展乡村产业能够聚集更多资源要素，为乡村发展提供更多可能性，有利于丰富乡村产业的类型，发掘乡村的多功能价值，为乡村振兴打下坚实基础。2021 年，中央投入 1561 亿元用于衔接推进乡村振兴，其中用于乡村产业发展的资金比例超过 50%，足见乡村产业振兴对推动实现乡村全面振兴的重要性[①]。乡村产业振兴的意义如图 3-2 所示。

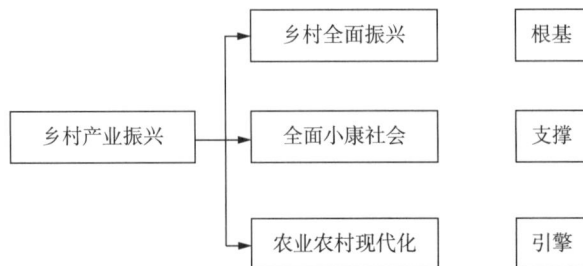

图 3-2　乡村产业振兴的意义

---

① 数据来源：国家乡村振兴局。

　　第二，乡村产业振兴是巩固提升全面小康成果的重要支撑。当前，我国已经全面建成小康社会，在新的征程上，依然要重点发展乡村产业，解决乡村振兴中的难点问题，通过对乡村产业链增值等方式，将更多的收益留给农村居民，切实巩固全面建成小康社会和脱贫攻坚的成果，发展乡村产业，为全面小康提供强有力的支撑。

　　第三，乡村产业振兴是推进农业农村现代化的重要引擎。乡村产业的根基在农业，产业振兴的主要目标是实现农业现代化。农业现代化要求不断升级技术装备，不断创新组织方式，更科学、更充分地开发和利用自然资源，构建更加完备的现代农业产业体系。振兴乡村产业能够将现代化的工业标准和服务理念与乡村产业融合，开发乡村产业多种可能性，纵向延长产业链条，横向拓展产业形态，以多样化的产业发展为农业农村现代化提供持续动力。

3.2　乡村产业振兴的发展现状

3.2.1　一产稳健发展夯实乡村产业振兴基础

　　2020 年，我国国内生产总值（GDP）突破百万亿元大关。2021 年，全年 GDP 超过114.36 万亿元，其中第三产业增加值超过 60 万亿元，第一产业占 7.3%。从我国一二三产业分布来看，全国第三产业数量有增长趋势，而第一产业占比逐渐下降（如图 3-3 所示）。温铁军指出，要实现农业现代化，必须从我国小农经济具有长期化趋势的国情出发[①]。第一产业是农产品加工业发展的基础。近年来，我国人均粮食和蔬菜产量保持平稳。2020 年，人均粮食产量 474 千克，人均蔬菜产量约 531 千克（如图 3-4 所示）。粮食产业稳定发展为我国乡村产业振兴发展提供了重要保障。农产品对外贸易是农产品品质的侧面体现，近年来，我国农产品贸易进出口额逐年上涨，农产品品质逐步提升，农业现代化进程逐步加快。2021 年，全国农产品出口额为 2198 亿美元，但农产品贸易逆差 1354 亿美元，间接说明我国农业现代化程度、农产品加工业发展与发达国家存在差距。从整体来看，我国农业发展基本稳定，这为乡村产业振兴奠定了良好的物质基础。

---

① https://www.bjnews.com.cn/detail/164554166314918.html.

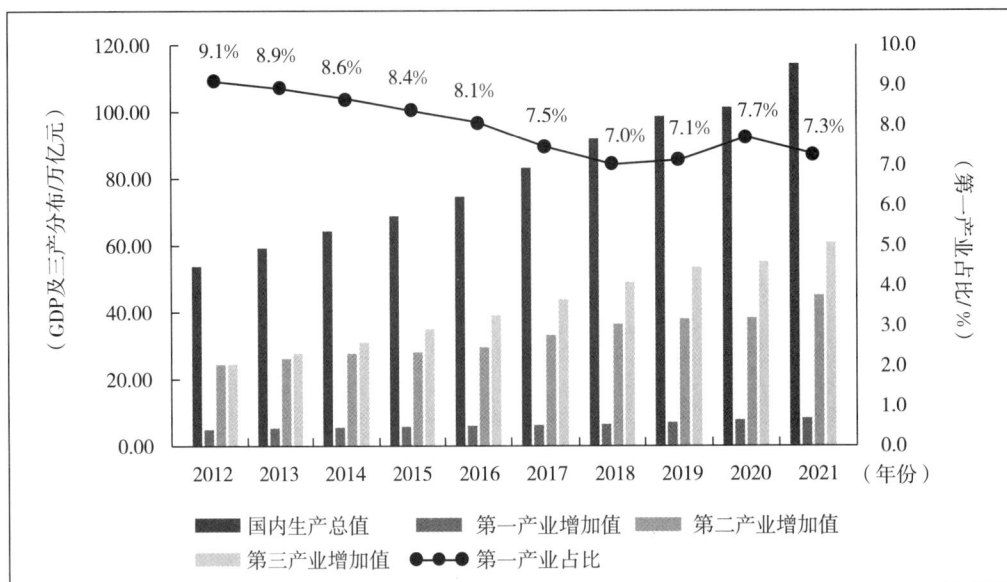

图 3-3 2012—2021 年我国 GDP 分布及第一产业占比变化情况

（资料来源：国家统计局）

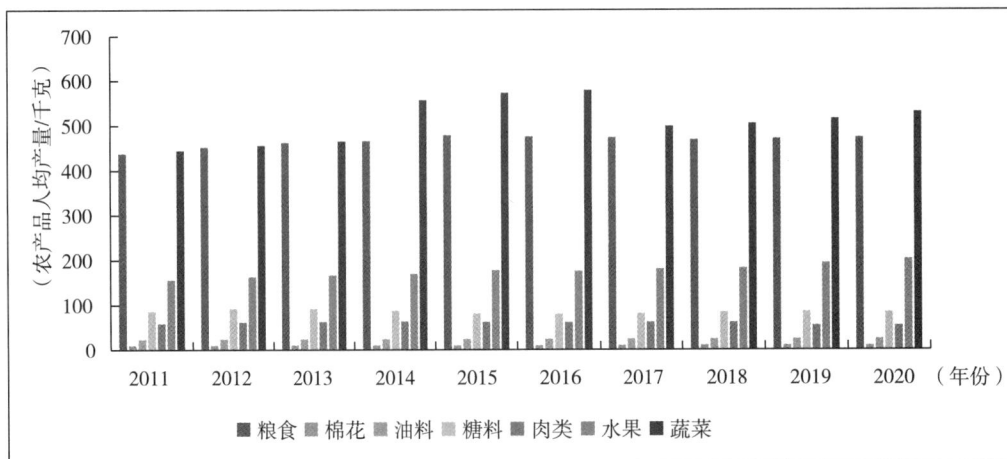

图 3-4 2011—2020 年全国主要农产品人均产量分布情况

（资料来源：国家统计局、农业农村部）

3.2.2 技术要素投入提供乡村产业振兴动力

技术要素在农业发展环节能够通过提高生产效率、解放生产力等途径为乡村产业振兴注入更多的动力。乡村产业的科技进步水平决定了乡村产业振兴发展的动力。农业机械化是农业现代化发展的基础环节，有助于推动乡村产业升级。"十三五"期间，全国农用机械总动力逐年上升，并突破了 10 亿千瓦。2020 年农用机械总动力与 2016 年相比动力规模增加8.6%。全国农作物综合机械化率逐年上升。2020 年，全国农作物综合机械化率为 71.25%，其中，机耕率超过 85%，机播率 58.98%，机收率 64.56%。

2015 年以来，全国农业科技进步贡献率平稳上升。至 2020 年，全国农业科技进步贡献率达到 60%。随着信息时代不断发展，我国乡村产业振兴不断向信息化、数字化方向发展，全国县域数字农业农村数字化水平不断提升。从公开数据来看，县域数字农业农村发展总体水平已从 2018 年的 33% 上升至 2020 年的 37.9%。综合来看，乡村产业振兴动力持续增强。

2016—2020 年全国农业机械化水平变化情况如图 3-5 所示。

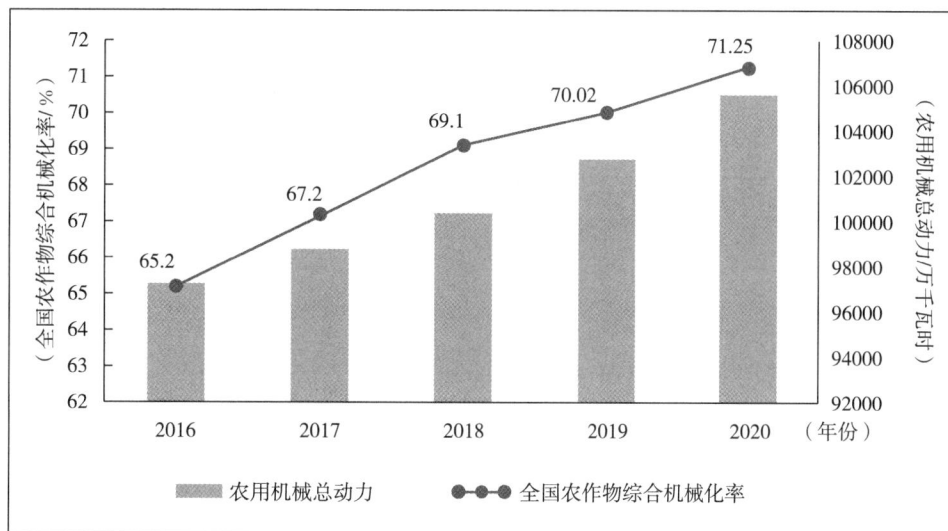

图 3-5　2016—2020 年全国农业机械化水平变化情况

（资料来源：农业农村部）

2012—2020 年全国农业科技进步贡献率变化情况如图 3-6 所示。

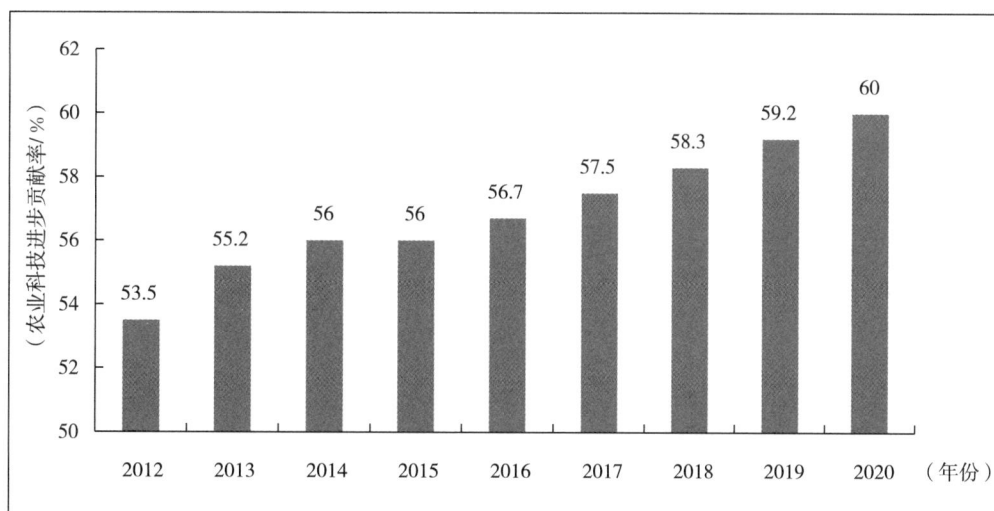

图 3-6　2012—2020 年全国农业科技进步贡献率变化情况

（资料来源：农业农村部）

2018—2020 年全国县域数字农业农村发展总体水平如图 3-7 所示。

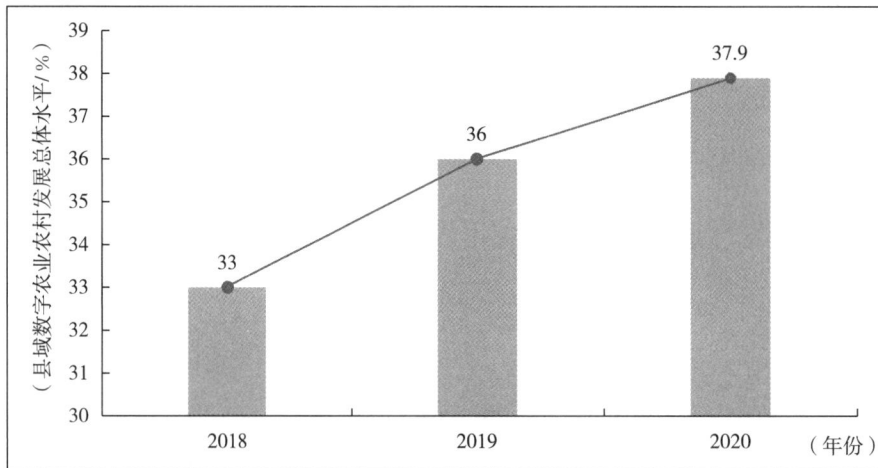

图 3-7　2018—2020 年全国县域数字农业农村发展总体水平

（资料来源：农业农村部）

3.2.3　发展规划政策指引乡村产业振兴方向

针对乡村特色产业、乡村休闲旅游与新型服务、农产品加工业和农村创新创业等方面，《全国乡村产业发展规划（2020—2025 年）》对乡村产业振兴提出以下发展目标：到 2025 年，实现 32 万亿元规模的农产品加工业营业收入，并且主要农产品加工转化率需达到 80%，乡村旅游业经营收入超过 1.2 万亿元，农产品网络销售额过万亿和返乡创业人员规模达到 1500 万人等目标。乡村产业发展规划提出要深度拓展特色产业，培育产业集群、创响乡土品牌；升级休闲旅游业，提高服务水平；丰富新型服务业类型；提高创新创业活跃度。具体如图 3-8 所示。

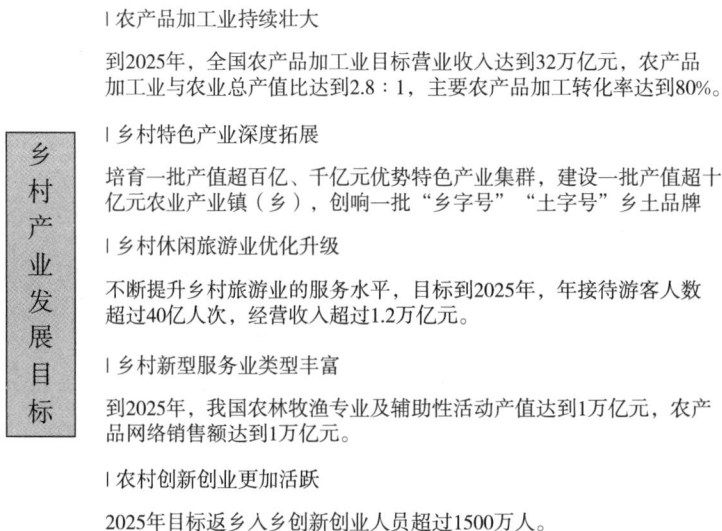

乡村产业发展目标	｜农产品加工业持续壮大 到2025年，全国农产品加工业目标营业收入达到32万亿元，农产品加工业与农业总产值比达到2.8：1，主要农产品加工转化率达到80%。
	｜乡村特色产业深度拓展 培育一批产值超百亿、千亿元优势特色产业集群，建设一批产值超十亿元农业产业镇（乡），创响一批"乡字号""土字号"乡土品牌
	｜乡村休闲旅游业优化升级 不断提升乡村旅游业的服务水平，目标到2025年，年接待游客人数超过40亿人次，经营收入超过1.2万亿元。
	｜乡村新型服务业类型丰富 到2025年，我国农林牧渔专业及辅助性活动产值达到1万亿元，农产品网络销售额达到1万亿元。
	｜农村创新创业更加活跃 2025年目标返乡入乡创新创业人员超过1500万人。

图 3-8　《全国乡村产业发展规划（2020—2025 年）》目标

自《全国乡村产业发展规划（2020—2025 年）》发布以来，乡村产业发展进程不断深入。2021 年，全国农村居民人均可支配收入 18931 元[①]，全国农产品加工业营业收入总规模 22.4 万亿元，其中，规模以上农产品加工企业营业收入达 18.1 万亿元，农产品加工产值与农业总产值的比值提高到 2.48。全国已累计培育年产值超百亿元的优势特色产业集群共 80 个，年产值超过百亿元的现代农业产业园共 30 个，年产值超十亿元的农业产业强镇共 120 个，创建"一村一品"示范村镇共 3673 个。2020 年以来，新冠肺炎疫情等多种因素导致全国旅游行业不够景气，乡村特色旅游服务业发展也面临困境。从民宿与露营服务的营业收入变化来看，与 2019 年我国民宿和露营地服务的营业收入大幅增长的情况相比，2020 年营业收入增速放缓（如图 3-9 所示）。总体看，我国农林牧渔总产值逐年增加，从 2011 年不到 8 万亿元规模上涨到 2020 年接近 14 万亿元的规模，增速可观。其中，农业总产值占主要部分，约占总规模的一半。林业总产值占比最低，渔业总产值规模较小，牧业总产值约为总规模的 1/4，2020 年，牧业总产值约 4 万亿元（如图 3-10 所示）。2020 年，农村网络销售额 1.79 万亿元，其中农产品网络销售额 4158.9 亿元，约占 23％。2021 年，全国返乡入乡创新创业人员达 1120 万人。

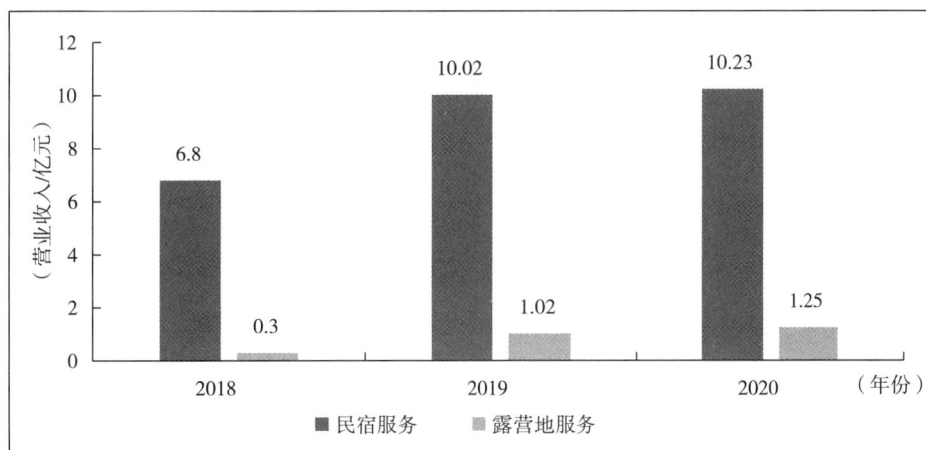

图 3-9　2011—2020 年民宿与露营地服务营业收入

（资料来源：国家统计局）

2021 年，"一村一品""乡村特色产业十亿元镇"和"乡村特色产业亿元村"等项目持续深入推进。其中，江苏省拥有 44 个亿元村、山东省有 50 个十亿元镇（见表 3-1 所列）。当前，乡村产业振兴发展主要集中于东部地区，中西部地区乡村特色产业发展相对滞后。

[①] 《乡村气象新　农民日子美》，《人民日报》2022 年 4 月 25 日第 6 版。

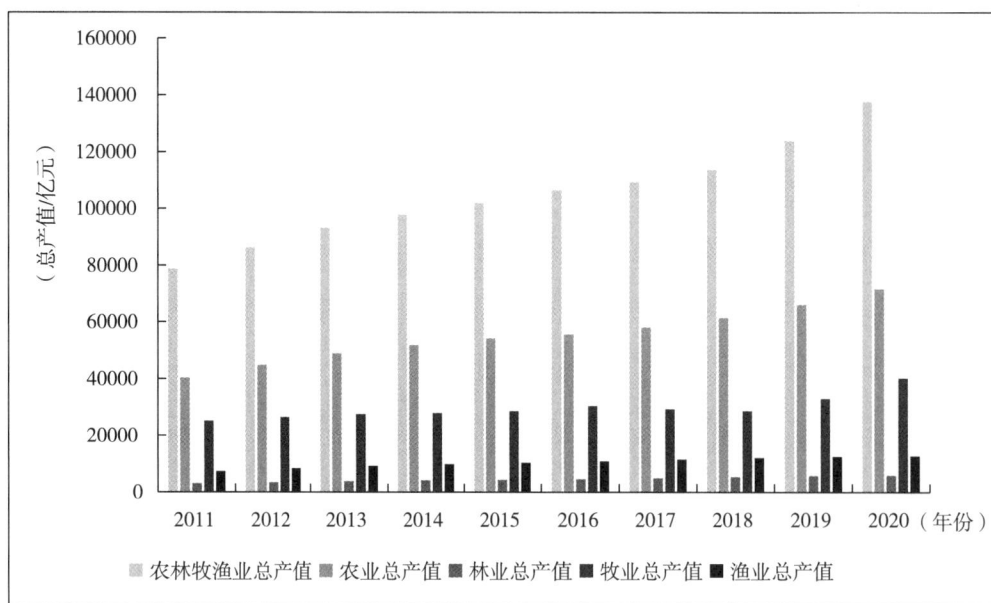

图 3-10 2011—2020 年全国农林牧渔业总产值变化情况

（资料来源：国家统计局）

表 3-1 2021 年全国"一村一品"示范村镇及全国乡村特色产业十亿元镇/亿元村主要分布情况

序 号	省 份	"一村一品"示范村镇	乡村特色产业十亿元镇	乡村特色产业亿元村
1	江苏省	20	21	44
2	山东省	23	50	12
3	四川省	23	5	18
4	河南省	23	11	10
5	广东省	24	9	9
6	河北省	20	9	12
7	湖北省	18	10	8
8	安徽省	14	7	12
9	广西壮族自治区	17	4	12
10	辽宁省	11	4	17

（资料来源：农业农村部乡村产业发展司）

3.3 电子商务促进乡村产业振兴发展现状

随着信息技术的广泛应用和信息网络的快速普及，我国农村电子商务已经成为农业产业链条中联结生产和流通销售的关键环节，成为转变农业发展方式的重要手段。电子商务进农村使得农民可以通过电商平台购买生产资料，在一定程度上降低了生产成本，进而提升了乡村产业的利润，有利于推动产业发展。

2014 年，为引导乡村产业发展，国家商务部与财政部展开协作，在全国开展电子商务进农村综合示范项目。截至 2021 年年底，该项目已开展至第七批次，累计支持 1338 个县，其中第一批 56 个，最近一批 148 个，同一批次支持项目数量曾高达 260 个（如图 3－11 所示）。2020 年之前，电子商务在扶贫脱贫攻坚战中做出巨大贡献。在我国实现全面脱贫后，电子商务在乡村振兴中持续发挥作用。2021 年 5 月，"中国电商乡村振兴联盟"[①] 围绕电子商务，对乡村产业振兴工作进行进一步研究部署。基于相关政策导向，电子商务通过平台优势扩大乡村产业的市场规模，利用信息技术为乡村产业提供需求端信息，有助于乡村产业进行供给侧结构性改革，不断创新以促进产品的高质量、精细化、特色化、多元化发展，推动产业转型升级。电子商务通过淘宝村、综合示范基地等形式汇聚乡村企业，推动乡村产业集聚，乡村企业由过去的分散经营向规模化经营转变，促进乡村产业融合。

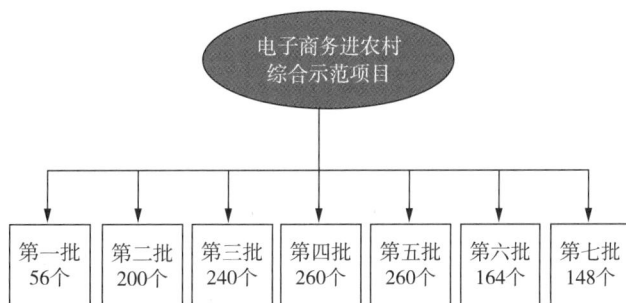

图 3－11　电子商务进农村综合示范项目数量分布

（资料来源：农业农村部）

3.3.1　电子商务基于政策导向，助力乡村产业振兴

我国曾针对农产品电商、涉农电商平台建设、电子商务进农村等方面进行过重点部署。关于乡村产业发展和电子商务进农村相关政策与指导意见主要围绕农村电子商务供应链培育、产销对接等关键问题展开。从相关政策的表述中可以看出，电子商务在乡村产业发展过程中的角色定位在不断变化。"十三五"规划之前，我国发展电子商务的主要目的是拓宽农产品的销售渠道，带动农业生产组织化和标准化。2016 年，我国在农村发展电子商务的目标则转变成引导农产品加工和农业社会化服务的发展，目标由第一产业向第二三产业转变，更加注重电子商务在乡村产业融合发展中的作用。随后几年，随着电子商务在农村地区的不断发展，农村电商的作用在农业现代化、发展乡村信息产业、促进乡村特色产业等方面均有所体现。

2014—2022 年乡村产业相关政策中电子商务承担的角色变化如图 3－12 所示。

---

① 原"中国电商扶贫联盟"。

利用电子商务拓宽农畜牧产品销售渠道。推动农村电商产业化发展，做大做强特色产业

2020年

电子商务与一二三产业加速融合，全面促进产业链供应链数字化改造并形成以新农村电商为"网"对接科工贸的现代乡村产业体系

2021年

重点发展农村电商等产业。促进农副产品直播带货规范健康发展

2022年

电子商务促进乡村产业振兴政策导向

2014年
开展电子商务进农村综合示范，拓展农产品销售渠道，带动农业生产组织化和标准化做强特色产业

2016年
重点发展农产品加工流通、电子商务和农业社会化服务，支持产业融合发展

2018年
大力建设促进农村电子商务发展的基础设施，鼓励创新发展基于互联网的新型农业产业模式

2019年
发展乡村信息产业。推动农村电子商务公共服务中心和快递物流园区发展

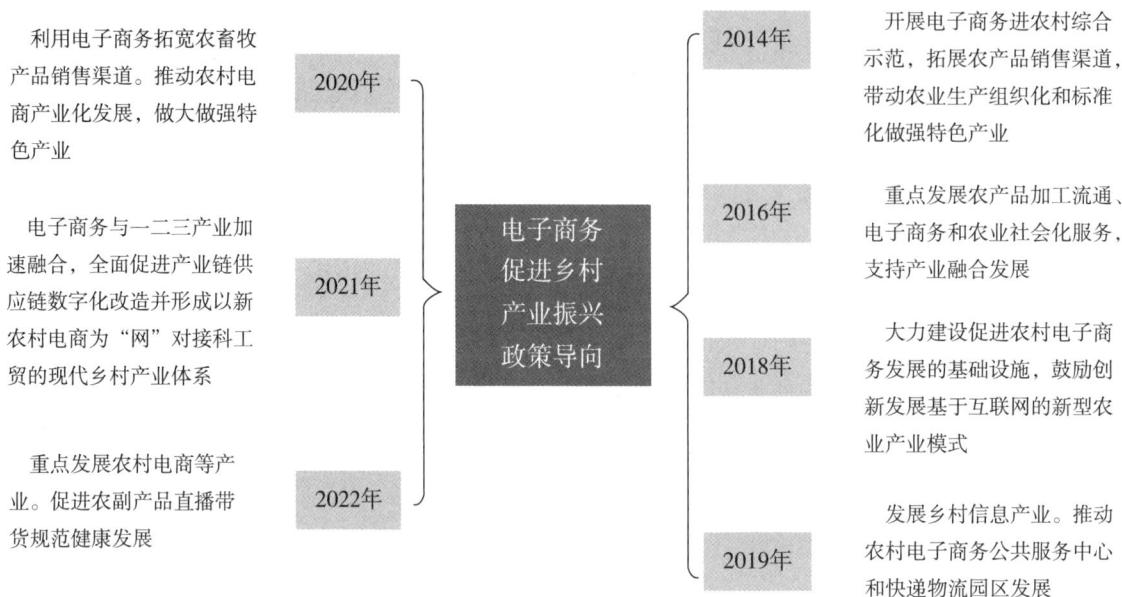

图 3-12 2014—2022 年乡村产业相关政策中电子商务承担的角色变化
（资料来源：作者搜集整理）

3.3.2 电子商务利用平台功能，开拓乡村产业市场

电子商务作为交易平台，赋予乡村产业以技术要素，利用技术优势为乡村产业开拓更广阔的市场，促进乡村产业发展。我国农业在发展过程中面临的困境在于：农产品销售渠道单一，因空间距离而产生的运输成本、因自然灾害而出现的滞销风险使得农产品销售难、农民增收更难。电子商务的发展使得乡村地区物流建设不断完善，进而推动当地产业发展。如芒康县拥有丰富的农牧产品资源，但由于地理位置偏远，村落布局分散，当地农产品收货困难，物流费用高，产品销售一直阻碍着当地乡村产业发展。2020 年，芒康县通过建设电商智慧物流工程解决了当地农牧产品上行的瓶颈。如今当地特色辣椒酱、葡萄酒、藏香猪肉等产品能够以较低的成本快捷发往全国各地，极大地拓展了当地农牧产品的流通市场。一方面，电子商务平台为农民提供了生产资料的购买渠道，有利于降低生产成本；另一方面，农村电子商务借助互联网平台的优势，为农产品拓展了销售渠道，大大降低了销售难度。随着经济效益的提升，电子商务使得乡村产业不断吸引和招揽乡村产业经营相关人才，带动了乡村产业生产的积极性，进而为乡村产业发展提供活力。

电子商务为乡村产业提供了宣传和推广平台，为乡村产业提供更广阔的销售市场，拓宽产品销售渠道，有效解决了农产品滞销的问题。通过销售平台、短视频渠道、网络直播等方式，消费者对不同地区的特色产品的了解，降低了消费者与生产者之间的信息不对称程度，缓解了滞销风险，提升了乡村产业发展的稳定性。同时也为更多同类企业提供了一个开放的竞争平台，加速产业内部竞争，通过优胜劣汰的市场化选择，促进乡村产业优化。此外还推广了乡村特色产业的产品及文化，有助于打造乡村特色品牌。以广西为例，近年来，广西结合地方特色，通过产业与电子商务相融合，不仅拓宽了螺蛳粉的销售渠道，而且推动地方优

质产业发展。2020 年，柳州螺蛳粉销售额超过 100 亿元，而且带动了相关产业发展，如螺蛳养殖、竹笋豆角种植与加工、产品生产、品牌打造以及下游电商、物流等全产业链发展。广西通过电商直播等方式，将产品市场拓宽至全国，成功打造了以"李子柒""好欢螺"等为代表的速食螺蛳粉品牌。

电子商务利用平台功能，拓展乡村产业市场规模，如图 3 - 13 所示。

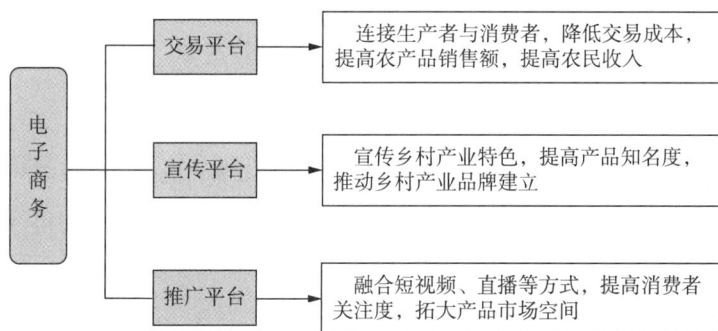

图 3 - 13　电子商务利用平台功能，拓展乡村产业市场规模

3.3.3　电子商务发挥信息优势，促进乡村产业升级

电商通过平台提供市场信号，降低了乡村产业经营者获取需求端信息的成本，供需双方利用电商平台进行互动交流，解决了乡村产业与市场之间的信息失衡问题，进而推动涉农产业产品与技术创新，促进产品多元化，提升乡村产业产品结构与消费者结构的契合度，推动乡村产业进行供给侧改革。

由于乡村产业生产经营受自然风险、社会风险和市场风险等因素影响，长期以来，社会资本下乡规模极小、乡村信贷业务开展困难，因此，乡村产业发展较容易受到资本要素投入的限制。随着电子商务平台交易的逐渐增加，电子商务平台聚集了庞大的相关交易信息，有效解决了乡村信贷信息不对称问题，为金融机构的信贷审批提供了依据，实现了电子商务平台与农村金融机构的融合发展，有效缓解了乡村产业在发展过程中遇到的融资难等金融困境，进而有效促进了乡村产业的振兴。例如，伴随着农村电商的逐步发展，农村电商体系初步建立，平台数据和交易信息为乡村金融业提供了发展机会。2018 年，国内发行了首单专项用于支持乡村振兴的资产支持证券，规模 40 亿元。

基于电子商务体系和风险管理系统，乡村产业振兴的金融规模逐渐壮大。电商吸引金融资本流向乡村产业，为乡村产业发展提供物质基础。金融是技术投入的前提，因此也会提高乡村产业的技术要素投入水平，进而推动农业现代化建设，促进乡村产业升级。此外，电子商务平台自身在农村地区的发展也为乡村产业振兴注入了大量的资金，以推动农村电商与乡村产业的融合发展。如阿里的"千县万村"计划，为乡村电商体系注入资本规模约 100 亿元。

电子商务利用信息优势促进乡村产业升级路径如图 3 - 14 所示。

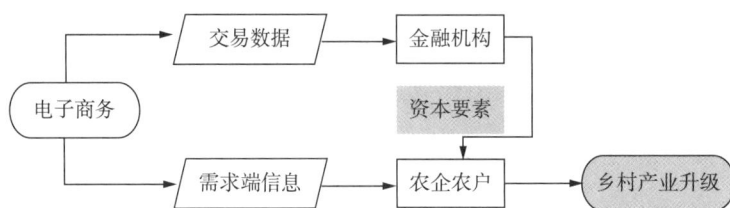

图 3-14 电子商务利用信息优势促进乡村产业升级路径

3.3.4 电子商务创新商业模式，推动乡村产业创新

电子商务以创新的商业模式与乡村产业结合使得传统的乡村产业经营模式被改变。传统经营模式下，乡村产业主要经历"生产—物流—销售"流程，而电子商务与乡村产业的融合发展使得经营模式转变为"生产—销售—物流"。电商平台通过连接生产者与消费者，降低了农产品的周转次数，降低其交易成本。电商平台及时发布信息，使得产品销售、产业经营更加智能化和便捷化，缩短从生产到销售的经营周期，有效提升了乡村产业的运行效率。同时，与消费者直接沟通的经营模式使得农民能够获得有效的需求端信息，有利于掌握产品定价的主动权。乡村产业通过电商平台提供的需求端信息对产品进行创新、优化和升级，实现以需求为导向的服务模式，进而推动乡村产业的供给侧改革（如图 3-15 所示）。

电子商务平台直接与生产端的农户建立联系，由电子商务平台对农产品进行整合，去掉了中间复杂的周转环节，让农产品以最快的速度流通到消费端，保证了相关农产品的新鲜度，也让更多的利润留存在农户端。此外，电子商务平台可以参与农产品标准的制定、引导乡村产业标准化发展，

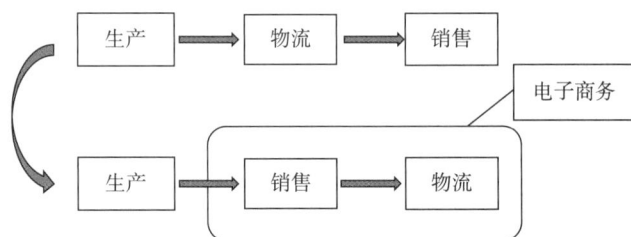

图 3-15 电商促进乡村产业经营模式创新图

建立统一化的种植、生产和管理模式，促进乡村产业升级。以拼多多为例，拼多多电商平台针对农产品，创新实现超短供应链模式。通过采取"农户＋经销商＋消费者"的模式，拼多多打破了农产品规模化的制约，为农产品上行拓展了超过千亿规模的市场，建立了产业链利益分配新机制，推动了乡村产业升级。

电子商务经营模式下，乡村产业经营模式发生变革，乡村产业收益扩大，市场需求规模提高，市场关联度增强，这些因素使得乡村电子商务产业不断集聚。乡村电商企业集聚促进了乡村产品供应链数字化、智能化管理。而产业集聚所触发的竞争机制能够促进产业创新能力及效率的提升，产业集聚能够带来规模效应。以山东曹县为例，电子商务的发展推动了曹县产业集聚，淘宝村数量不断增加，使当地成为全国最大的演出服产业集群之一。曹县通过优化和创新实现了当地产业从传统生产销售农产品、布匹辅料到销售高附加值产品和演出服的转变。此外，电子商务还为乡村产业注入了科技要素，提供了多元化的经营手段，如直播

电商、短视频电商。电子商务将乡村产业的生产经营与服务业相融合，推动乡村产业多元化融合发展，有助于解决我国乡村产业普遍存在的缺乏创新、分散经营、产业单一和效率低下等问题。电子商务作为一种创新模式，从多个角度促进乡村产业创新发展，有助于实现乡村产业振兴。

3.3.5　电子商务因地制宜发展，延长乡村产业链条

从土特产到网红产品，电子商务已成为乡村产业提高产品附加值的利器，也是农民增收的法宝。电子商务平台将市场与农田建立链接，除了扩大农产品的销售规模外，还推动了农产品向精深加工发展。如新疆英吉沙县的色买提杏，由于生鲜的销售受到产品保存期限、物流速度、产品地理位置等方面的制约，直接以鲜杏的方式进行销售的产品规模和收益有限，而绝大多数则需要加工成杏干、杏仁和杏仁油通过电商平台流通到消费端。此外，杏核的壳也可以通过电商平台作为产品原料销售给加工活性炭的企业，极大地提高了农户的收益。

简单的农产品销售在电子商务平台无法体现产品的差异化优势，容易掉入同质化陷阱中，难以抵抗恶性竞争带来的风险。众多农产品突出重围的秘诀在于要体现产品"特色"，在"精细化"方面做足文章，不断提高生产的专业化水平，推动农业现代化，提高产业的技术要素投入进而实现更高的回报率。以陕西延长县为例，电商平台不仅为当地提供了广阔的苹果销售平台，也为当地浓缩苹果汁开辟了市场。在电子商务发展的带动下，当地拓展了苹果产业的链条，并横向发展了菌菇种植业，推动了乡村产业的融合。即通过"苹果加工浓缩果汁＋果渣提取果胶＋果树剪枝制作生产香菇的原料"模式，极大地提高了产业的生产效率和收益水平。

3.4　电子商务促进乡村产业振兴发展面临的主要问题

3.4.1　电商平台产品同质化，恶性竞争阻碍乡村产业振兴

乡村产业主要依托地方自然资源禀赋，多以粗加工产品或原产品的形式销售，产业规模小、布局分散、产品附加值低。由于加工的程度较低、产品同质化现象凸显，再加上市场对粗加工产品需求有限，这就导致同一地区的产品存在严重的同质化现象。电子商务在聚集乡村产业的同时，缺乏对产品差异化和精细化的引导，使得乡村产业经营存在盲目竞争和无序经营现象。此外，对农村电子商务的监管制度不完善、乡村产业的规划缺乏有针对性的产业顶层规划设计等一系列问题，容易导致商户间恶性竞争或部分商家通过销售劣质品以谋求更多利润，最终阻碍乡村产业的高质量发展。例如安徽省泾县李园村，主要从事宣纸和书画纸的生产加工，并主要以家庭为单位通过淘宝等电商平台售卖宣纸。该村作为安徽省早期的淘宝村之一，全村电子商户共计 200 多家，但产品同质化问题严重。为了追求销量，部分村民

开始打"价格战"，导致网络销售利润空间急剧下降。类似的还有浙江省临安区主要生产经营山核桃的白牛村，由于产品的同质化问题突出，山核桃线上价格出现了无序竞争的现象，甚至部分网商在缺乏行业监管的情况下，通过电子商务渠道销售质量不达标的产品，对当地山核桃产业发展造成了极大的负面影响。

3.4.2　电商产业链角色错位，利润分配影响乡村产业振兴

电子商务在促进乡村产业振兴的发展过程中，产业链条中的利益分配问题被忽略。乡村产业振兴最终目的是乡村振兴，乡村振兴的最终目标之一是提升农民收入，完善产业链中的利益分配机制。电子商务促进乡村产业振兴的过程中应当让农民参与其中，也能获利于其中。当前主要存在以下两个方面的错位问题：一方面，分工错位。由于经营成本等因素，农民自身投入电商的运营能力和经验有限，且电商运营对农民而言，进入门槛相对较高，因此，非专业的农民与专业的电商运营人才相比，劣势明显，流量小，缺乏竞争力，不利于调动农民从事乡村产业振兴。另一方面，虽然电子商务能够有效推动乡村产业链条的延伸，但当前增值收益分配错位。专业的电商运营企业将农产品统一销售，极大缓解了农民的销售问题，而农户并未享受到产业链的利益分配，结果导致电商企业垄断利润，生产者无议价权。如果乡村产业的大部分利润并没有留存在农民手中，这将不利于乡村产业生产的积极性，制约乡村产业振兴。因此，电子商务分工错位和利益分配错位导致了企业和农户在全产业链上无法形成优势互补。

3.4.3　电商创新融合不稳定，整合困难限制乡村产业振兴

电子商务在促进乡村产业振兴中的核心关注点应该是整合乡村资源，助推产业升级。但从当前电子商务在乡村发展中的现状来看，电子商务主要停留在推动农产品销售方面，而在助推一二三产融合、农旅融合等方面发挥了较小的作用，对农产品的依赖度较高。然而，农产品生产具有季节性和周期性特征，使得电子商务促进乡村产业振兴的持续动力不足。电子商务在促进乡村产业振兴方面的局限性体现在电子商务的开展过度依赖当地优势农产品资源和当地已有的特色产业集群。虽然电子商务能够为农特产品开拓市场空间，为乡村企业及农户带来短期利润，但随着市场规模的扩大、产业竞争的加剧，经营者将面临产能、产品优势、定价等方面的约束。因此，从长期来看，电子商务在乡村产业中的发展将面临多重瓶颈，必须打破当前的局限性才能为乡村产业振兴提供持续动力。

理论上，电子商务可以基于乡村已有资源，通过创新能力和资源整合能力推动乡村产业的融合发展。然而，电子商务当前面临对农村资源整合能力不足、产业融合发展的功能受限等问题。因此，根据乡村现有资源，遵循市场和产业发展规律，搭建多层次的"电子商务＋乡村产业"服务平台，提高资源整合效率，推动产业融合发展，是电子商务在促进乡村产业振兴过程中需要实现的目标之一。

电子商务促进乡村产业振兴发展面临的主要问题如图 3－16 所示。

电商平台产品同质化，恶性竞争阻碍乡村产业振兴

电子商务平台缺乏对产品差异化和精细化的引导，使得乡村产业经营存在盲目竞争和无序经营现象；对农村电子商务的监管制度不完善、乡村产业的规划缺乏有针对性的产业顶层规划设计等一系列问题，容易导致商户间恶性竞争或部分商家通过销售劣质品以谋求更多利润，最终阻碍乡村产业的高质量发展

电商产业链角色错位，利润分配影响乡村产业振兴

一方面，分工错位。由于经营成本等因素，农民自身投入电商的运营能力和经验有限，且电商运营对农民而言，进入门槛相对较高。另一方面，增值收益分配错位。专业的电商运营企业将农产品统一销售，极大缓解了农民的销售问题，而农户并未享受到全产业链的利益分配，结果导致电商企业垄断利润，生产者无议价权

电商创新融合不稳定，整合困难限制乡村产业振兴

当前电子商务在乡村发展中主要停留在推动农产品销售方面，而在助推一二三产融合、农旅融合等方面发挥了较小的作用。农村电商对农产品的依赖度较高，然而，农产品生产具有季节性和周期性特征，使得电子商务促进乡村产业振兴的动力不足

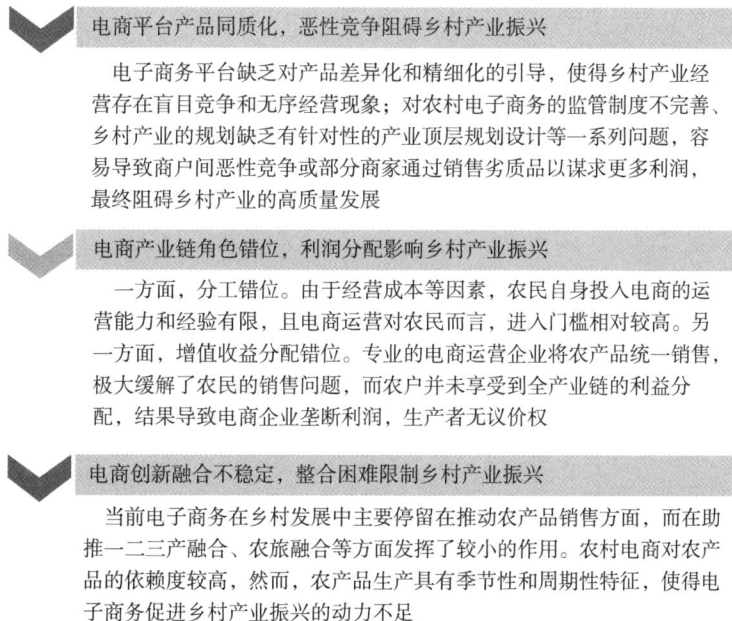

图 3 - 16　电子商务促进乡村产业振兴发展面临的主要问题

3.5　电子商务促进乡村产业振兴的发展趋势与展望

3.5.1　系统化的电子商务与乡村产业协同化发展

随着电子商务系统的不断发展，电子商务在乡村产业振兴过程中将不断优化，乡村地区基础设施建设将不断完善，乡村交通网络尤其是偏远地区道路环境将逐渐改善。系统化的电商发展能够推动完善农产品现代流通体系，构建城乡双向流通格局。

2021 年，农业农村部《关于促进农业产业化龙头企业做大做强的意见》中指出，鼓励龙头企业发挥自身优势，推动资源要素融合，完善配送及综合服务网络，推广"生鲜电商＋冷链宅配"等新模式，提高龙头企业融合发展能力。未来，伴随农村电商综合示范区建设完成，电商与乡村产业持续融合发展，电子商务在乡村产业中不断活跃和壮大，有望建立覆盖面更广的智慧物流网，发展乡村冷库冷链，推动乡村物流发展，形成完善的与乡村产业发展相匹配的物流配送体系。电子商务未来有望通过集聚乡村产业，促进当地物流业、旅游业、文化产业等服务业与第一产业融合，实现乡村产业"产加销服"协同化发展。

3.5.2　多元化的电子商务与乡村产品特色化发展

农业农村部发布的《"十四五"全国农业农村信息化发展规划》中指出，"十四五"期间要推进农产品电子商务，深入推进"互联网＋"农产品出村进城工程。实现农业现代化的目标，需要不断优化乡村全产业链，提升产品供应链质量。电子商务鼓励多样化和多层

次的农产品网络销售模式创新，如直播、社交等新模式电商。推动农产品电商规范有序发展，加强农产品特色品牌建设、品质管控和售后服务，引导农产品电商企业逐步从价格竞争向品质竞争转变。针对乡村产业，结合不同的产业特色，电子商务将逐渐形成细分的带有产业特色的运营模式和服务系统。例如，果蔬生鲜肉类产业对产品保鲜和物流速度有更高的要求、家具产业对个性化定制化服务和产品质量有较高的需求。针对细分行业，制定多元化的电子商务综合服务系统，将更加有助于发挥乡村产品特色优势，推动电子商务与乡村产业融合发展。

随着电子商务模式不断创新、新业态不断涌现，未来，电子商务在乡村地区的发展将更多地与地方特色相结合，通过多元化的电子商务运营形式和市场化的电子商务平台，为乡村产业的特色化发展提供动力，为乡村打造特色品牌提供技术支撑和平台支持。

3.5.3　规范化的电子商务与乡村企业市场化发展

随着互联网平台的发展，多渠道的电子商务营销模式将打破大型电子商务平台的垄断地位。一方面，随着农村电子商务的规模化与特色化发展，乡村电商将有望成立与产业相匹配的电商联盟或协会，积极发展短视频营销策略，推动直播电商在乡村产业中的发展，构建多元化、多平台的农村电子商务格局，优化电子商务环境，避免电子商务平台滥用市场支配权。另一方面，电子商务为乡村产业提供了公平竞争的平台，直播电商等新业态为生产监督环节赋能，通过直播的形式，强化消费者对生产经营的监督权，使得乡村企业必须通过规范化经营才能在电商平台持久立足。随着信息化水平的发展和电子商务在乡村产业中不断渗透、市场规模不断增加，农村电商在产品质量和价格等方面的竞争将更加公平、更加市场化。未来电子商务将推动乡村企业规范化经营与市场化竞争。

3.5.4　数字化的电子商务与乡村产业信息化发展

"十四五"规划提出要发展农村新产业新业态，加快农村电商发展[①]。当前电子商务极大解决了农产品流通问题，农村新产业新业态发展趋于信息化和智能化。2018年提出数字乡村战略以来，"数商兴农"政策不断推进，未来将深入推进"互联网＋"农产品出村进城工程。发展数字化电子商务将不断优化农村电商公共服务中心功能，引导网络直播带货规范化发展，推动乡村基础设施数字化改造和智能化升级，有利于乡村产业打造品牌。随着电子商务在乡村布局范围扩大和电子商务的数字化发展，乡村产业必然会在电子商务的引导下，数字化的电子商务平台将借助 AI、5G 等信息技术，促进产品向可追溯方向发展，通过信息技术为乡村产业赋能，有利于扩大电子商务在乡村布局的范围，加快乡村产业信息化发展的步伐。

---

① 《"十四五"全国农业农村信息化发展规划》。

第 4 章　电子商务促进乡村人才振兴发展情况

4.1　乡村人才振兴的内涵及意义

4.1.1　乡村人才振兴的内涵

要明晰乡村人才振兴的内涵，首先应总体把握乡村人才振兴与乡村全面振兴间的关系。按照系统论的理解，在乡村这一场域下，乡村全面振兴是一个整体系统，而乡村人才振兴则应归属于这一整体系统下的子系统，二者相互作用和支撑。一方面由于人才振兴中蕴含着人这一最具主动性、能动性和创造性的要素，因此人才振兴是乡村全面振兴的动力源泉，是开展乡村振兴工作的必然选择。乡村产业要靠人才来壮大，乡村文化要靠人才来兴旺，乡村生态环境要靠人才来保护和美化，乡村组织要靠基层组织人才来强化。此外能够有效支撑乡村全面振兴的关键要素，如资金、技术等亦要靠人才来引流与活化，所以人才不兴，乡村无以为兴。另一方面，乡村振兴亦为人才振兴的发展保驾护航。由于城市与乡村之间在社会保障、公共基础设施、人才发展前景等方面具有较大差异性，因此若欠缺兴旺的产业发展平台、良好的文化环境氛围和舆论空间、宜居的生活环境以及深厚的政治基础等，乡村则无力引才、留才、育才和用才，因此乡村不兴，人才亦难振兴。

乡村人才振兴与乡村全面振兴的作用关系如图 4-1 所示。

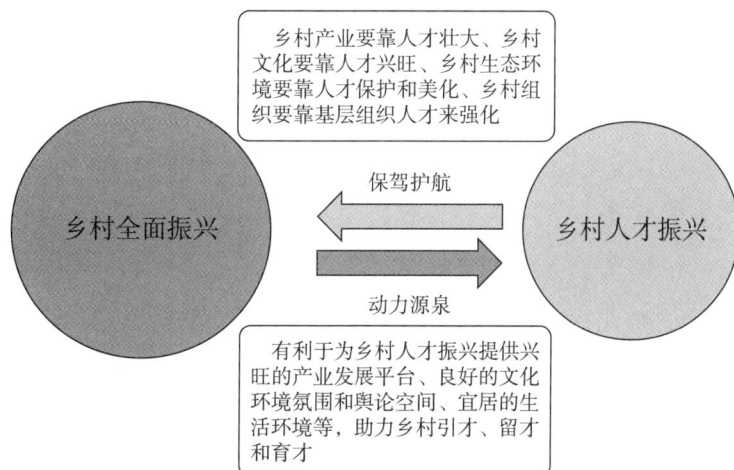

图 4-1　乡村人才振兴与乡村全面振兴的作用关系

乡村人才振兴本质上就是实现乡村人的现代化，具体外化为农民现代化，要深入明晰其内涵，需将其融入多个方面去理解（如图4-2所示）。

融于国家发展战略意图中理解

是我国人才强国战略在乡村场域下致力于解决农村人力资本水平低、农村人才流失严重和农村人才结构分布失衡等问题的战略性举措和系统性工程，更是人才强国战略中最基本的人才建设要求

融于未来长期建设实践中理解

从长期角度看，乡村人才振兴是乡村振兴在未来长时间段内关于建设乡村人才的长期发展方向。从阶段角度看，不同阶段的人才振兴目标和建设重点等应不同的社会背景、现实需求等而出现阶段性的差异

融于自身目标指向中理解

既是对乡村振兴中未来人才建设的一种期盼或状态的概括，亦是对未来乡村环境中人才主体性的囊括，即未来各类乡村主体有意愿、有能力成为乡村人才，让人才问题不再成为美丽乡村建设的阻碍

图4-2　对于乡村人才振兴的理解

一是将其融于国家发展战略意图中去理解。2021年9月，习近平总书记在中央人才工作会议中明确指出，要站在新的历史起点面向国家重大需求深入贯彻人才强国战略，将我国建设成为世界人才集聚地。而乡村人才振兴正是这一战略下的具体实践，其是人才强国战略在乡村场域下的切实践行，更是人才强国战略中最基本的人才建设要求。因此可将乡村人才振兴理解为新时代下乡村对人才的迫切需要，其是致力于解决乡村人才流失严重、人才结构失衡、人力资本水平低等现实困境的系统性工程。

二是将其融于未来长期建设实践中去理解。全面推进乡村振兴不同于脱贫攻坚，是持久战而不是攻坚战，而人才振兴作为其中的关键一环更应如此。尽管2021年国务院办公厅在《关于加快推进乡村人才振兴的意见》中仅强调我国乡村人才振兴未来五年要实现的目标，而并未做阶段性的决策规划，但事实上人才振兴亦有其自身特定的发展步伐，需历经足够长的时期方能实现。所以在这一情境下需要从长期和阶段两个方面理解乡村人才振兴，从长期角度看，人才振兴是乡村全面振兴在未来关于建设乡村人才队伍的长期发展方向。从阶段角度看，由于农村现实需求和经济发展背景在不同时期会表现出一定的差异性，所以不同阶段的乡村人才振兴目标和建设重点亦会随之变化。总之，在未来长期的乡村建设过程中，人才振兴将处于波浪式前进的状态。

三是将其融于自身目标指向中去理解。单从"振兴"一词看，可表示为一种未来目标或状态。故乡村人才振兴有以下蕴意：一方面是对乡村振兴中未来人才队伍建设的一种期盼或状态的概括，即未来乡村人才规模能够满足乡村振兴各类型的需求，人才质量能够契合乡村振兴各个环节的现实需要等。另一方面则是对未来乡村环境中人才主体性的囊括，即未来各类乡村主体有意愿且有能力成为乡村人才，让人才问题不再成为美丽乡村建设的阻碍，从而助力乡村全面振兴。

4.1.2　乡村人才振兴的意义

伴随着小康社会的全面建设完成，乡村全面振兴亦步入新时期，乡村人才振兴的重要意义愈发彰显（如图 4 - 3 所示）。

乡村人才振兴是人力资源合理配置的必然要求	乡村人才振兴是破解乡村人才掣肘现象的现实需要	乡村人才振兴是激活和调动农村发展要素的关键举措
乡村人才振兴的目标即通过构建包含良好的创业平台、适宜的生活环境以及浓厚的文化氛围等的人才振兴机制，让适合乡村发展的人才愿意为乡村建设服务，让适合城市发展的人才继续为城市发展服务，从而持续优化城乡间人才资源的配置	乡村振兴实践中，乡村人才掣肘现象十分明显，如人才规模小、结构不均衡等。乡村人才振兴能够通过外引、内培、管理、评估和使用等环节以解决人才来源、人才流失、人才结构失衡等诸多问题，进而破解乡村人才掣肘现象，助力乡村振兴	通过乡村人才引进政策，不断推动人力资本要素及其附属要素，如技术、资金、信息等向乡村流入，同时通过对内乡村人才培育政策，不断增强乡村社会中人的主观意愿、客观能力和目标期望等，从而使农村内生发展要素得以激活

图 4 - 3　乡村人才振兴的意义

一是乡村人才振兴有利于实现城乡间人力资源的合理配置。合理的人才布局不仅要考虑城市区域间的相互差异，更要考虑到城乡间的差异，而伴以新型城镇化的持续推进，城市对于乡村人才的"虹吸效应"将变得愈发明显，致使乡村面临无人可用的局面。人才振兴的目标定位就是要通过构建包含良好的创业平台、适宜的生活环境以及浓厚的文化氛围等内容的人才振兴机制，以引进和培育一支愿意投身和扎根于乡村实现人生价值及理想的人才队伍，让适合乡村发展的人才愿意为乡村建设服务，让适合城市发展的人才继续为城市发展服务，从而持续优化城市与农村的人力资源配置。

二是乡村人才振兴有利于破解乡村人才振兴面临的现实困境。当前在乡村振兴具体实践中，人才掣肘现象十分明显，要么在总量上缺乏，要么结构上不合理、分布不均衡。但要实现乡村振兴则断然离不开人才的引领作用，唯有加强人才引进、留存与培养，有效利用乡村资源，才能为乡村发展开辟新的路线。而乡村人才振兴正是对这一现象的现实回应，乡村人才振兴这一系统工程包含了外引、内培、管理、评估和使用等环节，以此解决人才来源、人才流失、人才结构失衡、人才使用等诸多问题，进而破解乡村人才掣肘现象，助力乡村振兴。

三是乡村人才振兴有利于流转和激活支撑乡村振兴的发展要素。由于我国长期以来的城乡二元体制、二元结构和重城轻乡等发展态势，城市与乡村间割据现象日趋严重，农村区域发展面临桎梏，其中一个重要表现即为农村发展要素流通受阻。而乡村人才振兴之于乡村全面振兴的重要性不仅仅局限于其带来了人力资本这一要素，更重要的是其背后附属要素，例如技术、资本、信息等关键发展要素。一方面通过对外的乡村人才引进政策，这些附属发展要素将伴随人才在乡村的聚集而持续汇入，为乡村发展提供有力支撑；另一方面通过持续提高乡村人才在农村地区的自主权和加大对乡村人才的培育力度等措施，不断增强农村居民的主体意识和主体能力，从而激活农村的内生发展要素，让乡村人才能够有意识地、主动地参与农业农村现代化进程中，持续推进乡村全面振兴。

4.2 乡村人才振兴的发展现状

在国家关于乡村人才振兴的多项政策文件的引导与支撑下（如图4-4所示），全国各地积极响应并通过加大乡村人才引进力度、建设乡村人才创新创业载体等措施，已经在乡村人才带动、乡村实用人才规模和乡村人才活力释放等方面取得一定的成绩。

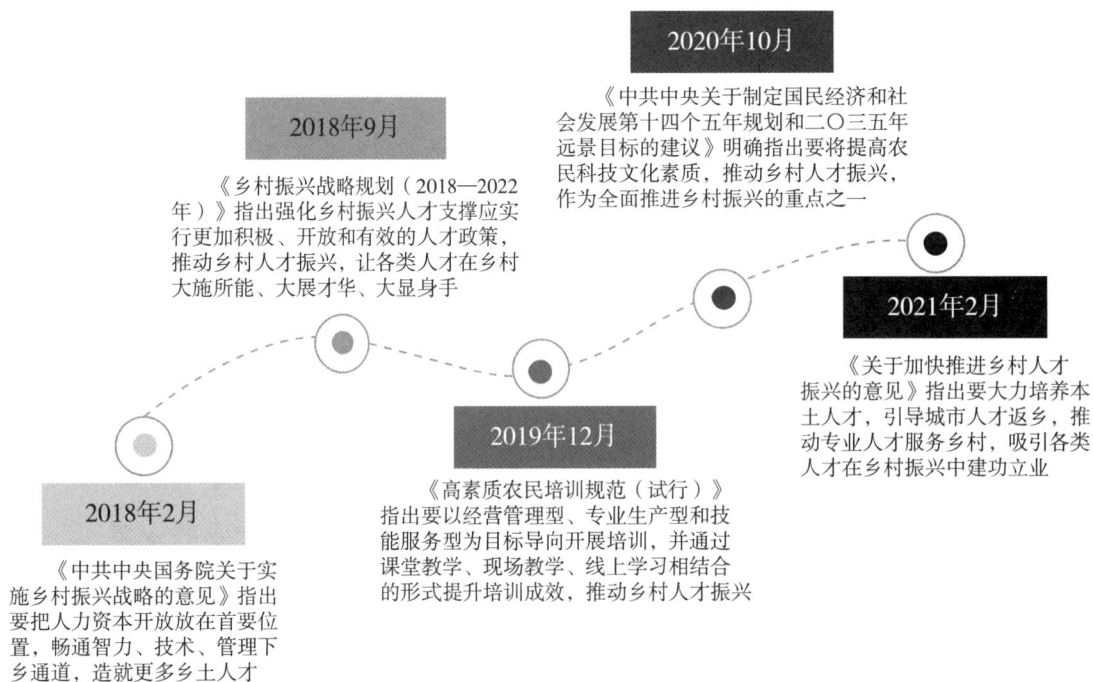

2020年10月
《中共中央关于制定国民经济和社会发展第十四个五年规划和二〇三五年远景目标的建议》明确指出要将提高农民科技文化素质，推动乡村人才振兴，作为全面推进乡村振兴的重点之一

2018年9月
《乡村振兴战略规划（2018—2022年）》指出强化乡村振兴人才支撑应实行更加积极、开放和有效的人才政策，推动乡村人才振兴，让各类人才在乡村大施所能、大展才华、大显身手

2021年2月
《关于加快推进乡村人才振兴的意见》指出要大力培养本土人才，引导城市人才返乡，推动专业人才服务乡村，吸引各类人才在乡村振兴中建功立业

2019年12月
《高素质农民培训规范（试行）》指出要以经营管理型、专业生产型和技能服务型为目标导向开展培训，并通过课堂教学、现场教学、线上学习相结合的形式提升培训成效，推动乡村人才振兴

2018年2月
《中共中央国务院关于实施乡村振兴战略的意见》指出要把人力资本开放放在首要位置，畅通智力、技术、管理下乡通道，造就更多乡土人才

图4-4 支撑乡村人才振兴的有关政策文件

4.2.1 乡村人才带动作用日渐增强

乡村振兴的关键在于人才振兴，引进、培育和留存人才是乡村人才振兴的重点工作，但用好人才是其最终目标指向，必须持续发挥人才在乡村全面振兴中的带动作用，引领乡村振兴新发展。当前，伴随乡村人才规模的不断扩大和类型日益多元，其在农业技术、农业提质增效及农民增收等诸多方面的带动作用持续增强。

一方面，农村科技特派员制度持续走深走实，引领带动作用显著。20余年的制度推行，农村科技特派员为乡村带来了众多技术、设备和工艺等，已成为党的"三农"政策宣传队、农村农业创新创业的领头羊以及农民脱贫致富的带头人，在乡村振兴中的带动作用持续增强。截至2020年年底，全国已有逾100万名科技特派员活跃在农业农村一线，已实现对全国近 10 万个建档立卡贫困县全覆盖。多年来，在其引领带动下，围绕农村地区乡村特色产业，已实施各级各类项目 3.76 万项，建成 7.7 万个科技帮扶结对、1290 万个创新创业平台以及 1.5 万家企业或合作社，推广 5 万余先进农业技术、新农作物品种等，带动农民增收超千万户，为农村地区发展转换动力提供支撑。

另一方面，各类农业技术人员持续增加，引领建设成果日益丰富。当前，全国共有涵盖种植业、畜牧兽医、水产、农机等四个行业的 35 万名农业技术人员，正依托中国农技推广信息平台推广数十万各类农村新技术和各类农业新品种、新产品入乡村，亦为各乡村农业生产提供专业化的指导，带动农业科技进步贡献率超 61%，较 2009 年增长 8 个百分点，推动大田生产逐步告别"面朝黄土背朝天"的传统方式。例如甘肃省临泽县在农技人员的指导和带动下，已建成农业科技示范点 12 个，示范面积 2.5 万亩，引进各类农作物品种 50 个，切实提高了其农产品的质量和市场竞争力。

此外，亦有众多大学生村官参与创业富民，持续领班或合办专业合作社，为农村居民提供创业就业机会（如图 4-5 所示）。例如宿迁市瑶沟乡官塘村的大学生村官冯星，其结合乡情在当地建立了"聚星兔业养殖专业合作社"，带动当地 30 余名村民创业；河南省邓州的薛飞、王玉满等一众大学生村官，先后在种植养殖等农业经营方面提供建议 4 万余条，带动逾4200 名农户致富。

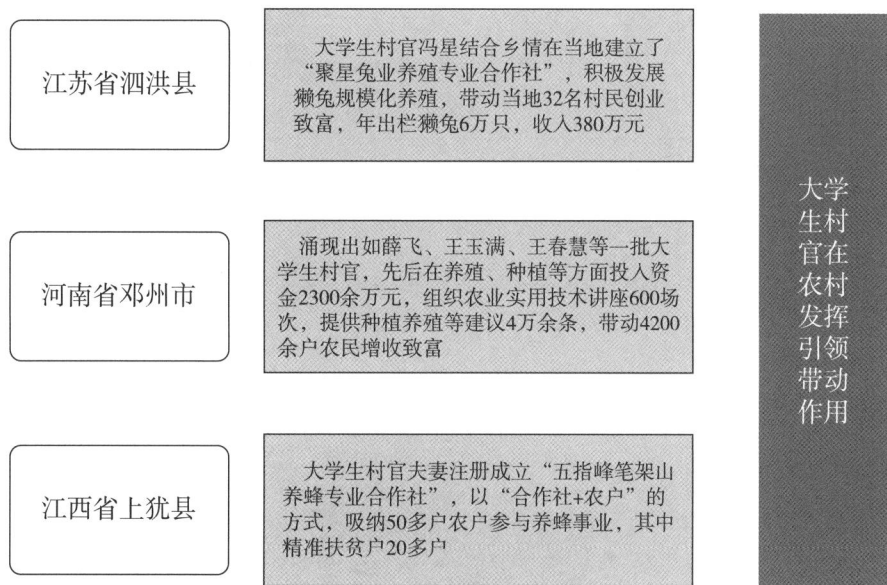

江苏省泗洪县	大学生村官冯星结合乡情在当地建立了"聚星兔业养殖专业合作社"，积极发展獭兔规模化养殖，带动当地32名村民创业致富，年出栏獭兔6万只，收入380万元	
河南省邓州市	涌现出如薛飞、王玉满、王春慧等一批大学生村官，先后在养殖、种植等方面投入资金2300余万元，组织农业实用技术讲座600场次，提供种植养殖等建议4万余条，带动4200余户农民增收致富	大学生村官在农村发挥引领带动作用
江西省上犹县	大学生村官夫妻注册成立"五指峰笔架山养蜂专业合作社"，以"合作社+农户"的方式，吸纳50多户农户参与养蜂事业，其中精准扶贫户20多户	

图 4-5　大学生村官参与创业富民发挥引领带动作用

4.2.2　乡村实用人才规模不断扩大

乡村实用人才是指具有一定知识水平，能够为农村各项工作如教育、文化、经济等提供服务并起到示范和带动作用的农村劳动者。党的十九大报告指出，要加快乡村人才振兴，培养一支懂农业、爱农村、爱农民的"三农"工作队伍，而乡村实用人才正是这一队伍的主力军，是广大农民的优秀代表。自 2010 年始，我国已陆续出台各项政策以强化对农村实用人才的培养，其规模持续扩大。截至 2020 年年底，我国农村实用人才已升至 2254 万，较 2019 年增长 254 万人（如图 4-6 所示）。乡村实用人才的受教育水平亦持续提升。"十三五"时期，为切实提升乡村实用人才的受教育水平，农业农村部分别推出高素质农民培育计划、高素质农民学历提升计划以及农村实用人才带头人计划等措施，为拓宽乡村实用人才的受教育渠道提供政策支撑，同时突破传统人才培训模式，采用固定课堂、移动课堂、空中课堂和田间课堂混合联动的方式因地制宜开展乡村人才教育培训工作，以持续优化实用人才素质结构。截至 2020 年年底，我国懂技术、善经营、会管理的高素质农民已升至 1700 万人，较 2019 年增加 200 万人，增幅达 13.33％。其占实用人才总规模的比例亦上升至 75.42％（如图 4-7 所示），较 2019 年增长约 0.42 个百分点。

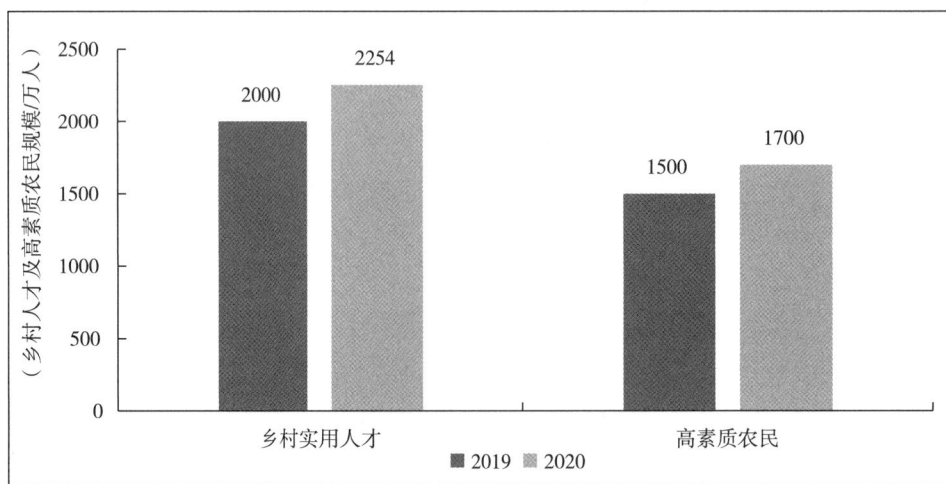

图 4-6　2019—2020 年乡村实用人才及高素质农民规模

（数据来源：农业农村部官网）

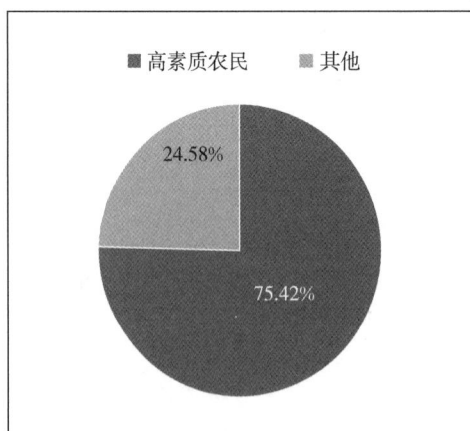

图 4-7　2020 年乡村实用人才中高素质人才规模比例

（数据来源：农业农村部官网）

4.2.3　乡村人才活力得以持续释放

人才有活力，乡村发展方有动力。"十三五"以来，我国陆续出台助力人才发展支撑政策，不断搭建乡村人才创新创业平台，持续加大乡村人才培训力度和服务保障力度，以释放乡村人才发展活力（如图 4-8 所示）。

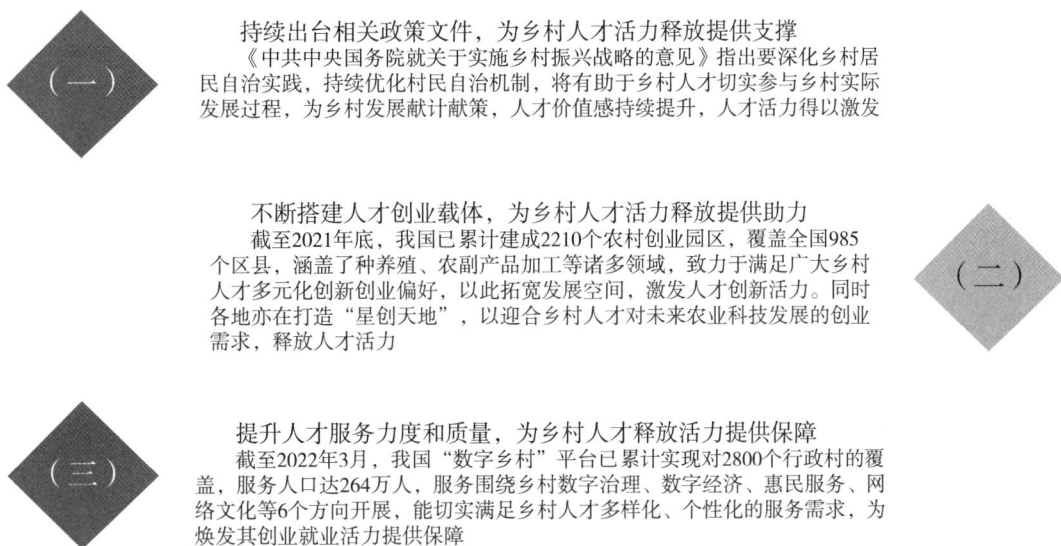

（一）持续出台相关政策文件，为乡村人才活力释放提供支撑
《中共中央国务院就关于实施乡村振兴战略的意见》指出要深化乡村居民自治实践，持续优化村民自治机制，将有助于乡村人才切实参与乡村实际发展过程，为乡村发展献计献策，人才价值感持续提升，人才活力得以激发

（二）不断搭建人才创业载体，为乡村人才活力释放提供助力
截至2021年底，我国已累计建成2210个农村创业园区，覆盖全国985个区县，涵盖了种养殖、农副产品加工等诸多领域，致力于满足广大乡村人才多元化创新创业偏好，以此拓宽发展空间，激发人才创新活力。同时各地亦在打造"星创天地"，以迎合乡村人才对未来农业科技发展的创业需求，释放人才活力

（三）提升人才服务力度和质量，为乡村人才释放活力提供保障
截至2022年3月，我国"数字乡村"平台已累计实现对2800个行政村的覆盖，服务人口达264万人，服务围绕乡村数字治理、数字经济、惠民服务、网络文化等6个方向开展，能切实满足乡村人才多样化、个性化的服务需求，为焕发其创业就业活力提供保障

图 4-8　乡村人才活力持续释放

一方面，相关政策文件陆续出台，为乡村人才活力释放提供支撑。人才振兴是乡村振兴的关键所在，为推动乡村人才振兴，持续焕发乡村人才活力，我国持续出台多项政策予以支撑。2018 年 2 月，《中共中央国务院关于实施乡村振兴战略的意见》明确指出，要深化乡村居民自治实践，加强农村群众性自治组织建设，持续优化村民自治机制。这意味着乡村现实发展状况和未来发展方向将在更大程度上由本村居民决定，亦即更多的乡村人才能够切实参与到乡村发展过程中，为乡村发展献计献策，人才价值感持续提升。2021 年 2 月，国务院发布《关于加快推进乡村人才振兴的意见》要求，各地区要结合实情持续深化乡村人才引进、使用和管理等体制机制改革，不断加大乡村人才保障力度，为人才创业就业和实现自我价值创造有利条件，这将有利于进一步打破制约乡村人才发展的藩篱，激发乡村人才内生活力。

另一方面，人才创业载体不断搭建，为乡村人才活力释放提供助力。人才活力的释放离不开广阔的发展空间。传统意识形态中，乡村农业领域被深深刻下"缺乏发展空间"的标签，严重制约乡村人才活力的迸发。为有效破除这一瓶颈，各属地开始着力建设乡村人才创新创业载体，为人才在乡村的发展搭建"大舞台"，助力人才活力的释放。截至 2021 年年底，我国已累计建成 2210 个农村创业园区，覆盖全国 985 个区县，涵盖了种植、养殖、农副产品加工、医药研发、旅游业等众多领域，致力于满足广大乡村人才多元化的创新创业偏好，以此拓宽发展空间，激发人才创新活力。同时各地亦在农村基层大力打造众创空间——星创天地，以进一步迎合乡村人才对未来农业科技发展的创业需求，并通过市场化机制、资本化运作方式等持续释放人才活力。当前科技部已公布三批国家级星创天地，数量分别为 638 家、568 家和 618 家，共计 1824 家，此外省市级星创天地的规模亦在不断扩大，为乡村人才活力焕发持续提供助力。

此外，各地正提升对乡村人才的服务力度和质量，为乡村人才释放活力提供保障。截至 2022 年 3 月，我国"数字乡村"平台已累计实现对 2800 个行政村的覆盖，服务总人口达 264 万人，服务围绕乡村数字治理、数字经济、惠民服务、网络文化等 6 个方向开展，能够切实满足乡村人才多样化、个性化的服务需求，为焕发其创业就业活力提供助推力量。

4.3 电子商务促进乡村人才振兴发展现状

实现乡村振兴，乡土人才是基石。但当前我国各农村地区在推进乡村人才振兴过程中常在引才、留才和育才等方面面临困境。而电子商务这一新形式的出现，为补齐我国乡村振兴中的人才短板提供了助力，为乡村人才振兴提供了契机。

4.3.1 电子商务发挥创业带动优势，促进乡村人才规模壮大

扩大乡村人才队伍规模是实现乡村人才振兴可持续发展的重要基础。当前，我国在还未达到如美国、日本等发达国家 70% 的城镇化率临界点时，就已出现城镇人口向乡村回流的现象。这一境况反映的是我国乡村对城市人才的吸引力正逐步提升，而农村电商的发展正是进一步提升乡村对人才吸引力的加速器。

一方面，电子商务通过拓展农村创新创业领域并优化乡村创业环境，吸引了一大批青年人才、农民工等回乡创业；另一方面，通过对一、二、三产业的拉动，直接或间接地提供了大量的就业岗位，充分调动了乡贤和大学生返乡就业的积极性，从而持续扩大乡村人才队伍规模以及不断优化乡村人才结构。在传统乡村环境下，农民常因创业扶持政策不足、创业资金成本高、创业方向不明确等问题而放弃就地创业，反观城市所提供的优越创新创业环境致使大量乡村人才背井离乡。随着电商时代的到来，这一现象得以改善，其由于具有参与便捷、进入门槛低、收入较高、职业较为体面等诸多优势，为乡村人才提供了广阔的创业条件及大量的就业岗位，这为人才返乡创业，推动人才向乡村回流提供了可能。商务部数据显示，截至 2020 年 3 月，我国农村网商、网店已突破 1300 万家，较 2016 年年底（816.3 万家）增长逾 314.4 万家，增幅高达 59.26%，带动相关就业人数超 3000 万人。而作为农村电商发展重要代表的淘宝村则从 2018 年的 3202 个增至 2020 年的 5425 个，增幅为 69.43%，带动相关就业机会也从 180 万增至 825 万，增幅为 358.33%（如图 4-9 所示）。

此外，《2021 全国县域数字农业农村电子商务发展报告》显示，在农村电子商务的引领带动下，我国各类返乡创业创新人员规模持续扩大，2018 年、2019 年、2020 年该数据分别为 780 万、850 万和 1010 万，分别同比增长 5.41%、8.97%、18.82%（如图 4-10 所示）。同时，回乡创新创业的队伍结构和年龄结构亦在不断优化，当前已然形成了以大学生、农民工、退役军人和妇女为主体的 4 支创业队伍，其中青年人才比例正不断攀升，"双创"人员平均年龄为 44.3 岁。可以说，电子商务已成为乡村成本最低、从业最便捷、风险也相对较

小的创业项目，是青年人返乡创业就业所追寻的"新风口"。

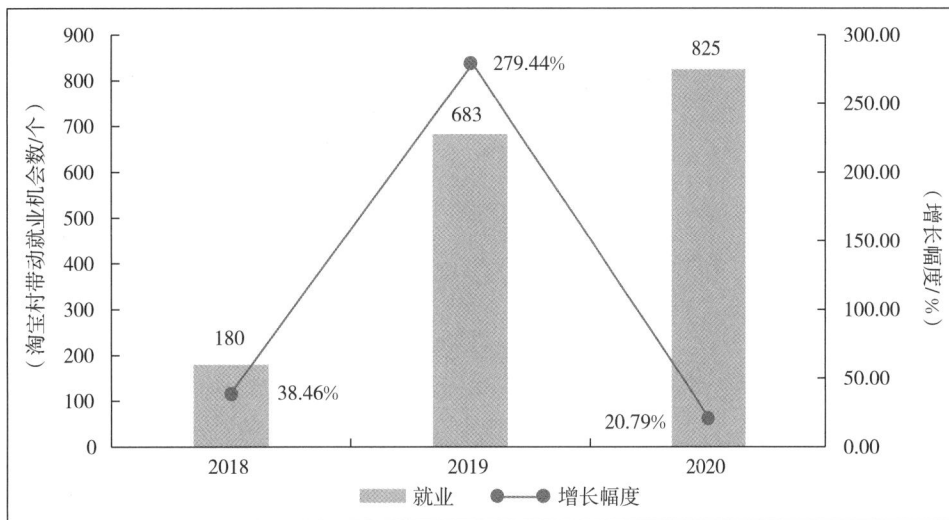

图 4 - 9　2018—2020 年淘宝村带动就业机会数

（数据来源：《中国淘宝村研究报告》）

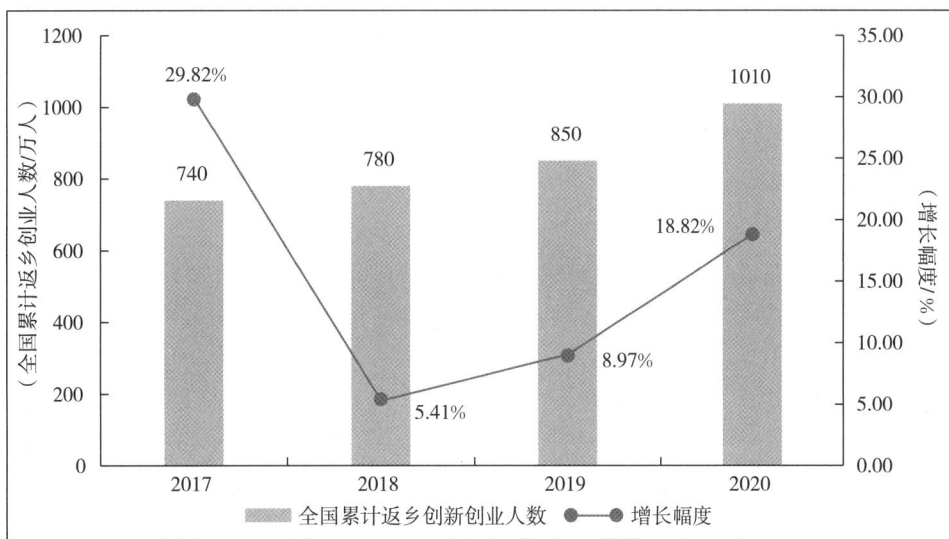

图 4 - 10　2017—2020 年全国累计返乡创新创业人数

（数据来源：农业农村部官网）

4.3.2　电子商务利于农村环境改善，推动乡村人才黏性增强

提升乡村人才黏性是助力乡村人才振兴可持续发展的重要保障。我国各地在具体实践乡村人才振兴过程中常面临着人才流动的困境，即大量拥有高人力资本、经济资本和社会资本的乡村人才向城镇流入，致使乡村一度面临无人可用之境地。形成这一现象的重要原因之一便是乡村在经济发展、生活环境等方面较城市而言差距甚远，因此如何切实改善农村发展环境，提升乡村人才黏性成为乡村政府在实现乡村人才振兴过程中亟须解决的问题。随着电商经济的迅猛发展，这一问题在一定程度上得到了解决（如图 4 - 11 所示）。

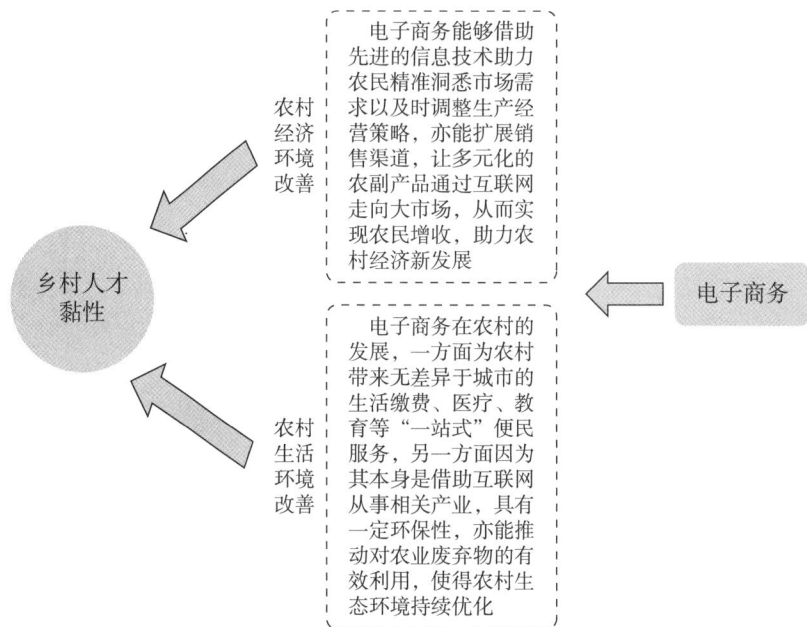

图 4-11　电子商务提升乡村人才黏性

一方面，电子商务改善了农村经济环境，为乡村人才留存奠定经济基础。良好的经济发展环境将有利于人才的留存与发展。在农村经济的传统发展模式下，由于受到时间、空间和市场信息不对称等因素的限制，农村产品供给与国内外市场的现实需求无法有效对接，以致出现产品类型单一、价格偏低等问题，加之农民群众缺乏专业的销售理念、宽广的销售渠道等又会致使产品面临滞销的危险，这些都将制约乡村经济发展。而电子商务则能够借助于先进的信息技术帮助农民精准洞悉市场需求以及时调整生产经营策略，亦能扩宽销售渠道，让多元化的农副产品通过互联网走向大市场，实现农民增收，助力农村经济发展。

另一方面，电子商务改善了农村生活环境，为乡村人才留存奠定生活基础。生活环境是人才发展的重要支撑，亦是稳定现有人才和吸引新人才的重要因素。一是电子商务显著提升了乡村生活的服务便利性。早在 2015 年《国务院关于大力发展电子商务加快培育经济新动力的意见》就已明确指出，要将电子商务发展成为改善民生服务的重要平台。当前，伴随电子商务在乡村的持续深入，民生问题逐步成为各大电商下乡的主要服务内容。例如随着农村淘宝"3.0"模式问世后，快递收发、便民缴费、挂号、代购、阿里医疗和教育等"一站式"服务随之落地于乡村，让乡村人才近距离享受到城市中的网络便民服务，城乡差异感不断降低。二是电子商务优化了乡村人才生活的生态宜居性。电商在农村的发展，造就大量的"淘宝村""微商村"，这些村落的典型特征就是利用互联网从事产品销售或其他相关配套产业，其大多数为环保生态，甚至是无污染的。此外，电子商务亦推动了对农业废弃物的有效利用，降低因废弃物焚烧而污染环境的可能性，例如江苏省沭阳县新河镇的解桥村就是借助于电商这一平台将以小麦、玉米、谷子等包衣为原材料制作的手工干花销售到大江南北。可见电子商务的发展为优化乡村人才居住环境助力，有利于人才留存于乡村。

4.3.3　电子商务推动农民职业转变，助力乡村新农人孕育

孕育乡村新农人是实现乡村人才振兴可持续发展的内生动力。现代化进程下，我国传统农业正逐步向现代化农业转变，急需一批既具有现代化农业技术又拥有现代化理念的人才扎根农村，以切实迎合乡村发展需要。而电子商务的出现则有效助力这一要求的实现，原因在于其能够破除农民在职业化转变中的各种壁垒，使得"农民"一词能够顺利成为一个职业的代称，成为一份体面、值得自豪的工作（如图 4 - 12 所示）。《2022 年中国乡村数字经济发展专题研究报告》显示，电商拼多多平台"95 后"的乡村新农人数量由 2019 年的 29700 人上升至 2021 年的 126000 人，两年内增长近 10 万人，其中女性占比 31%，达 39060 人；"00后"占比逾 16%，达 20160 人，且普遍拥有大专、本科学历。

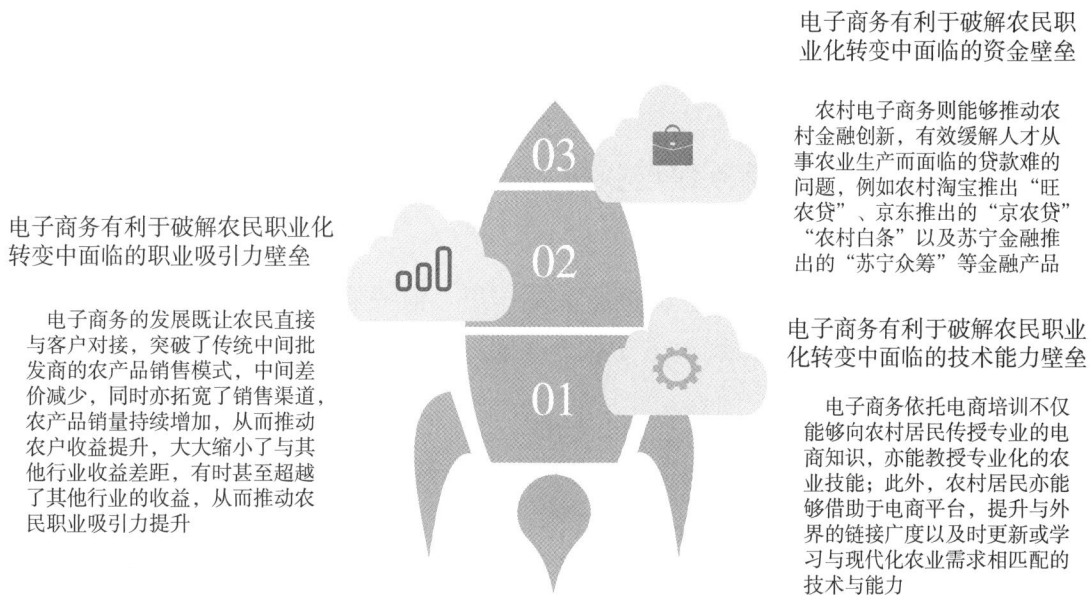

电子商务有利于破解农民职业化转变中面临的资金壁垒

农村电子商务则能够推动农村金融创新，有效缓解人才从事农业生产而面临的贷款难的问题，例如农村淘宝推出"旺农贷"、京东推出的"京农贷""农村白条"以及苏宁金融推出的"苏宁众筹"等金融产品

电子商务有利于破解农民职业化转变中面临的职业吸引力壁垒

电子商务的发展既让农民直接与客户对接，突破了传统中间批发商的农产品销售模式，中间差价减少，同时亦拓宽了销售渠道，农产品销量持续增加，从而推动农户收益提升，大大缩小了与其他行业收益差距，有时甚至超越了其他行业的收益，从而推动农民职业吸引力提升

电子商务有利于破解农民职业化转变中面临的技术能力壁垒

电子商务依托电商培训不仅能够向农村居民传授专业的电商知识，亦能教授专业化的农业技能；此外，农村居民亦能够借助于电商平台，提升与外界的链接广度以及时更新或学习与现代化农业需求相匹配的技术与能力

图 4 - 12　电子商务助力乡村新农人孕育

一方面，电子商务有利于破解农民职业化转变中面临的技术与能力壁垒。乡村新农人之"新"在于其能够切实掌握符合时代特征和现实需求的文化素养、农业技术和经营理念等。电子商务在极大程度上推动了农民技术与能力的提升。为推动电子商务在农村区域的发展，各大电商通过线上或线下的方式对农民开展培训，如拼多多所创立的"多多培训课堂"，其通过与多所涉农高校联合并结合不同区域的农村居民文化水平结构以制定相应的培训课程，同时辅以线下课程的直接沟通来调整培训内容，以实现千人千面的培训方式，切实提升农民技术与技能。同时，电商在农村的发展不仅带来了众多的创新创业机会以及改善了乡村生活环境等，还带来了互联网这一现代化的元素，在潜移默化下便提升了农户与外界的链接广度，农民便可借助于互联网这一信息化通道及时更新或学习与现代化农业需求相匹配的技术与能力。

另一方面，电子商务有利于破解农民职业化转变过程中面临的职业吸引力的壁垒。农民"职业吸引力"不强，其中一项重要原因在于农业较于其他行业效益更低，由于在一定程度

上缺乏对乡村人才的经济诱导，因此乡村人才的弃农意识将逐步加深，最终导致向城市再回流。而电子商务的发展让农民直接与客户对接，突破了传统有中间批发商的农产品销售模式，中间差价得以减少，农户收益随之提升。同时借助于电商的发展，农民能够快速把握客户需求的变化，从而及时改变改进生产方式，不断提高农产品的附加值，以带动自身收益提升。

此外，电子商务亦有利于破解农民职业化转变中面临的资金壁垒。人才要以"农"为职业需有足够的资金予以其创业支撑。事实上，农村面临金融资源困境由来已久，传统金融部门在支持产业发展过程中容易出现金融资源结构性失衡问题，如"领域错配"问题、"阶段错配"问题等，于是受气候影响导致有较高风险的农业则自然归属于被错配行业之列。而农村电子商务则能够推动农村金融创新，有效缓解农民贷款难的问题，例如农村淘宝推出的"旺农贷"、京东推出的"京农贷""农村白条"以及苏宁金融推出的"苏宁众筹"等一众金融产品。电子商务为农民职业化转变扫清了障碍，从而让人才再无忧虑，能够全身投入乡村中实现自我价值，不断推动乡村人才振兴。

4.4 电子商务促进乡村人才振兴面临的主要问题

电子商务在促进乡村人才振兴中发挥了重要作用，但因农村人才在发展过程中所面临的问题以及农村思想观念滞后等，致使电子商务在促进乡村人才振兴的具体过程中面临些许困境。

4.4.1 农村人才激励机制存在短板，导致人才电商创业热情难高涨

持续吸引人才于乡村中建功立业，进而壮大乡村人才队伍规模是电子商务促进乡村人才振兴的途径之一。但当前农村人才激励机制正面临低层次乡村人才激励程度不足、激励形式单一等问题，以致不利于电子商务发挥其带动人才返乡创业就业进而助力人才振兴的优势（如图4-13所示）。所以要借助电商在农村深入发展的契机，持续焕发人才返乡和留乡进行创新创业的热情，就必须配以完善的乡村人才激励机制。

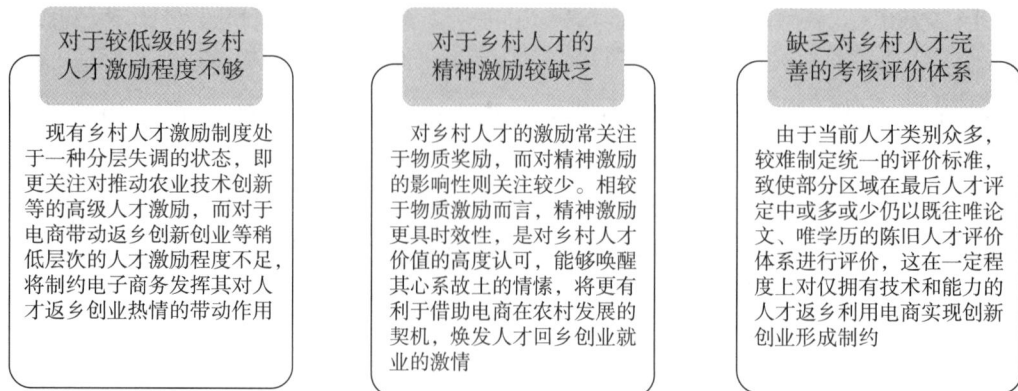

对于较低级的乡村人才激励程度不够	对于乡村人才的精神激励较缺乏	缺乏对乡村人才完善的考核评价体系
现有乡村人才激励制度处于一种分层失调的状态，即更关注对推动农业技术创新等的高级人才激励，而对于电商带动返乡创新创业等稍低层次的人才激励程度不足，将制约电子商务发挥其对人才返乡创业热情的带动作用	对乡村人才的激励常关注于物质奖励，而对精神激励的影响性则关注较少。相较于物质激励而言，精神激励更具时效性，是对乡村人才价值的高度认可，能够唤醒其心系故土的情愫，将更有利于借助电商在农村发展的契机，焕发人才回乡创业就业的激情	由于当前人才类别众多，较难制定统一的评价标准，致使部分区域在最后人才评定中或多或少仍以既往唯论文、唯学历的陈旧人才评价体系进行评价，这在一定程度上对仅拥有技术和能力的人才返乡利用电商实现创新创业形成制约

图4-13 农村人才机制存在的短板

一方面，对较低一级的乡村人才的激励程度不够。相较于扎根乡村而推进农业科技重大创新等的高级人才而言，电子商务所带动的返乡创新创业人才大多在层次上稍逊一筹，但农村领域的高精尖人才毕竟为少数，反观一般性人才则占绝对多的比例，因此加强对较低级的乡村人才激励程度应是完善乡村人才激励机制所关注的重点之一。尽管大部分乡村在推进乡村人才振兴过程中注重对人才激励制度的建设，但事实上，现有乡村人才激励制度仍处于一种分层失调的状态，即在资金补助、创业平台建设、创业扶持等皆更倾向于向推动农业技术创新等高级人才提供，而对如电商所带动返乡的一般性人才激励程度则明显薄弱。例如江苏省镇江市对处于其认定的第三层次乡土人才没有提供一定的物质激励，而对其认定的第一层次和第二层次乡村人才则分别给予 6000 元和 3000 元的奖励。因此要持续发挥电子商务对人才返乡创业的热情的带动作用，亟须提升对低层次乡村人才的激励。

另一方面，对乡村人才的精神激励较为缺乏。对于乡村人才而言，物质激励仅能在短时间内满足其基本的生存需求，而缺乏一定的时效性，若遇更为丰厚的物质奖励时，则可能产生离"乡"意识，不利于电商在乡村人才振兴中作用的发挥。而与之对应的精神激励则更多会让乡村人才产生获得感、成就感。当前，相当一批城市或农村青年，他们相较于物质的获得则更看重自身价值的实现，乡村给予其精神激励则是对其实现价值的认同，将更有助于其扎根农村而推进乡村全面振兴。新时代电子商务在农村的深化发展，推动了人才返乡留乡创业就业，其中青壮年占相当大的比例，他们甘于在农村这片土地上奉献自我，为家乡全面振兴而贡献力量。因此，加强对乡村人才的精神激励将更有助于电商对人才返乡创业就业的带动作用，对乡村人才振兴将更有助力。

此外亦缺乏对乡村人才完善的考核评价体系。尽管各地区在乡村人才评价体系中努力突破以往唯论文、唯学历的陈旧人才评价体系，但电子商务所带动的返乡创业就业人才类别众多，较难制定统一的评价标准，分门别类地制定更是脱离现实，因此部分乡村在最后评定中或多或少仍以既往评价体系认定，以致在一定程度上对想要用电商实现创新创业但仅拥有技术和能力的人才返乡形成制约。

4.4.2　农村人才培养机制不健全，导致电商人才队伍建设脱离现实

乡村人才振兴，离不开人才队伍的建设。党的十九大报告系统概括了新时代乡村人才振兴的丰富内涵，为打造完善的乡村人才队伍指明了方向，其中之一便是要在乡村人才队伍中培养一批符合农村实际和农民自身需求的专业实用型人才。而电子商务之所以作为促进乡村人才振兴的一种重要手段，便是因为其能够借助线上、线下培训的形式实现就地取才，为乡村地区培育大批既懂农业又懂电商的复合型人才以此不断壮大乡村人才队伍规模，增强乡村人才振兴的内生动力。但由于当前农村地区在人才培养上同质化严重，缺乏本土化、长效化和理论实践相结合的人才培养机制，致使在利用电子商务培训乡村人才时偏离期望方向，无法满足乡村振兴对人才的现实需求。

一是缺乏本土化人才培养机制。当前我国部分乡村地区在开展人才培训工作时常借鉴典型案例照搬照套，而并未针对乡村特色产业、资源优势以及居民现实需求等因素而多元化地

安排培训内容和制订培训计划，致使培养效果浮于表面、脱离现实。这一情境下，借用电子商务培训乡村人才时亦随之缺乏针对性，即对培养对象的目标设置缺乏一定的个性化特点。当前电商人才培训形式大多为集中培训、参观培训等，极易导致对农户的培养目标变得"统一"起来，无法做到因所在地的现实情况和培养对象的学历、职业等不同而做到差异化的设置，容易使乡村人才过于"同质化"，不具有适用性。

二是缺乏理论与实践相结合的人才培养机制。实践不仅有效助力人才对理论知识更为熟练的掌握，亦能在其实操过程中通过举一反三实现能力再提升。但由于各种各样的条件限制，不少农村地区在开展人才培养过程中常以理论为主，而最为重要的实践过程则为辅，不利于人才的现实发展。而在电子商务的培训过程中，实际专业技能的培训最为重要，其是决定培训后电商转化成功与否的关键。这一机制的缺乏让乡村在开展电商培训时极容易重理论而轻实践，以致参训人员无法及时依据市场实际需求而做出产业结构调整和种植、养殖技术的更新等。事实确实如此，在我国农村电商培训中大多以理论为主，而对相关专业技能的培训少之又少，以我国江西省为例，在电商培训过后仅约18%的人认为培训的内容当归属为专业实际技能的培训，而有近78%的人认为培训内容为电商知识的普及，剩下的则为平台运营等的培训（如图4-14所示）。

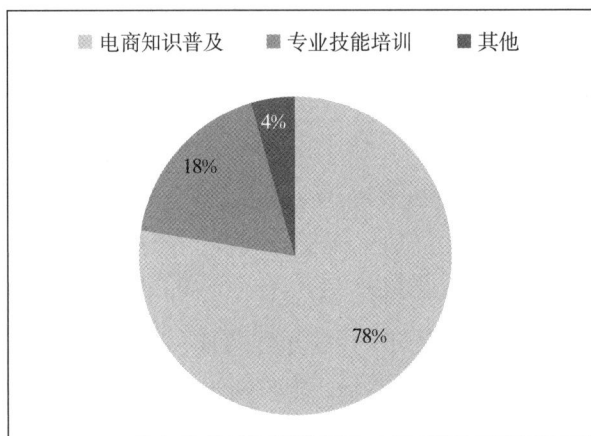

图4-14　2020年江西省电商培训各内容占比

此外亦缺乏长效化人才培养机制。人才培养需久久为功，而非一时之举。尽管大部分乡村重视对人才的培养，但常以短期效果为目标指向，缺乏对培训后人才的再培养过程，以致人才技能无法得到切实提升。而电子商务培训常为短期，若无健全的长效人才培养机制予以支撑，其容易缺乏具有长期性特点的培训体系，从而让乡村参训人员在相关内容的获得上形成断层，难以适应本地经济快速发展的现实需要。

4.4.3 农村电商观念较落后，导致乡村居民电商参与度难以提升

由于农村基层政府或居民缺乏对电子商务的全面性、系统性的认知，电子商务在乡村无法深化发展，农村居民电商参与积极性下降，不利于乡村人才黏性的增强和规模的提升；同时，电商助推乡村人才专业技能提升的整体效应亦会下降，乡村人才振兴发展随即受限（如图4-15所示）。

一方面，我国部分乡村政府对电子商务的认识不足。在农村电子商务的发展过程中，乡村政府扮演着重要角色，尤其是在乡村打造和发展电商产业更是起着主导的作用，因此其对电子商务的认知水平，将直接影响乡村人才对农村电商的参与积极性。事实上，在我国乡村

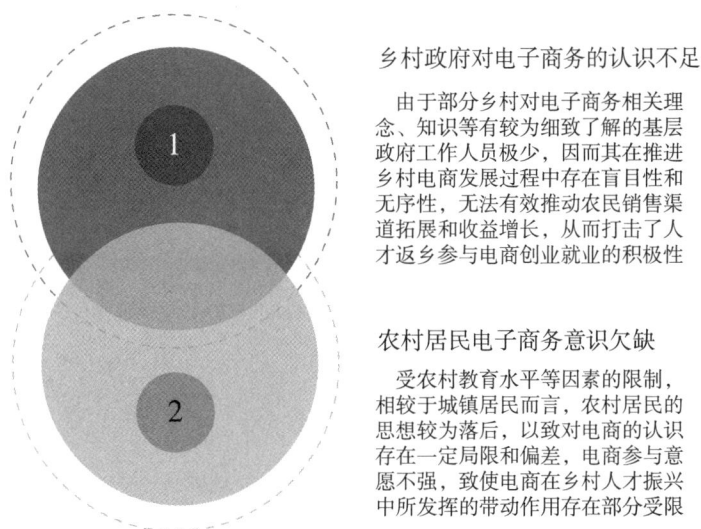

乡村政府对电子商务的认识不足

由于部分乡村对电子商务相关理念、知识等有较为细致了解的基层政府工作人员极少，因而其在推进乡村电商发展过程中存在盲目性和无序性，无法有效推动农民销售渠道拓展和收益增长，从而打击了人才返乡参与电商创业就业的积极性

农村居民电子商务意识欠缺

受农村教育水平等因素的限制，相较于城镇居民而言，农村居民的思想较为落后，以致对电商的认识存在一定局限和偏差，电商参与意愿不强，致使电商在乡村人才振兴中所发挥的带动作用存在部分受限

图 4 - 15　农村电商观念认知状况

中，对电子商务相关理念、知识等有较为细致了解的基层政府工作人员极少，甚至不少人员认为电商仅是在网上销售商品，而未对整个电商产业的发展做清晰的规划和扶持，因此在国家大力推进农村电子商务进程时，就出现一定的盲目性和无序性状况，例如部分乡政府盲目跟风其他典型成功案例，不断鼓动农民开设网点，耗费大量财力、人力、物力构建农村电商产业园等，最后成效甚微，致使农民销售渠道未得到真正拓宽，销售收入难以提升，不仅造成了乡村资源的浪费，还严重打击了乡村人才返乡参与电商的积极性，不利于发挥电商对乡村振兴的推动作用。

另一方面，农村居民的电子商务意识亦有欠缺。由于受到乡村教育水平等因素的限制，与城镇居民相比，农村居民的思想较为落后，其对电子商务的认识存在一定的局限性和思维上的偏差，认为电子商务存在风险而不会为自己带来收益，因此将继续采用传统销售模式对外出售农产品，久而久之将会因传统模式所带来的诸如无处可销、收益低下等问题而出现"弃农弃耕"意识。所以思想上的束缚加之对电子商务的认知不足，最终将降低人才借助电商进行创新创业的积极性，导致乡村人才黏性无法持续提升。

4.5　电子商务促进乡村人才振兴的发展趋势与展望

随着国家政策的不断出台以及数字化技术在电子商务中的持续赋能，电子商务正逐步向专业化、区域化、智能化等方向前进，发展势头迅猛，将以更强劲的动能推动乡村人才振兴可持续发展（如图 4 - 16 所示）。

4.5.1　电子商务对人才返乡创业就业将更有支撑

一方面，农村电子商务支撑体系日渐完善，将持续提升人才返乡创业热情。2022 年 1

电子商务对人才返乡创业将更有支撑	电子商务对人才职业培训将更显成效	电子商务对人才使用和留存将更有助力
一方面电子商务支撑体系日渐完善，将持续提升人才返乡创业热情。另一方面，电子商务的深入发展，创业模式变革愈发多元化，将焕发人才返乡创业激情	电子商务未来将由板块式经营模式转变逐步向更符合地区生活习惯的本地化模式转变，将推动电商职业培训更贴近于乡村现实，提升培训成效	伴随电子商务朝着智能化方向发展，乡村将迎来数字化技术，一方面有利于乡村人才精准画像以实现精准管理；另一方面有利于政府出台与之相匹配的评价奖励机制，提高人才留存度

图 4 - 16 电子商务促进乡村人才振兴的发展趋势与展望

月，中央网信办就未来三年数字技术进乡村做出了明确规划，指出要持续实施电信普遍服务，开展乡村地区 4G 基站补盲建设，大力推动 5G 技术、互联网光纤等基础设施在乡村布局，以推动农村信息化水平的提升。这一计划的实施将有效缓解网络问题在农村电子商务发展中的制约问题，为电子商务在农村的进一步发展提供良好的网络环境支撑。同年 2 月，《中共中央　国务院关于做好 2022 年全面推进乡村振兴重点工作的意见》中明确指出，必须加快农村物流快递网点布局，大力实施"快递进村"工程，着力解决农产品进城"最初一公里"和消费品下乡"最后一公里"问题，助力农民创收增收。随着电子商务在农村基础支撑体系的完善，人才返乡创业将变得更加方便快捷，农村对人才的吸引力随之提升。另一方面，伴随着电子商务的深入发展，更加多元化的创业模式将不断催生，有利于焕发人才返乡的创业新面貌。例如在流量经济的时代，电子商务逐渐催生出农村电商直播这一新的创业模式，其典型特征即创业风险低、没有产品库存风险，这为没有农业实践技能而具备销售技能的人才提供了创业机遇，亦为增长农产品销量、提高农村居民收入带来了新契机。

4.5.2　电子商务对乡村人才职业培训将更显成效

既往农村电子商务培训模式单一、培训内容重理论轻实践等诸多因素，致使在培养乡村电商人才时脱离于农村现实环境和现实需求，以致培训整体效果不佳。而未来电子商务将基于我国各个地区的经济发展状况、居民观念、文化风俗等的差异逐步从板块式经营模式向更符合地区生活习惯的本地化模式转变，这也必然推动电商职业化培训更贴近于乡村现实特征，提升培训成效，助力乡村人才振兴。例如对刚开展电子商务进村工作并亟须进一步拓展农村电商产业的乡村，将结合全国优秀县域的电商实践成果和应用思维，对乡村第一书记、大学生村官等基层农村干部进行培训，以打造一批推动电商在本地深入的领导力量；对急需电商人才实现脱贫攻坚的乡村，将结合政府创业政策及电商技能应用，加强对见识广、文化水平高的返乡创业人员和大学生等进行引导和培训，以打造既拥有专业电商理论知识又有丰富农业实践技能的乡村人才队伍等。此外，伴随电子商务向国际化趋势发展，农村跨境电商人才的需求日益旺盛，农村电商职业培训将向着更加多元化的方向发展。

4.5.3　电子商务对乡村人才使用和留存将更有助力

用才是乡村人才振兴的最终目标指向。在大数据、人工智能等新兴技术的发展带动下，电子商务正朝着智能化的方向发展，未来既懂电商知识又懂新兴技术原理的复合型人才将随电子商务在农村的纵深发展而汇入乡村，其背后的技术要素亦随之流入，这将助力乡村构建数字化乡村人才管理体系。传统人才管理体系由于条件的限制而无法依据乡村人才千人千面的特点进行管理，以致易出现人才和所从事的工作错配现象，不利于乡村人才作用的发挥。在电子商务带来的数字化技术带动下，乡村将有能力对人才进行规范化、系统化管理，即基于汇入农村的信息化技术构建乡村人才信息库，而后基于此库并借助于大数据技术对乡村人才精准画像，不仅实现人才精准定义和分类以及有利于与现实工作需求相匹配，同时还能实现对乡村人才的流量、存量等方面的动态掌控，有利于乡村工作的切实开展。此外，乡村人才信息库的建立将有利于政府为乡村人才创新出台对应评价奖励机制，以有效激发乡村人才的活力和投身于乡村建设工作中的积极性和主动性，提升乡村人才的留存度。

第5章 电子商务促进乡村文化振兴发展情况

5.1 乡村文化振兴的内涵及意义

5.1.1 乡村文化振兴的内涵

乡村文化振兴是乡村振兴的重要组成部分。与一般意义上的文化相比，乡村文化更加重视区域主义，这是农村人口与环境之间互动的产物。我们可以从两个层面去理解乡村文化振兴：一方面，从文化起源和文化特点的角度来看，在数千年的生产实践中，村民们建立了一种具有乡村特点的独特的农业文化，这是一种宝贵的农村精神财富。促进振兴乡村文化，必须密切关注扎根于乡村的农业文化，促进对农村文化的挖掘并推广优秀的传统文化。另一方面，从社会空间角度看，乡村是一个社会空间，更接近农村概念和城市社会空间概念。促进乡村文化的振兴，必须在农村广阔的社会空间大力发展文化属性企业和文化产业，使农村能够实现文化的发展和巨大繁荣。可以说，振兴乡村文化是中华优秀传统文化和社会主义核心价值观的有机结合。此外，学界主要从"精神动力""振兴战略""智慧源泉"等维度对乡村文化振兴的科学内涵（如图5-1所示）进行深入探讨。

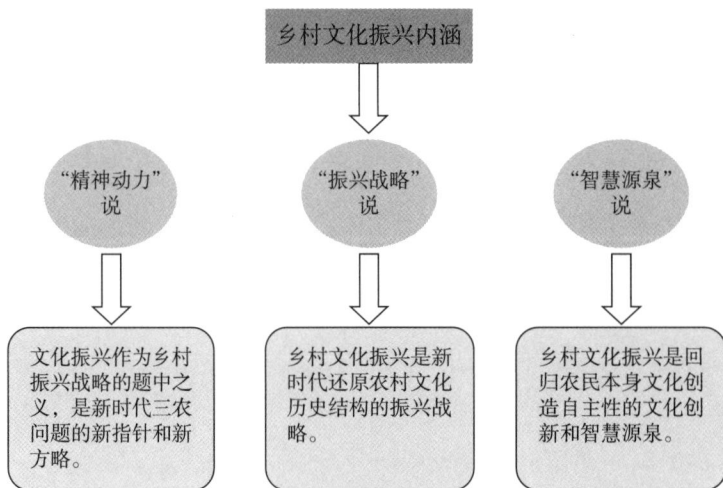

图5-1 乡村文化振兴内涵

5.1.2　乡村文化振兴的意义

第一，乡村文化振兴关乎国家战略。我国是典型的农业大国，自古以来，历朝历代都是农耕经济，虽然现在我国已经走向"后城市化时代"的进程，但内陆地区的绝大部分乡镇还是以农耕经济为主，且经济落后。农业作为国民经济命脉，关乎着国家的粮食安全，关乎着十几亿中国人民的饥饱，必须牢牢把握住农业经济的地位。在乡村生活的居民和新时代青年，或多或少被乡村文化所影响，乡村文化是农村地区人民在历史长河中和社会经济活动中所创造的，它是农村地区环境下特有的区域性文化，植根于农村，扎根于农业，是农村人民进行农村社会心理、观念和文化认同感的特有形式。

根据《乡村振兴战略规划（2018—2022 年）》，在 2018 年，政府提及乡村振兴和农村文化模式是一种保障，必须致力于对物质文明和精神文明的共同理解，提高农民的精神意识，不断提高乡村地区的社会文明水平。

到 2050 年，乡村地区将得到全面振兴，农业将得到加强，乡村将更加宜居和蓬勃发展。在维持乡村振兴战略的过程中，振兴乡村居民文化是主要动力。

第二，乡村文化振兴是乡村振兴的"固本之道"。农耕生活占据了中国古代人民大部分的时间，而乡村文化经历了历史的洗礼，从"诸多糟粕"到"部分糟粕"，最后则是"糟粕中取其精华"。无论是宗族礼仪还是伦理之情等，这些传统古典文化逐渐发展，形成了具有中国特色的朴素价值观和意识体系，也可以说是乡土文化。在此基础上，辅之以文人墨客的"面朝黄土背朝天"般的色彩渲染，进而派生出了灿烂悠久的华夏文明。

乡土文化是延续了五千年的华夏文明的源泉所在。在历史的演进过程中，无论生产资料如何更新，无论封建王朝如何更替，佛儒道文化、尊老爱幼文化、互帮互助文化，甚至到近现代的全球命运共同体，无不体现出乡土文化对中国人民的影响。中华传统美德的主流价值观作用极大，它不仅在古代社会中起到了稳定社会、约束村民、保护优良民俗的作用，在现代乡土文化中亦是如此。

近代以来，中国的乡土文化虽然大体保持原貌，但无时无刻不受到外国文化的冲击和破坏，尤其是外国前卫思想的冲击。因此国家提出乡村文化振兴战略，希望可以将我国的乡土文化发扬光大，在以本土乡村文化为基础的同时吸收优秀外来文化的精华，使具有特色的乡村文化更契合新时代乡村居民的精神需求。乡村文化的精神思想是提高我国人民文化自信的内在要求，对于个体而言，只有理解乡村文化的精髓，认同并尊重它，才能真正融入乡村生活。

第三，乡村文化振兴有助于改善精神贫困现象。乡村文化振兴不仅可以有效地提高乡村居民的文化传承能力，还有助于消除乡村精神贫困。一方面，通过乡村文化振兴，可以进一步加强思想道德文化建设，激发脱贫群众发展的内生力，为脱贫地区的持续发展提供长期的精神动力；另一方面，通过新媒体等文化媒介的传播，有助于建立起城市和乡村之间的沟通桥梁，为振兴农村提供精神支撑。

第四，乡村文化振兴是乡村振兴的"铸魂"工程。从历史文化角度来看，乡村文化作为历史悠久的一种文化形态，它符合马斯洛需求理论的高级形态。此外，它融合了中华民族顽强的生命力，坚韧而持久。"铸魂"是乡村文化振兴的灵魂内核，它对社会的发展具有不可替代的作用。

促进乡村文化发展和重新塑造乡村文化精神，可以为乡村文化提供精神激励和支持，加强农民的意识形态和道德建设，促进传播优秀的农村传统文化，发展乡村文化产业。这些为乡村的全面振兴提供了深刻的内部动力，保护和继承了优秀的农村传统文化。农村的独特历史文化感增强了中国民族的文化信心，提升了农村的"软实力"。

从乡村人口的文化情感的角度看，通过挖掘和弘扬传统的农村文化和地方文化，改变落后的文化，可以提高人们对农村文化特征的认识，并重建乡村居民的文化信任感。

从本质上讲，乡村文化振兴战略促进农村地区的居民思想现代化，提高其精神生活，涉及对农村社会主义现代化的全面认识。因此，实施乡村文化振兴战略，对于以全面的方式建设现代社会主义国家具有普遍和历史意义。

5.2　乡村文化振兴的发展现状

5.2.1　乡村文化生活日益丰富

第一，乡村物质生活水平提高。各乡村地区依照自身的文化和经济情况，开展了一系列乡村文娱活动，在文化的不断熏陶下，乡村居民的文化生活丰富多彩。在乡村社会，居民开展文娱活动的场所不断增多，为助力"美好乡村"建设夯实了基础，并且乡村公共文化基础设施投入逐年增加。文化设施服务体系如图 5-2 所示。县域有图书馆、文化馆和体育馆等文娱场所，乡镇有综合文化站，其覆盖率高达 90％以上。行政村和社区均已建成文化服务中心，能够满足乡村居民的精神需求。当下，乡村公共文化设施网络不断延伸，农村广播电视行业发展态势良好，广播节目、电视节目综合人口覆盖率不断提升。

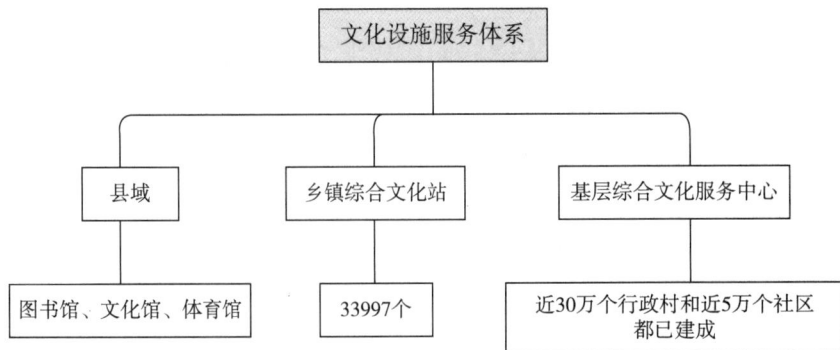

图 5-2　文化设施服务体系

农村广播电视行业发展情况见表 5-1 所列。

表 5-1　农村广播电视行业发展情况

年　份	广播节目综合人口覆盖率（％）	电视节目综合人口覆盖率（％）	数字电视实际用户数（万户）
2010	95.64	96.78	8870
2019	98.84	99.19	19417
2020	99.17	99.45	19889

（数据来源：国家统计局）

第二，"文化惠民"活动持续推进。"文化惠民"活动是以乡村居民为主体，以满足自身精神需求为目标，开展的具有浓厚乡土特色的文化活动，已成为我国文化建设中不可或缺的力量。在乡村文化政策大力支持下，基层政府深入乡村，了解乡村居民的文化喜好和精神生活，开展精神文明创建和文艺会演活动，赢得了乡村居民的广泛支持和积极参与。它通过送戏下乡等文化活动，丰富了乡村社区文化生活，加强了全国各地的文化交流，营造了良好的文化氛围，吸收全国各地先进的文化经验，促进区域特色文化在乡村社会的传播。民间特色文化植根于乡村居民日常的生产生活，随着乡村文化的不断发展和传播，广大乡村因地制宜，充分利用当地的文旅资源，深入挖掘民间特色文化，举办民间文化活动。近年来，基层文化组织变得愈发活跃，组织开展了篮球比赛、广场舞比赛、象棋比赛、书法比赛等多场赛事，激发了乡村居民参与乡村文化活动的热情。国家统计局的数据显示，从 2015 年起，城镇居民人均文化娱乐支出总体趋势持续增加，且在 2021 年创历史新高。对于乡村居民而言，从 2015 年到 2020 年，人均文化娱乐支出分别为 239 元、251.8 元、261 元、280 元、289.1 元、242.2 元（如图 5-3 所示），基本保持在很低的水平，说明了乡村居民用于文化娱乐的支出很少。而在疫情和实施了乡村文化振兴战略之后，乡村居民用于文化娱乐的支出显著增加，人均达到了 1645 元，乡村居民在文化方面的投入验证了其文化生活在逐步改善。

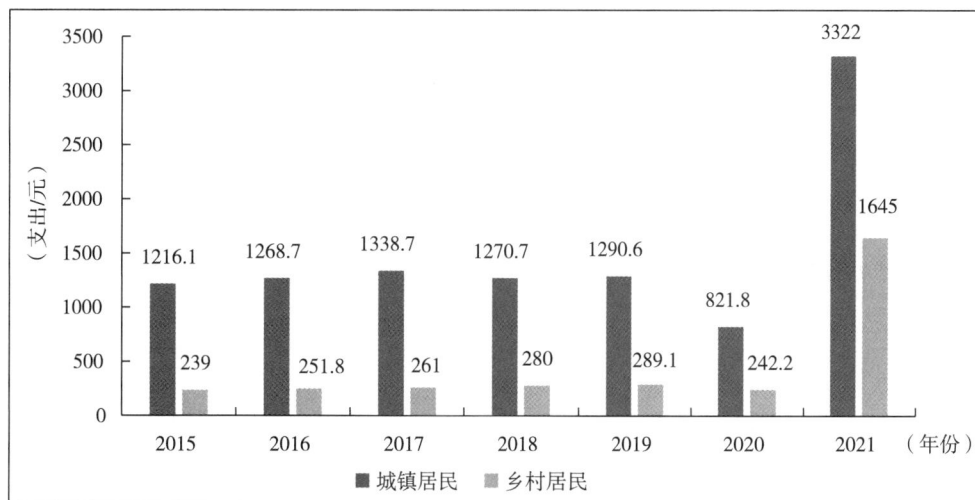

图 5-3　2015—2021 城乡居民人均文化娱乐支出

（数据来源：国家统计局）

第三，乡村文化建设力度加大。乡村居民的文化素养得到显著提高，主要表现为以下几个方面：其一，乡村居民对科学文化的重视程度逐渐提高。国家采取一系列措施，扶持乡村教育的发展，包括面向高校公开招聘特岗教师、开展大学生支教活动等，加大对乡村教育经费的投入力度，为乡村居民家庭受教育奠定了物质基础。其二，乡村居民对身体素质的重视程度逐渐提高。国家持续加大对乡村公共基础设施建设的投资力度，丰富乡村文化基础设施的种类，为乡村居民进行娱乐锻炼提供了场所，推动乡村居民身体素质的提高。其三，乡村居民对法治素养的重视程度逐渐提高。随着法律的普及和教育在广大乡村社会的不断发展，乡村居民的认知得到了极大的改善，学会利用法律手段解决冲突，并依法保护自己的权利。其四，乡村居民对道德素质的重视程度逐渐提高。中国古典乡村文化历经几千年的发展，蕴含着丰富的道德资源，在调节和规范乡村社会成员的言行举止方面起着潜移默化的作用。为进一步加强社会公民道德建设，近年来，国家颁布了一系列相关政策，为乡村社会敦风化俗，营造讲诚信、讲文明、讲道德的良好民风创造了条件。在乡风文明建设过程中，乡村居民的道德素质也得到显著提高。

5.2.2 乡村文化政策日渐完善

习近平指出："没有高度的文化自信，没有文化的繁荣兴盛，就没有中华民族伟大复兴。"在人民精神文化需求不断提升的社会背景下，更加凸显乡村建设特别是文化建设的重要性。从国家层面而言，应重点聚焦乡村发展的短板，并予以改进。

2017年12月中央农村工作会议上明确提出，传承发展优秀农耕文明，走乡村文化兴盛之路。2021年1月发布的中央一号文件，提出要不断加强新时代农村精神文化建设，在积极提升农村基本公共服务水平的同时，完善公共文化基础设施建设。"三农"工作是民之根本，重视乡村文化发展，致力于实现文化振兴在内的乡村全面振兴。

近年来，国家相继出台了一系列推进乡村文化建设的政策法规（如图5-4所示），《中华人民共和国公共文化服务保障法》的出台，为构建现代公共文化服务体系提供了强力支持。此外，《关于加快构建现代公共文化服务体系的意见》等重要政策的出台，为改善乡村公共文化服务、加强乡村公共文化基础建设和加快建设乡村公共文化服务体系提供了有力保障。

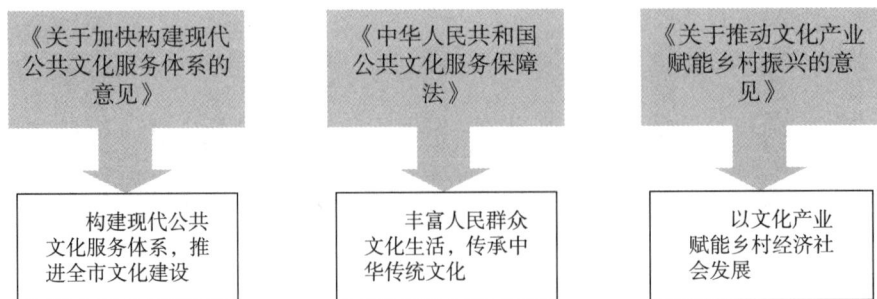

图5-4　中央出台多项政策助力乡村文化振兴

2022年，《中共中央国务院关于做好2022年全面推进乡村振兴重点工作的意见》出台，以文化产业赋能乡村经济社会发展。

多个部委联合国家乡村振兴局和国家开发银行印发《关于推动文化产业赋能乡村振兴的意见》。在满足乡村经济社会发展需要和深入挖掘文化资源禀赋的基础上，主要从八个重点领域赋能乡村文化振兴。

5.2.3　乡村文化旅游发展壮大

在党和国家高度重视乡村文化建设、人民的文化消费水平日益增长的社会背景下，乡村社会在开拓文旅市场、促进文化产业化等方面取得了显著的成绩。文化消费市场的扩大拉动了乡村文化产业的发展。

乡村文化旅游方向是乡村文化振兴的一个重要着手点。近年来，全国乡村旅游人次不断增长，促进了乡村文化旅游产业蓬勃发展，进而带动了特色景区和文化小镇的开发。

第一，从农业农村部官方数据可知（如图 5-5 所示），2019 年我国的休闲农业和农村旅游业吸引了 32 亿人，乡村文化旅游业创造了 8500 亿元的收入，提供了 1200 万份工作，使 800 多万农民受益。2021 年，中国农村游客人数达到 8.6654 亿，增长率为 55.5%。到 2025 年，休闲农业和乡村旅游业的业务收入将超过 1.2 万亿元。

第二，互联网提供了一个新的通信平台和乡村旅游的手段。乡村文化可以通过互联网吸引人们的关注。农村文化与农民日常生活的内容、农村景观、当地农村学科等交织在一起，在网上直播或以视频短片的形式播放，这一形式极大地引起了公众关注。

第三，乡村旅游不仅是单独的旅游观光，而且要与区域内其他旅游资源和旅游景点的开发结合起来，根据当地文化乡村特色来开发休闲

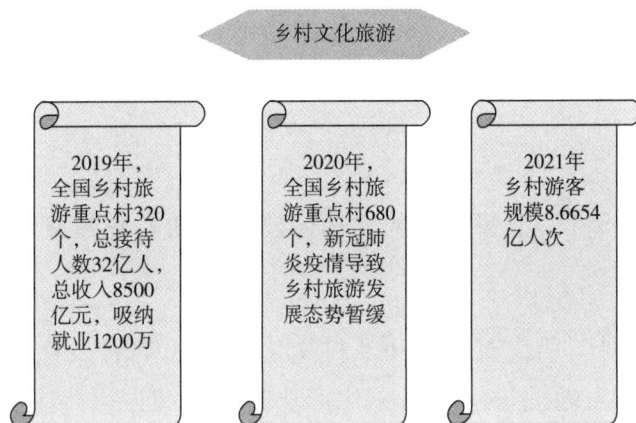

图 5-5　乡村文化旅游情况

（数据来源：农业农村部）

娱乐，在吸引现有旅游景点的帮助下，通过合理运用旅游点形成一种分享资源、互补优势和共同发展的模式。以河北省为例，在河北的乡村文旅类型中，既有以野三坡百里峡景区、太行山、承德国家森林公园为代表的自然景观，也有以国家级非遗深泽坠子戏、乐亭皮影戏、霸州笙管乐、冀中笙管为代表的人文艺术表演，还有以西柏坡中共中央旧址、李大钊故居、白洋淀红色纪念馆、前南峪抗大陈列馆为代表的红色文化资源。此类优秀的乡村文旅资源，通过借助互联网平台，积极挖掘地方特色文化资源，力争打造含有地方乡村文化特色"一村一品"的品牌效应。打造带有乡村特色文化的品牌，加大宣传和推广力度，有助于提升乡村文化"软实力"，构建合理的乡村文化传播体系，重建乡土文化自信。

第四，互联网扩大了乡村文化的受众群体。在大学的文化课程中，可以通过互联网了解

乡村的红色文化资源，例如，安徽省太湖县的刘邓大军高干遗址就被部分院校作为红色文化资源。在互联网的支持下，通过微博、QQ、微信和抖音等各种媒体资源，获取乡村文旅信息，引导大学生感受乡村文化的魅力，成为乡村文化遗产的保护路径。

乡村旅游促进乡村全面振兴路径如图 5-6 所示。

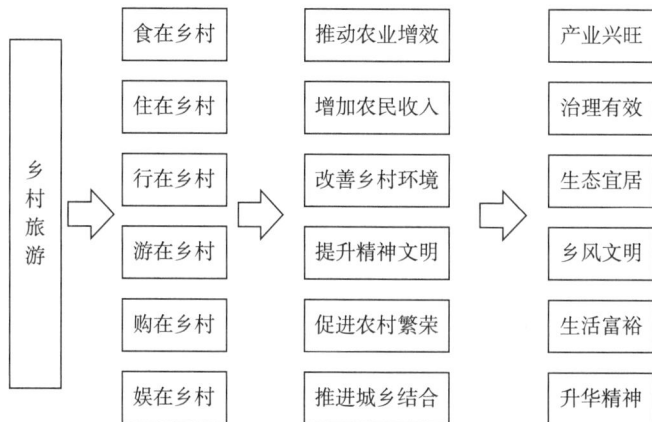

图 5-6　乡村旅游促进乡村全面振兴路径

5.3　电子商务促进乡村文化产业振兴发展现状

5.3.1　电子商务科学有序发展，助力乡村文化振兴腾飞

21 世纪以来，电子商务技术快速发展，涌现出一大批的互联网企业。同时，在国家"互联网＋现代农业"和乡村文化振兴战略的大背景下，乡村电子商务得以快速发展。电子商务极大地促进了乡村文化产业的发展和振兴，主要表现在以下两个方面。

第一，科学和技术的发展为电子商务提供了一种新的方式，有助于振兴乡村文化。随着科学、技术的不断发展和经济水平的提高，人们利用科学了解和应用技术的能力得到提高，从而为人类发展带来了丰富的物质财富。与此同时，电子商务的成熟，特别是与媒体技术的联合开发，为有效保存、复制和传播文化提供了一个广泛的平台。电子商务通过利用商品交换过程中最常见的视频短片和电商直播，提供了一种新的文化交流形式，其特点是打破空间时间限制，让更多人能够参与和互动。

第二，国家政策为电子商务提供正确的指导，以帮助振兴乡村文化。中共十九大报告指出，实施乡村振兴战略是全面建设强大的现代社会主义国家的基础。2017 年，中央一号文件强调电子商务在振兴乡村文化和促进乡村经济发展方面起着重要作用，作为新兴产业，电子商务服务行业为促进乡村经济发展提供了必要支持。在乡村振兴战略中，乡村文化是乡村全面发展的精神源泉和动力。在电子商务平台的帮助下，通过弘扬新时代下的农村文化，可以有效地提高乡村居民的客观意识，解放思想，提高整体质量，从而带动乡村的整体活力。

电商促进乡村文化振兴相关政策如图 5-7 所示。

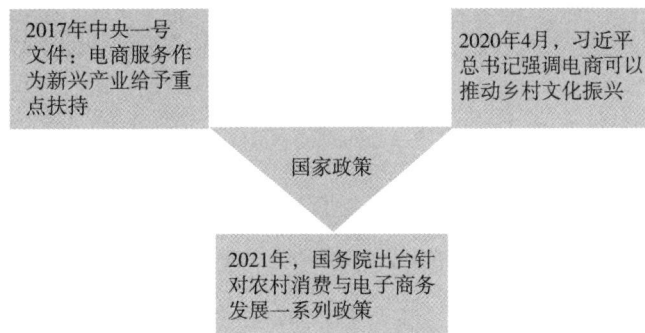

图 5-7　电商促进乡村文化振兴相关政策

5.3.2　电商乡村文旅深度融合，创新乡村文化传播路径

电商通过创新乡村文化的传播路径，助力乡村文化振兴。乡村文化发展不仅是简单的与电商协同发展，更需要在发展过程中深入挖掘其具有当地特色的文化基因。

第一，乡村是中国文化的聚集地。乡村文化依赖于无形文化和有形文化。如古建筑遗址、服装服饰、农具、食品为有形文化资源，大众文化、历史人物、电影和电视等为无形文化资源。电子商务从商品交换开始，通过探讨商品内在的文化含义，推动当地人口、资源、财富、产品和信息的流动，并促进乡村文化的繁荣。全国各地已经涌现出一批具有本地特色文化的商品。如陕西汉服、婺源民宿、武夷山乌龙茶、花亭湖银鱼、徽派文房四宝等。利用电商所具有的商业特性与传播特性，各种产品在上架互联网电商平台后，通过在电商主页以文字、链接、短视频、直播和评论等方式，展示乡村文化产品的内涵，将商品属性和文化属性相互融合。与此同时，利用视频短片进行宣传，并邀请当地非物质文化遗产的继承人开展现场和网络直播，深入解读产品背后的历史和文化故事。商品销售不仅增加了消费端流量，还可以让消费者充分了解商品背后的历史记忆和文化意义，以商品流通来促进乡村文化的传播。多元乡村文化特色如图 5-8 所示。

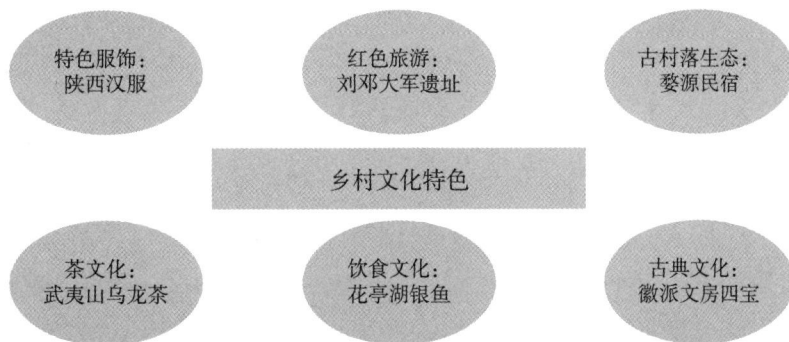

图 5-8　多元乡村文化特色

第二，在电商直播等形式的帮助下，利用电子商务平台的商业和通信特点，深入整合乡村文化和旅游部门，通过挖掘当地农村文化中的典型人物、文化故事、历史遗址和其他农村文化，以丰富电子商务的表现形式，使带有区域特色内涵的文化在乡村电子商务平台上进行宣传和展示。以山西省长治市振兴村为例，该村利用在光辉寺和槐荫寺寺庙的历史传说和红色文化，以初心园和红色广场为立足点，将经济发展、文化出版以及电子商务结合起来，通过这种模式吸引了各地消费者和旅游爱好者前来游玩，促进了长治市振兴村红色文化的传播和发展，是基于商业吸引进而传播文化的典型。

5.3.3 电子商务助力公共文化，加深乡村文化深入发展

电商升级公共文化设施，助力乡村文化振兴。2020 年和 2021 年中央一号文件强调，加快创新发展，推动乡村电商数字化和公共文化一体化建设，提高乡村公共文化服务水平，丰富公共文化设施职能，有效缓解了乡村公共文化设施无人问津的窘迫局面。

第一，乡村公共文化设施为电子商务提供了物质基础，并丰富了电商的功能，有效提高乡村居民的文化程度；同时，电商亦促进了基层公共文化服务系统的创新发展，并加快了智慧文化乡村建设。充分发挥电子商务信息传播技术，构建城乡高速文化和信息网络。一方面，充分利用商业资源、后勤条件和电子商务网络的优势，将城市图书馆和博物馆等文化资源与电子商务相结合，搭建一个城市和农村参与电子图书、培训和教育的平台，并为建立一个城市和农村文化资源分享数据库提供一种方式。另一方面，电子商务使人们能够充分利用人才优势，培养认识、热爱和帮助乡村社会的专业人员。另外，利用电子商务的优势，将视频短片和实况转播作为平台，通过免费知识教育、公共福利讲座和高质量课程，提高乡村公共文化设施的精神意义，同时为电商数字化和促进农村公共文化设施的建设提供便利。通过将商业进程和文化服务相结合，建立公共文化设施与各种电子商务和商业以及文化服务的结合体。具体如图 5-9 所示。

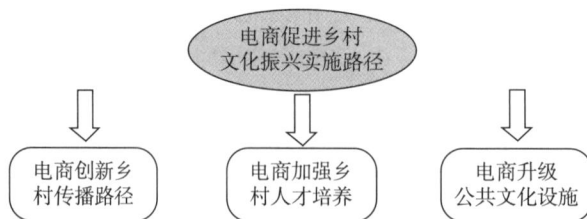

图 5-9　电商促进乡村文化振兴的路径

第二，电子商务得到了完善的科学管理，鼓励乡村社会网络站点管理人员通过电子商务的便利来实现业务支出的自由。例如，除了定期借书还书、下载图书等基础服务，电子商务平台还提供信息交换、农业咨询和农产品采购等服务，将乡村公共文化设施打造成为乡村居民商品交易、文化交流、政策咨询和技能培训的中心。充分利用乡村公共文化设施，组织各级党政人员进行文化和娱乐活动，宣传和解读党的文化政策、社会主义核心价值观、电子商务法和其他法律条文，加强思想政治教育。

5.4 电子商务促进乡村文化产业振兴发展面临的问题

随着农村电子商务的快速发展，电子商务在乡村文化产业振兴发展中起到了举足轻重的作用，但也难免出现一些问题。

5.4.1 电子商务发展区域不平衡，乡村文化难以提振

尽管乡村电商发展势头迅猛，但各地区发展极不平衡，尤其在电子商务促进乡村文化振兴方面，中西部存在大量的经济不发达地区，这些地区的乡村居民由于受思想意识、地域限制、基础设施条件等多方面的限制，难以有效地参与到乡村电商当中来，例如西藏、新疆等地区，受乡村电商影响较弱，难以发挥当地乡村特色文化优势，更无法将电子商务和乡村文化振兴紧密结合，导致中西部地区农民在参与农村电商过程中取得的收入远远低于东部地区。而江浙等富裕地区的乡村，其电子商务能较为有效地和乡村文化结合。

发展乡村电子商务行业的最终目标必须是促进乡村地区的自我发展和经济文化的同步发展，从文化入手，间接地促进乡村振兴，提高乡村居民的生活水平和精神风貌，进而促进乡村居民的富裕。

5.4.2 电子商务投资宣传不到位，乡村文化难以推进

近几年电子商务与乡村发展振兴愈加密切结合，越来越多的互联网用户通过电子商务的渠道对乡村的乡景、乡土、乡风等各种乡村文化有所了解。与此同时，越来越多的乡村也开始重视利用电子商务渠道更好地宣传乡村文化和产业，并通过持续举办各类文娱活动进行乡村文化建设与传播。因此在电子商务渠道下，近几年乡村文化得到了蓬勃发展。但电子商务促进乡村文化发展在质量上仍旧存在不够科学、规模不够、发展方向单一等问题。如何能够因地制宜，吸纳专业人才共同制定更加科学合理的电子商务促进乡村文化振兴方案，并大力在全国范围内对模范乡村发展典型案例进行多渠道宣传，加大对电子商务平台投资宣传的力度，以此来推动全国乡村文化振兴，这也是需要深入考虑的问题。

5.4.3 电子商务文旅方面不成熟，乡村文化亟待振兴

目前，中国乡村电子商务的发展并不理想，仍处于初步阶段。最重要的是老一辈人仍以线下消费为主体。互联网的大多数使用者是青少年和缺乏购买力的成年人，导致乡村文化旅游发展中缺乏有效的客户，无法直接推动乡村旅游业的发展。

打造乡村文旅品牌，宣传和推广农副产品，丰富"旅游＋农业"业态，为向乡村文旅产品转化提供契机，有助于涉农产业链的提质增效，发展潜力十分巨大。但就目前而言，电子商务新媒体渠道中，乡村文旅直播的普及程度不高、短视频的内容创作不佳，在推广县域小众景区和特色民风民俗上并未取得很好的效果，大多数主播还是以带货为主，缺乏与游客进

行有效的文化交流和互动。如何让乡村的乡景、乡风、乡情通过短视频的方式生动呈现和传播，成为乡村文化振兴中亟待解决的问题。

5.5 电子商务促进乡村文化产业振兴的发展趋势与展望

目前，电子商务在各省（市）乡村文化振兴中已取得初步成效，针对后续电子商务在乡村文化振兴领域能够更好地发展，本节通过分析电子商务促进乡村文化发展的趋势，提出以下几点展望，具体如图5-10所示。

图5-10　电子商务促进乡村文化产业振兴发展的趋势

5.5.1 电子商务对居民精神面貌将更具激发力

第一，乡村文化振兴意味着乡村居民精神面貌、生活环境得到显著改善。要振兴乡村文化产业，就必须弘扬具有中国特色的社会主义文化，此举不但有利于构建社会主义和谐社会，还有助于指引乡村居民在新时代形成健康文明且科学的生活方式。尤其是随着经济的逐渐发展，乡村居民的闲暇时间日益增多，应该在诸如文化娱乐、教育培训、消费休闲等方面，发挥电子商务平台的作用。应通过不断弘扬符合时代精神的文化，进而不断提高乡村居民的文化素养，让农民选择更加积极健康的生活方式，从而参与到乡村文化的传播中来，并在优秀的乡村文化环境中，逐步受到熏陶。

第二，电子商务在振兴乡村文化，改善乡村居民精神面貌方面发挥着其独特的优势。越来越多的乡村居民通过电子商务展现具有本地乡村文化特色的风土人情，通过分享乡村生活，让更多的网民足不出户也能够领略到乡村自然美景和淳朴的乡风乡情。电子商务以其便捷的优势，激发更多乡村居民参与其中，介绍家乡特色文化，展现新时期乡村居民饱满的精神面貌。

5.5.2 电子商务对乡村文化思维将更具创新力

通过创新和刺激经济力量也是乡村电子商务重点发展的一个方面，以促进传统工业文化发展来促进乡村文化振兴。乡村文化振兴意味着工业繁荣和传统农村工业文化的创造性提升。乡村文化振兴取决于农村独特的土著文化特点和独特的文化创造力，与农村文化产业的活力和当地品牌形象的建立密不可分。

第一，充分利用创新思维，探索新的方法，通过乡村文化产业与电子商务平台相结合，开辟乡村发展和振兴的新道路，并实现乡村文化的可持续发展。文化创新是振兴乡村文化的关键。一方面，通过培养多种文化产业发展，扩展电子商务、"网红经济"、"直播经济"等多渠道的方案，进行多元化培养，以建立回归机制和风险机制，并提供合理的收入。另一方面，设计宣传和展示指导机制，不断引入人才和资本，建立乡村文化资源一体化机制，通过创造品牌技术一体化，建立生产、生活、环境和文化之间的良性互动，实现农业、乡村地区和乡村居民的综合与协调发展，恢复和刺激乡村地区因地制宜的创新能力。

第二，通过职业教育和高等教育培养出更多的具有创新思维的电子商务人才投身于乡村文化振兴发展中。目前，全国很多高等院校开设了电子商务专业，这是未来乡村文化发展的坚实人才底蕴。乡村文化振兴必须满足乡村的实际文化需求，在与城市平等的基础上，增加对乡村教育和公共文化服务的投资。同时各地乡村为扩大电子商务规模和壮大当地文化产业，要制定一系列合理的激励措施，以吸引更多服务于乡村发展的创新型电商产业和人才。

第三，鼓励合格的电子商务机构建立服务于乡村振兴的研发中心，与大学或研究机构合作，以提高相关的设计、研究和开发能力，并逐步推动从低质量产品转向高质量的专利产品和品牌。例如，通过吸引大批设计者参加带有乡村文化特色的旅游宣传短视频制作比赛，企业可以同时购买获奖作品和知识产权，有助于建立区域文化品牌和提高区域产品的竞争力。例如华南农业大学实验室推出的特色农产品一经上市就大受追捧。

5.5.3　电子商务对乡村文化模式将更具发展力

在当前建设美好乡村转型和升级的关键时期，各级政府需要更多地关注电商与乡村文化振兴的综合发展，为电子商务助力乡村文化振兴发展提供高质量的服务和有效的管理，创新乡村文化和电子商务新模式。

第一，建立对应的服务乡村振兴的电子商务公共机构。在地市级，可以建立电子商务中心，进行本市电子商务事务的统筹和规划。在县一级建立电子商务分中心，既可以为地市级电子商务中心在统筹和规划中提供合理建议，又能够对下一级有效地传达和解读相关政策。在镇一级建立相应指标，及时跟进并反馈相关问题。在村一级，可以通过村民委员会确定具体事务。多层次的合作，可以为电子商务促进乡村文化振兴的全面发展提供无限的可能性。另外，可以开设村级电子商务培训班，充分发挥当地乡村居民对本地乡村文化熟悉的优势，结合村民所学的电子商务相关知识，利用电子商务平台更有效地宣传乡村文化旅游景点和特色产品。

第二，加快建设信息基础设施，促进 5G 网络的快速落地，搭建高质量电子商务平台，为乡村文化振兴发展夯实硬件基础。改善农村电子商务环境，严格市场规则，注重乡村文化的保护与发展。在保护乡村文化基础上，维持行业健康竞争的秩序，建立质量控制、生产和销售检查制度，严查各种违反法律和条例的行为，尤其是以破坏、扭曲乡村文化来谋取利益的不良行为。对通过电子商务渠道发展市场且产品具有当地乡村文化特色的产业要进行宣传和激励。

第三，乡村电子商务带来的文化流促进了乡村文明建设。乡村电商的发展，不仅带来了大量的人流、物流、信息流、资金流，也一并带来了值得高度关注的文化流，如新的思想观念、管理理念、生活态度、合作精神等，原来一味守旧、一盘散沙的乡村居民，在电商到来之后也慢慢跟上网络的节奏，在生产生活方面有了新的改变，并且更加注重保护和传承乡村文化。虽然他们从表面上看还在农村，但已是新时代的新农民。

第四，以市场为导向的方式，将电子商务同乡村文化紧密结合的行业纳入城市和村庄的经济发展规划，维护所产生的利益，并与电子商务行业作为核心组成利益群体，才能促进电子商务的长远发展，才能有效振兴乡村文化。加强联合建设和多实体参与，尤其助力宣传乡村文化的电商企业，以实现双赢局面。如乡村集体经济参与旧改的重建，旧改后的土地可用于建设乡村文化传播基地和电子商务工业园区。

第五，促进生产和环境的一体化，以实现多种价值。从未来空间发展的角度来看，要将村庄作为电子商务工业园区核心，为科学开发农村资源引入社会资本提供支持，将娱乐性农业和工业旅游业结合起来，促进建立乡村一级的示范农业旅游景点，并通过互联网提供更多的服务。推广美好乡村旅游，推出一批具有当地特色的农副产品，如攸县香干、黄山毛峰、太湖银鱼等，深度挖掘产品背后包含的文化意义，以此为标签，通过互联网购物平台进行推广和销售。

第6章　电子商务促进乡村生态振兴发展情况

6.1　乡村生态振兴的内涵及意义

6.1.1　乡村生态振兴的内涵

乡村生态振兴是在实现自然乡村全域生态化、生态产业化和发展绿色化的过程中逐步实现美丽乡村建设。它的本质是为了化解城乡之间不平衡的发展矛盾，从而达到城乡协调发展的目的。要在实际解决城乡矛盾中贯彻落实"绿水青山就是金山银山"的理念，做到节约资源、保护环境、恢复自然生态，进而实现人与自然和谐相处。具体如图6-1所示。

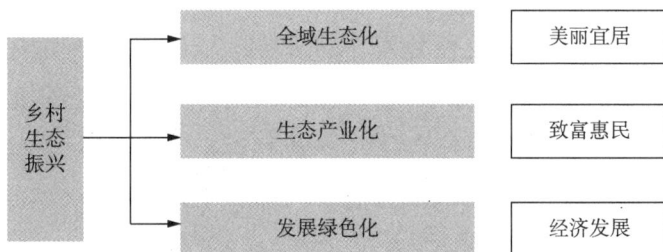

图 6-1　乡村生态振兴

（一）乡村生态振兴之全域生态化

乡村生态振兴是实现乡村全面振兴的基础，是建设美丽乡村的重要支撑，是推进生态文明建设的切实举措。没有生态振兴，没有宜居的生态环境，乡村振兴将会成为空谈，通过改善生态环境，实现乡村全域生态化，乡村振兴才能充满生机。全域生态化是乡村振兴的战略目标，即乡村产业全域覆盖、全方位联动、全区域布局和全社会共享，将局部思想扩大，坚持全面理念进行产业布局和区域推广，带动区域的全面协调发展，通过对区域资源的优化配置形成全域一体化发展的格局。

（二）乡村生态振兴之生态产业化

乡村生态振兴的首要任务就是发展生态，摒弃生态环境无经济价值论，将生态环境产业化、规模化是乡村生态振兴的重要内涵。生态产业化可以促进绿色原料的生成，帮助乡村实现生态产业化转型与融合性发展，实现生态效益的提高，带动经济效益的发展。它可以为实现全面振兴提供动力，持续开展乡村生态振兴，是把握时代脉搏的客观要求，也是推动乡村走可持续发展的生态文明建设之路的突破口和着力点。乡村生态产业化使农村在发展的同时环境变得更为优美动人、适宜居住，环境质量的提高增强了对人的吸引能力，让那些离开农村到外界发展的人重新回乡，吸引更多的城市人"走进"乡村，为建设乡村添砖加瓦，推进乡村生态振兴，为实现乡村生态产业化打下坚实的基础。

（三）乡村生态振兴之发展绿色化

实现自然乡村发展绿色化是乡村生态振兴的不竭动力。绿色发展是对乡村振兴的基本要求，是发展理念的变迁和改革，即秉承可持续发展的基本理念，为乡村振兴目标的实现提供支撑。乡村振兴绿色化发展要通过供给侧改革实现，以提高产业发展的效益和质量，通过制定标准和严格落实提高广大农民的参与热情，使其积极主动地参与到绿色行动中去，以全新的消费理念和生活态度促进区域协调发展，建立绿色生活习惯，构建信息平台，推动生态保护，践行绿色理念。

6.1.2　乡村生态振兴的现实意义

（一）乡村全域生态化实现美丽宜居

生态宜居是确保乡村生态振兴目标实现的基础，也是乡村振兴的内在要求，是新时代乡村振兴的直接表现[①]。实现美丽宜居，首先需要保持经济价值与生态价值之间的平衡，不能盲目地追求经济水平的提高，要以全域生态优化为目标，将生态发展与经济发展相协调，促进人与自然和谐发展，为区域乡村振兴助力。农业振兴是乡村振兴的基础，也是乡村发展的关键动力，乡村可持续发展战略的实施必须以习近平总书记的生态理念为引导，将乡村生态优势发挥到最佳水平，以环境优美生态宜居作为乡村振兴的目标，通过精细化管理促进生态环境整治，将先进理念在全域推广，真正实现乡村美丽宜居。

（二）乡村生态产业化实现致富惠民

实现乡村生态振兴，要全面协调生态与经济发展之间的关系，在突出田园之美的基础上提高农民收入。要将习近平新时代中国特色社会主义思想作为引导，新时代背景下我们在生态文明建设方面已经获得了极大的进步，但是我们的目标远不止如此，我们的任务依然任重道远，生态环境建设仍然是实现全面小康社会的目标中比较薄弱的环节。当前，解决社会主要矛盾要以物质丰富为基础，通过产业协调满足人们多元化的精神需求，为广大人民群众提供更加优质的产品，满足人民群众对优质生态文明的需求。生态建设为乡村振兴提供了基础，要将生态农业建设作为发展目标，通过乡村旅游发展地区经济，将生态作为区域经济改革的关键举措，切实践行绿水青山就是金山银山的理念，以湖光山色和田园风光吸引投资，促进地区经济发展。乡村振兴要以生态产业化发展为基础，通过生态发展区域经济，实现生态保护和经济发展的内在协调。

（三）乡村发展绿色化推动经济发展

自然孕育了人类，人类在进行生产实践活动中必须坚持尊重自然、保护自然和顺应自然

---

①　http://sp.ycwb.com/2019-06/12/content_30277246.htm.

的基本原则。要将绿色发展和可持续发展作为基本原则，走健康发展道路，为乡村生态美的持续奠定基础，以山清水秀作为基本要求，描绘出一幅美丽的乡间画卷。推行绿色发展理念是乡村振兴落实的关键，通过战略目标的实现和引导帮助人们形成科学的生活认知和绿色发展理念，必须始终坚定不移地走科学发展的道路，大力发展环保产业，不能以牺牲环境为发展经济的代价。乡村发展的最大优势在于其生态未被完全开发，实现美丽乡村离不开其生态价值。实现乡村生态振兴目标就是在进行乡村经济建设时，坚持人与自然和谐相处的理念，时刻保持对环境的敏感性，增强人们保护环境的意识。当发现在经济建设过程中破坏农村生态环境、影响可持续发展的现象时，需要严厉打击，避免这种现象再次发生，最终实现农村经济绿色、高质量、高效益、可持续发展。

6.2　乡村生态振兴的发展现状

6.2.1　乡村生态振兴的历程

改革开放之后，我国在乡村生态文明建设领域进行了深入探索，并取得了一定的成果。随着经济的改善，乡村环境保护的政策也有所调整，为生态文明建设奠定了制度基础。根据乡村环境保护政策的差异性和侧重点不同，可以对我国改革开放以来乡村生态文明发展的历程进行简单分类，即初步探索期（1979—1991 年）、持续发展期（1992—2004年）、深度调整期（2005—2011 年）和全面推进期（2012 年至今）四个阶段，如图 6-2所示。

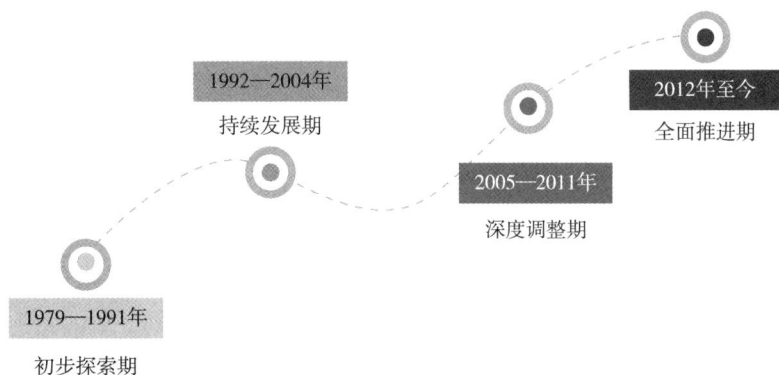

图 6-2　我国乡村生态文明建设的历程

（一）初步探索（1979—1991 年）

1979 年，党的十一届四中全会顺利召开，会议通过《中共中央关于加快农业发展若干问题的决定》（以下简称《决定》），指出要将环境保护作为国家战略，并贯彻落实，认真研究治理农药、化肥、水面等环境污染的有效措施。《决定》的颁布实施标志着我国对农业发展和环境保护给予高度重视，也是党和国家在特殊历史时期进行的关键战略调整。

与此同时，1979年《中华人民共和国环境保护法（试行）》颁布实施，正式掀起了环境保护的序幕[①]，农村环境保护也开始走向有法可依的阶段。在此基础上，相关地区纷纷出台了农村环境保护的条例。1984年，党中央颁布实施了《关于环境保护工作的决定》，明确指出了要将自然环境保护和防治污染作为重要国策，要加强对农村地区环境污染的治理工作。相关政策的颁布实施为农村生态文明建设奠定了基础，为农村地区的环境改善创造了制度基础。但是综合分析可知，与农村环境保护相关的政策内容存在滞后性且散点分布。

（二）持续发展（1992—2004年）

1992—2004年，我国的社会主义市场经济体制逐步建立，农村生态建设也开始进入持续发展阶段。在此期间，我国的经济处于高速发展阶段。虽然地区经济水平明显提高，但是农村生态环境保护领域却存在一系列的问题。为促进经济发展与环境发展的协调性，党中央于1992年颁布实施了《中国环境与发展十大对策》，提出了农村地区生态农业建设的建议，强调了生态环境保护的重要性。随后，1994年颁布的《中国21世纪议程》将可持续发展作为农村农业发展的关键目标，1999年由环保局牵头发布的《关于加强农村生态环境保护工作的若干意见》中也明确了环境保护的重要地位，对农村地区环境保护工作提出了重要要求。《国家环境保护"十五"计划》中则从战略的角度提出了环境保护的重要性，将环境保护和农村生态治理提升到了国家战略高度。农村生态建设持续发展阶段明确提出了可持续发展理念，将生态建设和经济发展相协调，并出台了一系列政策，为农村生态建设的质量提升提供了制度规范。

（三）深度调整（2005—2011年）

2005—2011年，农村经济高速发展，生态文明建设政策不断调整，农村生态文明建设进入深度调整阶段，在此过程中农村生态建设领域政策调整频率加大，改革深度加大。2005年颁布实施的《中共中央国务院关于推进社会主义新农村建设的若干意见》中对新农村建设提出了一系列行之有效的建议，而《国家农村小康环保行动计划》中则进一步强调了保护和生态发展的重要性，为农村城市环境保护提供了保障。国务院于2008年召开了专项会议，对农村环境保护工作进行了专项部署，要求统筹城乡发展，将环境保护工作提高到战略地位，加大对农村地区的资金投入力度，为农村环保政策的有效落实创造条件，通过长效机制的建设为农村生态文明建设指明方向。该阶段，政府机构从统筹城乡发展的角度提高了对农村地区环保工作的重视程度，加强战略调整，为农村生态文明质量提升奠定了基础。相关政策法规的出台也为农村环保工作的顺利开展创造了条件，专项资金的划拨为具体工作的开展奠定了资金基础。

（四）全面推进（2012年至今）

2012年，党的十八大顺利召开，会议明确了加强生态文明建设的纲要，将农村生态文明建设作为总体布局，为相关政策的落实奠定了基础。《中共中央国务院关于加快发展现代农业进一步增强农村发展活力的若干意见》提出，要将农业发展作为与城市发展相协调的重

要组成，大力发展生态文明，建设美丽乡村。2017 年，党的十九大顺利召开，提出了乡村振兴战略，提出要将乡村生态文明建设作为乡村发展的新目标。2018 年，党中央颁布实施了《乡村振兴战略规划（2018—2022 年）》，正式将农村生态文明建设作为国家战略并将其作为城乡协调发展的关键。习近平总书记多次针对乡村振兴战略发表重要讲话，指出要将农村生态文明建设摆在战略高度，要加强土壤污染治理，防范水土流失，做好农村建设工作。习总书记的讲话为环境保护指明了方向，也明确了具体工作要点，为生态文明建设的顺利开展奠定了基础。该阶段党中央针对乡村建设提出了具体要求，并将乡村振兴战略提升到国家战略高度，将农村生态文明建设作为乡村发展的核心，为农村环境治理工作的有效开展提供了方向，农村生态文明建设也达到新的高度。如今正处于乡村生态文明建设的关键时期，鉴于本章内容为乡村生态振兴，所以列举乡村振兴被提出之后的相关政策，详见表 6-1 所列。

表 6-1　乡村生态振兴政策

序号	政策	时间	政策要点
1	为期三年的农村居住环境整改活动	2018/02	截至 2020 年年底，实现农村地区居住环境改善，乡村宜居程度提高，村容村貌整洁，环境优越，卫生整洁，健康意识提升
2	农村村庄环境清洁方案	2018/12	村庄干净整洁，摆放有序，无污水乱排、杂物乱放、垃圾乱丢现象，粪便无暴露，乡村环境显著改善
3	优先发展"三农"若干问题分析	2019/01	做好农村环境建设，改造农村生态，提高农村宜居条件，实施为期三年的人居环境整改。做好环境污染治理，切实改善农村环境，加强生态保护，增强环保意识
4	明确畜禽粪污还田的通知，要求强化污染物监管，防范环境污染	2020/06	鼓励粪肥还田，加强有机肥利用，促进资源优化配置，明确实施方案落实标准，加强相关技术和装备支撑
5	全面乡村振兴促进农村现代化建设的相关意见	2021/02	实施农村供水保障工程，强化秸秆综合利用，加强农药包装回收利用，合理处置禽畜粪便，推进可降解农膜发展，实行旱厕改革，治理水系污染
6	乡村振兴促进法	2021/05	节约用水用肥，节能减排，推广先进种植技术，促进国土资源修复，处置水系污染，强化垃圾分类，推行旱厕改革，加强污染治理，推进废旧农膜和农药等回收处理，推进农作物秸秆、畜禽粪污的资源化利用
7	农村地区环境整改计划	2021/12	明确五年发展规划，以生态宜居、美丽乡村作为建设目标，农村污水处置，旱厕改革，生活垃圾处理，提高宜居水平，改善环境质量
8	农村生态环境保护规划方针	2021/12	五年规划完成后，土壤保护初见成效，地下水文质量提升，耕地污染得到控制，污染物降低，环境基础设施改善，农村综合环保水平提升

6.2.2　乡村生态振兴促进人与自然和谐共生

（一）人与自然是生命共同体

习近平总书记强调，人与自然是生命共同体，必须促进人与自然的和谐相处，人类必须尊重和保护自然，敬畏自然并顺应自然，将自然保护作为人类生存的基础，生态文明建设要与自然发展相和谐，这也是马克思主义人与自然关系的体现。我国是一个传统的农业大国，从传统农耕社会开始，我们的祖先就在尊重自然规律的基础上不断探索，进行劳作和生活，并且形成了一定的生产生活秩序。我国的传统文化始终与俭朴的生态观和天人合一的生态价值相结合。随着时代的发展，乡村的朴素的生态观开始受到改革开放以来市场化观念的影响。乡村居民在巨大的经济利益面前毫不犹豫地放弃守护生态环境。为了提高农业种植作物的产量，村民在种植过程中大量地使用农药化肥，使得农业种植的产量得到了巨大的提高，但是农业化肥带来的巨大收益也导致农民的生态环境和健康意识逐渐淡化。

乡村生态环境关系如图 6-3 所示。

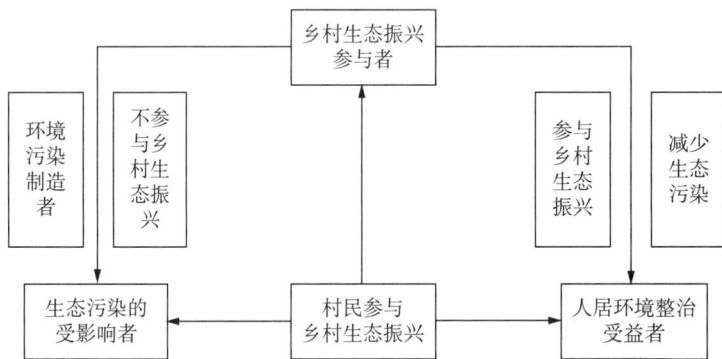

图 6-3 乡村生态环境关系

（二）自然生态与经济发展、社会民生有机融合

习近平总书记提出了"山水林田湖草生命共同体"理念，该理念是总书记继承中国古代生态理念和马克思人与自然关系基础的创新，也是中国智慧在新时代背景下的真实写照。习近平总书记引用古人的"鱼逐水草而居，鸟择良木而栖"和"天育物有时，地生财有限"等生态理念，提出了生态环境建设关系人民福祉的论述，更提出了"绿水青山就是金山银山"的著名观点，将生态保护提升到战略高度，与经济发展和民生建设相融合，为新时代背景下人与自然的和谐共生奠定了基础，也为处置人与自然关系提供了理论指引。

产业振兴是乡村生态振兴的基本落脚点，也是乡村振兴战略落实的必要途径，通过产业振兴为农村经济发展提供全新途径，更好地发挥出区域优势，因地制宜地走出一条地方特色突出的乡村产业振兴道路。现阶段，国内有众多乡村产业振兴的成功案例，为我国深入践行乡村振兴战略提供了参考。河北塞罕坝为乡村产业振兴提供了典型，通过地区产业振兴使地区面貌焕然一新，促进了区域生态和谐，并为地方经济发展做出了突出贡献。浙江安吉在生态发展过程中实现了环境保护与经济发展的协调，为农村乡村振兴提供了新的路线，也为生态文明建设指明了方向。在农村生态保护过程中，要充分发挥技术优势，通过科研创新推动区域协调发展，实现农村资源优化配置，将经济发展和生态建设相融合，更好地促进地区生态建设，促进区域经济发展和生态进步。

6.2.3　乡村生态振兴改善人居环境

（一）有序推进农村厕所革命

乡村生态振兴要以农村生存环境改善为基本落脚点，采取积极有效措施改善农村居住环境。党的十九大报告明确提出必须改善农村生活环境，把乡村宜居作为乡村振兴的基本工作。为实现乡村振兴目标，大力改善农村生存环境，党中央先后颁布实施了《农村人居环境整治三年行动方案》《农村人居环境整治村庄清洁行动方案》《关于推进农村"厕所革命"专项行动的指导意见》等。厕所革命是一项改厕工程。过去已经改造了许多旱厕和公共厕所，而如今，我国也将对全国农村的改厕问题进行摸排调查，并且也发布了整改方案，提高治理能力和改厕治理。按照国家的部署，要将中西部地区农村旱厕改革作为改善农民生存环境、改善乡村宜居条件的基础，通过新技术应用对农村厕所改造，同时加强资源利用对粪便进行无害化处理，强化改厕全过程质量管控，以此来解决农村改厕过程中的各类问题。

国家乡村振兴局统计结果显示，我国农村居民 2018 年旱厕改革超过 4000 万户，截止到 2020 年年底，接近 70％的农村用户完成了旱厕改革，乡村宜居环境明显改善，农村面貌焕然一新，长期以来农村地区存在的脏乱差情况明显好转，乡村环境有所好转，农民的幸福指数明显提升，生活质量有所改善，为全面建成小康社会提供了有力支撑。接下来，要进一步遵循党中央的战略部署，加强针对农村居住环境的调整，更好地提升居住质量，改善农村的宜居环境。

（二）推进农村生活污水垃圾治理

农村的基础设施条件和城市相比，差距巨大，尤其是在垃圾处理上。城市有先进的生活垃圾回收与处理设施，而由于农村人居环境设施的建设滞后，在垃圾的分类、生活污水处理等环境治理方面则面临许多问题。在农村生活垃圾的回收与处理方面，由于农村人口较少，产生的垃圾多是厨余垃圾，即使产生可回收利用的垃圾，由于规模非常小也难以像城市一样拥有大型公司进行废品的回收利用，这些垃圾大多被集中焚烧或直接填埋，不利于农村居民生活环境的改善。除此之外，农村居民的污水排放方面也存在着很大的问题。农村住宅错落，较为分散，没有污水处理公司对废水进行处理，所以直接渗入地下或露天排放，这就严重地污染了土壤，地下水的质量也得不到保障，农村居民健康也会受到影响。在农村人畜粪便的处理和利用方面，农村散养畜牧业，很多畜牧的粪便堆积，没有经过处理，环境受到严重污染。

乡村生态振兴战略目标的实现离不开相关政策的有效落实，在乡村生态振兴战略引导下，农村生存环境明显改善，污水治理、乡村乡貌改革、垃圾处理等有针对性政策的落实，使农村生态环境明显好转，农村居住环境和生态属性明显提升。根据 wind 数据库和民生证券研究院数据，乡村垃圾无害化处理率从 2015 年不及 20％到 2020 年已经达到 40％以上，相同时间内乡村污水处理率也是翻倍增长。

（三）推进农村工农产业绿色转型

乡村地区存在工业体系不发达和不完善的特征，产品门类单一，技术能力滞后，多以劳动密集型产业为主，主要从事产品代加工或直接生产，如纺织、化工和金属冶炼等，众多企业需要大量劳动力资源，产品附加值低，需要大量的资本投入且行业污染严重，会对环境产生影响，需要消耗大量资源。很多乡村企业存在管理漏洞，缺乏环保理念，工业废弃物、污水废气随意排放，对当地土地资源造成了不可逆的影响，同时对当地环境造成了污染。企业在生产环节未引进现代化节能设备，导致大量资源被消耗，产品市场竞争力不足，一系列问题的存在对区域环境及人们生存质量产生了消极影响，并对乡村生态环境保护产生不利影响。

但是，自乡村振兴战略实施后，高污染、高能耗工农业已经陆续进行绿色转型。农村科研人才积极投身到病虫害防治技术研发中，并取得了突破性进展，开发出了高效节能缓控释生物肥料，降低了农药使用数量，减少了环境污染的概率。与此同时，在农村区域的工业配置方面加强管理，限制高污染和高排放企业的引进。新型节能设备的引进提升了环保效能，促进了工业企业的成功转型。加强对乡村工业企业的监管，禁止高污染企业生产设备的运营，逐渐形成了可持续发展格局，积极对接生态农产品加工体系，创造性地推动地区农业的可持续发展，产品附加值提升，市场知名度和竞争力提高。农业绿色发展与乡村振兴可持续战略有机融合，实现对传统单一发展模式的优化，发挥农业特色优势，打造地域特色显著的农业发展体系，构建以绿色发展、生态发展和可持续发展为目标的综合性现代化产业体系，形成了地区特色。

6.3　电子商务促进乡村生态振兴发展现状

乡村生态发展包括生态产业发展、生态文化发展和生态环境发展三个方面。其中生态产业发展以绿色低碳环保为主体，通过产业结构调整实现可持续性；生态文化建设突出绿色理念，将低碳环保作为核心，倡导绿色发展和低碳出行；生态环境发展则注重构建绿色生态体系，实现土地资源的高效利用，提高资源开发的规范性。

电商促进乡村生态振兴如图 6-4 所示。

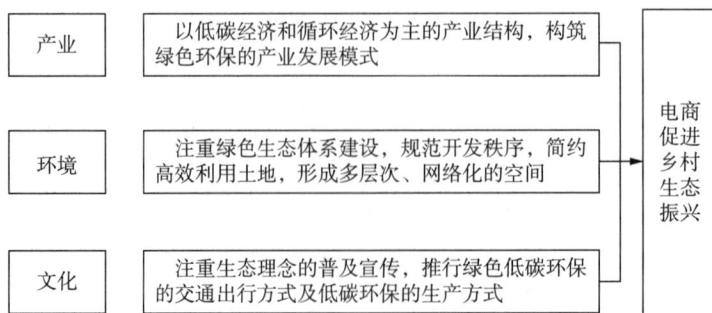

图 6-4　电商促进乡村生态振兴

6.3.1　电子商务实现了低污染的乡村产业模式

20 世纪 80 年代到 90 年代初期，农村工商业才开始发展，为上亿农民解决了"泥腿子上岸"问题，后来随着城市的发展与农村发展水平差距的不断扩大，离乡打工的农村人口数量越来越多。由于电子商务的迅速崛起，很多农民抓住了机会，选择电商平台售卖产品，工商业逐渐在农村发展，许多著名的淘宝村也在此时形成。随着经济的快速发展，人民生活水平也日益提高，对农产品的需求也从过去的追求低价到如今追求高质量。农民以及涉农企业改变传统的农业生产方式，发展绿色农业，生产的农产品质量也不断提高，很多优质有机特色农产品深受消费者的追捧与喜爱。农民的环境保护意识与资源节约意识也不断增强，变废为宝成为许多农民的生活、生产理念。长期以来，核桃分心木被人们当作废弃物处理，并未发觉其应用价值，但如今凭借着电商的发展已然成为受大众喜爱的"明星产品"。

小商品在电子商务的推动下蓬勃发展的同时反哺孕育这些商品的故乡，四川简阳就是其中之一，该地区将农产品规模化、集群化生产，极大地减少了化肥农药的使用、交通运输带来的尾气污染，实现了低污染的乡村产业模式。简阳西部电商物流产业功能区是成都唯一一家以电商物流为鲜明特色带动新电商经济发展的产业园区，电商物流服务辐射半径覆盖了全川乃至西部广大地区。该地区在电商快速发展的有力支撑下开展基地化、标准化和品牌化建设，通过充分发挥地区资源优势形成了红樱桃、草池草莓和简阳晚白桃三大主打品牌，通过标准化体系的建设为产品知名度提升奠定了基础，市场影响力不断提升。目前区域内拥有绿色食品认证品牌二十多个，注册的农商品驰名商标四十多项，有机产品标签十多个，同时还拥有"三品一标"农产品一百多个，尤其是简阳晚白桃获得国家地理标志认证，为简阳市地区品牌市场影响力提升奠定了基础。现阶段简州地区大力发展花卉产业和优质水果种植，特色养殖和粮油生产质量显著提升，逐步形成了地域品牌，市场知名度明显提升，促进了当地生态环境发展，实现了经济快速发展。2021 年上半年，构建"2＋2＋1"现代产业体系的简阳，交出了 GDP 232.57 亿元、增速 14.1％的好成绩，工业产值和固定资产投资增速分别为14.5％和 17.6％，社会消费品和一般公共财政收入水平也明显升高。

6.3.2　电子商务节约国土空间和自然资源

农民通过电商售卖产品，可以很大程度上提高土地资源的利用效率。因为在农村常常是前厂后店的经营模式，新农村规划已经完成，居民家庭建筑焕然一新，村民在进行生产的时候不需要另外使用土地，也不需要搭建专门的生产车间，土地利用效率极高。如今，村民院落建设更集中，农村耕地更规模化，尤其是现在农村基础设施不断完善，有利于生态产业规模化生产。农村电商的发展对区域优质产品的推广起到了积极作用，能够从源头发货、原地采摘，减少了包装材料费用支出，提高了产品知名度。

支持乡村生态绿色发展的还有各大电商平台，京东从 2017 年开始就推出了"青流计划"，为绿色物流的发展奠定了基础，从包装、仓储、运输到回收等多个领域给予政策扶持，为绿色物流产业亮起了绿灯，物流产业园区的建立节约了国土空间。统计结果显示，2019

年京东物流的循环生鲜保温箱和常温青流箱累计超过1亿件，通过车辆优化配置实现节能减排2.7万吨的目标。阿里巴巴开展绿色供应链管理，通过开发推广绿色包裹、使用零排放的新能源物流车配送、实施绿色回收、设立绿色采购平台等开启全链条减碳内循环，绿色交通工具的运输在节能减排的同时极大地节约了原油等自然资源。2021年"双11"，阿里与14个品牌成立"绿色商家联盟"，联合发出绿色低碳倡议，从算法、数据中心、能源到物流、仓储、供应链等方面探索减排路径，进一步传递绿色消费理念。

6.3.3　电子商务促进绿色交通体系的建立

农村电子商务的快速发展极大地促进了快递物流业的飞速发展，一些乡村产品农林牧渔需要大型卡车和冷链物流的运输，这就倒逼着乡村快速大力改善交通路网结构，完善现代物流服务建设，通过现代化绿色交通体系建设实现出行方式的优化，改善出行效率，以低碳环保为初衷，在方便物流运输的同时，也能让村民出行更便捷、更舒适、更健康。

电子商务结合乡村生态园，促进乡村生态旅游的快速发展。作为消费类型之一的旅游出行的交通体系必然能够更加完善，将交通安全性考虑在内的同时满足消费者的多元化需求，为其提供个性化的服务，提供舒适的环境和体验。

6.4　电子商务促进乡村生态振兴发展面临的主要问题

由于电子商务快速发展，网上贸易在消费体系中占据了大量的份额。电子商务对地区经济发展的作用不容忽视，农村经济发展与电子商务之间的内在关联越来越密切，不仅可以促进乡村振兴，也给农民们带来了希望。电子商务是绿色经济的一项非常重要途径。随着电商的快速普及，并被应用于乡村生态振兴之中，城市中较为完善的产业链运营模式也被应用在农村电子商务中，更好地助力乡村生态振兴。然而部分农村基础设施相对落后，文化水平较低，缺乏相关技术人才，这些因素都限制了电子商务在农村中的发展。所以我们要进一步研究电商与乡村生态振兴二者之间的关系，找出农村电商发展中的不足之处，为农村电子商务发展提供新的渠道，为农村经济发展增添新的活力，以此实现乡村生态振兴。

电子商务制约乡村生态振兴如图6-5所示。

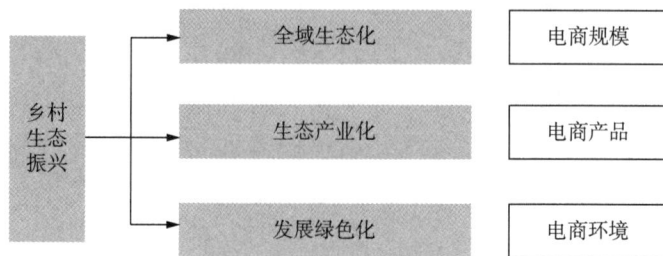

图6-5　电子商务制约乡村生态振兴

6.4.1　电商规模制约全域生态化

当前，我国大多数的农村电商是以家庭生产为形式的小规模生产，缺乏产业中的龙头企业带头。由于生产规模不大，生产化水平就很难达到更高的水平，产品单一，缺乏创新能力。另外，农产品不具有较高的标准化，导致出售的产品很难得到消费者的肯定，给形成品牌效益也增加了难度。这些劣势给农村电商快速发展增加了很大的难度。再加上一些农户为了在这条新的道路上走下去，不惜放弃生态环境来获取眼前的利益。为了增加农产品的产量，很多商家会使用大量的化肥、农药，这不仅对环境造成了极大的污染，而且让人们对绿色农产品产生怀疑。还有农产品加工产业的一些废料污染的排放不仅没有对其进行相应的治理，而且增加了对生态环境的污染，同时也是对农产品原料的污染。如果为了眼前的利益，放弃对生态的保护，这样会影响到乡村的生态全域化发展，之前所做的努力将会白白浪费。所以，为了乡村生态振兴，在电子商务促进乡村的产业发展和绿色农业经营方面，要把握好每一个关口。

6.4.2　电商产品制约生态产业化

电子商务在乡村的快速发展极大地促进了乡村生态振兴之路的发展，但是由于农产品自身特性的问题以及农产品品牌建设的制约，乡村生态产业化发展较为缓慢。农产品要想在市场上拥有一定的竞争力，不仅需要产品绿色健康，还要有一定的产量。但是农产品受生产周期以及季节性的影响，导致农产品在电商销售中销售量并不稳定，在旺季销售量就会很高，而在淡季就不尽如人意。农产品还具有地域性，每个地域性的特点不同，农产品加工要做出相应的调整。部分的农产品的产量小，成不了相应的规模效应，同时不能形成供应链。所以，结合农产品自身的特性问题，必须保证农产品的品质问题，必须保证农产品的绿色健康。规模效益不能走下去，就要走产品的特色之路，要给市场提供一个有特色的农产品品牌，提高产品的质量，保证产品独一无二的特性，提高产品的价格，既可以增加农民收入，又可以保障乡村生态环境。

如今，农产品在互联网市场的发展，主打以绿色健康为主，只有改善好乡村的生态环境，形成农产品的品牌效益，增强在市场中的竞争力。推进农产品的生态品牌建设是实现农产品市场的价值保证。然而，造成农产品的生态品牌建设薄弱的主要原因分别是农业的企业或者农户的思想观念落后，并且他们只满足于眼前的利益，缺乏长远发展的眼光，创建一些农产品的生态品牌的意识淡薄。还有一些农产品的加工厂规模小，资金有限，生产、加工等技术装备落后，产品的质量难以保证，没有一定的品牌意识。这样就造成了没有生态品牌的农产品在市场的竞争没有优势。再加上缺乏专业的相关人才进行管理和营销，没有足够的技术支撑来形成品牌产品。

6.4.3　电商环境制约发展绿色化

在科学技术快速发展的时代背景下，电子商务类型逐渐增加，人们的生活与电子商务之间的关联与日俱增，尤其是在经济体制改革的过程中电子商务的出现为人们的生活提供了便利。只有满足大数据时代的客观要求，才可以使发展的实际要求得到满足。电商是乡村生态振兴方式中的主要创新方式，充分发挥电商的协调带动作用，能够为扶贫工作的顺利开展提供帮助。一般情况下边远山区的农副产品质量优越，但是由于各种原因导致产品难以获得市场竞争优势，个别地区的生态资源大都闲置、无人问津，加之电子商务网络设备落后、人才资源匮乏等条件的约束，依然没有解决农村"最后一公里"难题。虽然很多地区都对电子商务发展的重要性给予了足够重视，但是在乡村生态振兴工作中与电子商务融合的力度不足，或者由于工作人员对电子商务的了解不多，对电子商务能否为地区经济发展带来积极作用的信心不足，所以电子商务在促进乡村生态振兴发展中绿色化程度还比较低。

当前，农村电子商务在促进乡村生态振兴发展过程中在政策与资金方面还存在很多问题，这些问题严重制约了乡村电子商务促进乡村振兴绿色发展的可持续化。从政策方面来看，很多乡村部门的政策推出与社会历史环境有关，有很强的约束性。虽然现实中有相关政策，但是地区由于资金不足无法发挥出电子商务的优势，不能确保电子商务促进乡村生态振兴工作的长远发展。

6.5　电子商务促进乡村生态振兴的发展趋势与展望

乡村生态振兴是一项持久性工作，加之农村具体情况比实际更加复杂，所以是一项具有艰巨性和挑战性的工作，虽然乡村生态振兴已经取得了一些成绩，但是未来仍然任重道远。如果各级政府组织、乡镇企业、村民群众能坚持中国特色社会主义理论、坚持乡村振兴战略，那么未来电子商务在促进乡村生态振兴方面，一定能够收获胜利的果实。

乡村生态振兴趋势与展望如图 6-6 所示。

图 6-6　乡村生态振兴趋势与展望

6.5.1　电子商务促进乡村生态振兴的法制保障更加完善

当前电子商务促进乡村生态振兴的法制保障仍不健全，未来要从法律制度规范性提升的角度入手，加大电子商务针对乡村生态振兴的法律规范性，为农村生态环境保护奠定基础。通过法律制度的规范加强引导，对生态保护的重要性给予充分认识，从而指导具体工作的开展。要严格遵循《中华人民共和国环境保护法》的相关规定，并对有关内容进行修订，切实加强生态环境保护，为乡村生态保护提供法律依据，从而做到有法可依。

各级政府机构更加积极地发挥模范作用，加大电子商务对乡村生态影响的治理力度，形成良性循环，助力乡村生态建设，推动全面乡村振兴。通过有效的奖惩措施提高参与热情，加大生态执法力度，积极引导电子商务的健康持续发展，实现对行为主体的约束，认真贯彻落实生态理念，避免相关工作流于表面。

执法监督更加严格。监管责任更加明确，提高结构设置的合理性，通过设备优化增强检测的准确性，加大对生态环境保护的执法力度，对违法责任人加重惩处，将环境整改作为考核执法人员工作效率的有效依据。坚持有法可依和有法必依的基本理念，对执法过程记录提高公正性，定期开展专项活动，提高各部门的参与热情，严格惩处破坏生态环境的行为。

6.5.2　电子商务促进乡村生态振兴的资金更加雄厚

在乡村地区大力开展电子商务，通过政府参与和机构协调给予政策扶持和资金帮扶，积极吸收社会资本，创新工作理念，加强农村地区网络基础设施建设，为电子商务工作的顺利开展奠定基础。从政府支持和社会融资等多角度为电子商务的健康发展提供资金帮助。

电子商务的健康发展离不开政府机构的参与，由相关部门参与积极推广绿色技术，改善人居环境，为农村宜居水平的提高做出贡献。加强绿色生态发展，从财政政策落实的角度给予支持，从宏观协调的角度助力地区经济发展，为乡村振兴工作的质量提升创造条件。近些年来为推动地区乡村振兴工作的顺利开展，中央政府给予各省财政支持，各省政府也纷纷出台了相关政策并拨付专项资金用于生态文明建设，为乡村振兴助力，在相关资金应用的过程中政府加强监管，做到资金落实到位，避免挪作他用。

虽然中央层面和各级政府对乡村振兴给予了高度重视并投入大量资本，但是政府资本数量有限，对乡村振兴工作的贡献度有限，远远无法满足乡村生态文明建设的基本需求，因而社会资本参与是提高生态建设水平的有效途径。政府出台政策积极引导社会资本参与乡村生态建设，引导地区资源优化配置，扩展融资渠道，为地区经济持续发展助力。坚持谁投资谁收益的基本理念，吸引社会资本参与乡村生态治理，通过乡村建设大力发展旅游业，促进当地收入水平提升，提高当地宜居水平，对参与生态保护或助力乡村建设的企业，政府出台税收减免政策，扶持企业发展，积极鼓励不同类型的企业参与到乡村振兴中去。同时由政府出面积极与银行等机构协商，给予乡村生态保护贡献度高的企业贷款优惠，放宽企业融资条件，为企业的可持续发展提供保障。

6.5.3　电子商务促进乡村生态振兴的多元主体更加积极

电子商务促进乡村生态振兴发展过程中，生态环境是农村发展的基础，是潜在的价值。不仅农民需要注意对环境的保护，更重要的是，一些农村企业的负责人、现代化农场的管理者，还有政府各级相关负责人都需要提高环境保护意识，重视生态环境，阻止生态环境恶化。在生态环境保护获得明显效果时，农产品的品质也会得到保障，借此打造优质的品牌，获取消费者的信赖，产品的销售量自然而然地就能提高，经济也会得到快速发展。

未来政府在处理农村电商和乡村生态振兴相关工作中，要将生态保护作为评估一切工作的关键因素。要坚持科学发展的核心理念，实现经济发展与环境保护的协调，避免取舍不定。各级部门应当共同参与，明确职责，协调处置，共同致力于生态振兴。根据"十二五"规划，增加生态环境保护的责任主体，各个政府机构均应自觉主动地履行责任，将生态保护作为工作的重要考评指标。目前，生态治理考核机制完善性不足，相关部门必须在实际工作中不断学习绩效考核的重要意义，通过制度规范为相关工作的开展奠定基础，将乡村振兴和电子商务内在关联作为乡村生态发展的有效助力。在工作进行中通过生态治理考核指标的确定为生态治理工作的有效实施奠定基础，为考核体系的规范化运作创造条件。

要将经济效益最大化作为企业生产的核心目标，通过政策扶持和制度完善为相关工作的开展奠定基础，积极主动地承担环境保护责任，实现经济效益和生态效益的融合。企业将可持续发展理念贯彻落实到具体业务的实施过程中，将生态环境保护作为企业发展战略，积极主动地参与生态保护工作，通过技术创新为消费者提供更加优质的产品。在产品推广的过程中实现经济价值和生态价值的互联互通，采用绿色生产理念为消费者提供无污染的绿色产品，优化资本结构，创新技术体系，为自身可持续发展创造条件。

生态振兴与农村居民的行为密切相关，村民作为乡村的"主人"，也是乡村生态振兴的主体，在当前社会主要矛盾转变之后，村民的物质需求已经极大地满足，未来会更加重视精神追求，对自然生态环境会更加重视。村民要积极主动地参与到乡村振兴工作中去，自觉为乡村振兴做出贡献，为生态宜居水平提高创造条件。要培养村民养成环保意识，增强其生态理念，为乡村生态振兴做贡献。

6.5.4 电子商务发展下农业产业的生态化发展前景更加广阔

乡村生态振兴即使不在电子商务发展的背景下，充分发挥绿色技术优势也是其发展的必要条件。电子商务技术的应用能够更好地发挥出区域资源优势，提高地区品牌知名度，助力乡村生态振兴。电子商务促进乡村生态振兴以先进生产技术的应用为基础，为农村生态发展奠定基础，从而推动农业产业改革，优化产业结构，实现农业产业生态化的绿色发展模式，为乡村生态振兴做出更大贡献。

通过农业供给侧改革为农村地区经济绿色可持续发展创造条件，通过加强农村地区基础设施建设为农业发展助力。中共中央关于农村工作的相关会议中明确提出，要通过农业农村的供给侧改革促进生态结构优化，切实提高农村发展质量，满足消费者需求，通过重组的产品供应促进生态产业持续发展。现阶段，相关改革工作的成效初显，农村地区的人民观念有所转变，可持续发展的理念深入人心，单纯追求产量的模式被摒弃，绿色发展和可持续发展成为主流，农民开始注重产业结构调整，突出绿色产品优势，满足消费者的多元化需求，同时也提升了地区经济水平。

　　先进科学技术的应用为生态发展和绿色农业体系建设奠定了基础。在乡村振兴战略的落实过程中，自然生态得到修复，绿色理念深入人心，越来越多的人将保护生态作为首要标准。因地制宜地推出绿色技术，促进农业产业的科学发展至关重要，通过技术革新和产业优化降低农业生产成本，通过新技术研发降低农药污染，发展惠普农业提升农业可持续发展水平，以绿色理念引领产业集群形成，通过农村产业升级促进生态振兴，实现乡村振兴目标。

　　农村生态资源结合电商平台，大力发展乡村旅游业。首先，各基层组织完善先进管理制度，加强对电商平台的监督，有效地保障环境保护和旅游收益。其次，加强政策引导，合理规划产业结构，优化生态格局，突出地区旅游特色，实现与乡村发展的协调。政府相关部门要对地区自然资源合理优化配置，充分借助电商平台优势积极宣传，提高地区旅游品牌知名度，突出农业种植优势、产业集群优势、特色旅游优势、建筑风格优势、风土人情优势或建筑风貌优势，打造地域名牌，突出地区优势，实现资源保护与乡村生态振兴的协调发展。

第7章 电子商务促进乡村组织振兴发展情况

7.1 乡村组织振兴的内涵及意义

7.1.1 乡村组织振兴的内涵

组织振兴是乡村振兴的"第一工程"，是乡村全面振兴的基石，是新时代党领导农业农村工作的重大任务。乡村组织振兴就是要建设一批坚强的农村基层党组织，选拔好基层党组织负责人，发展农民合作经济组织，建立社会组织和人民群众等多方参与的现代乡村社会治理体制机制，确保乡村社会充满活力，安定有序。基层党组织作为组织振兴的核心，只有全面提升农村基层党组织的组织力量、充分发挥其作为农村地区的组织领导作用，才能有效凝聚群众和其他各类组织的力量，推动乡村振兴和农业农村现代化的顺利实现。一般来讲，农村基层党组织、农村专业合作经济组织、社会组织和村民自治组织共同构成了乡村组织振兴的主体（如图7-1所示）。

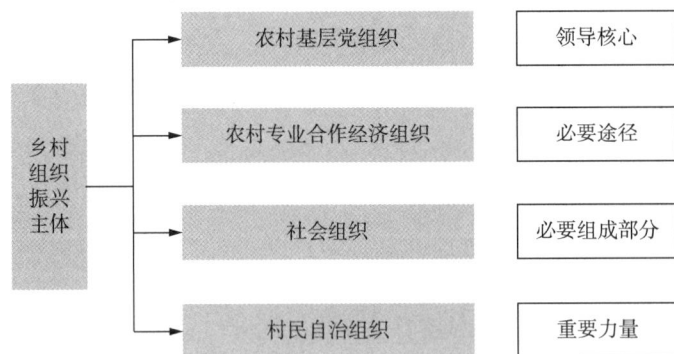

图 7-1 组织振兴主体示意图

（一）农村基层党组织是组织振兴主体的领导核心

农村基层党组织扎根于农村和人民群众之间，将广大的农民群众和中国共产党紧密地联系起来，起到了桥梁和纽带的作用；同时，它也是农村基层组织的核心。因此，可以说农村基层党组织的振兴是乡村组织振兴的核心，是党在农村开展全部工作的基础。农村基层党组织的振兴成为乡村组织振兴的前提，而要建设领导力强、组织能力强的农村基层党组织必须紧紧依靠党组织带头人、广大的农村党员和人民群众，发挥党组织在群众之间的核心领导作用和党员的先锋模范作用。

（二）农村专业合作经济组织是组织振兴的必要途径

目前我国人均耕地面积逐渐减少，农地细碎化、生产规模小、效率低，使得我国在农村地区提升生产效率和竞争力方面受到较大的限制，而由当地群众自愿组织形成的农村专业合作经济组织已经成为我国新型农业经营主体。农民的合作社不仅促进了农业生产的现代化、规模化，而且小农户"抱团"更有助于保护农民合法经济利益、提高农户应对市场风险的能力。一方面，农村专业合作经济组织顺应了我国农村地区的发展需求和广大农民的意愿，把分散的小农户集中起来，增加了农业生产经营规模，不仅壮大了集体经济，同时也使小农户参与了市场竞争，为农业产业化经营奠定了基础。另一方面，农村专业合作经济组织不仅牢牢地连接和延伸了农业产业化链条的各个环节，而且扎根于农村的土壤，能更加便利地为农民提供最直接、最具体的服务，合作社已经成为我国实现农业现代化过程中不可或缺的重要组成部分。

（三）社会组织是组织振兴主体的必要组成部分

现阶段的乡村社会组织主要是指活跃于乡村、关注或服务乡村的民间组织。乡村社会组织不同于政党、政府等传统组织形态，这类组织具有公益性、服务性和自治性的特点。常见的社会组织主要包括社会团体、基金会、民办非企业单位、部分中介组织、社区活动团队等。乡村社会组织通过公众自发组织各种类型社会团体的方式满足群众的基本需求，改善了乡村治理主体单一治理的格局，促使农村地区呈现出多元共治，在构建新时代乡村治理体系方面起到了政府和企业难以替代的作用。

（四）村民自治组织是组织振兴的重要力量

村民自治组织是农民群众直接行使民主权利、依法处理自己事务的村级组织。村委会在村民自治组织中发挥着核心作用，在村委会中，全体村民皆可行使选举权、被选举权和监督权，通过民主的方式选取村委会成员，遇事时进行民主决策和管理，全体村民可以对村委会进行民主监督。由于村委会成员都是从本村村民中选举出来的，所以他们长期扎根于乡村社会，对同村村民较为了解，因此在促进村民自治、调解矛盾纠纷、处理村级事务方面发挥着其他人无法比拟的作用。因此，要以村委会为依托，建立严格的村民自治制度，提高村民参与村组事务的积极性和主动性，形成共建共治共享的新型村民自治体系。

7.1.2　乡村组织振兴的意义

（一）组织振兴是实现乡村全面振兴的"领头雁"

习近平总书记曾多次强调农村基层党组织的重要作用，它处于党和人民群众之间，承担起了桥梁和纽带的作用，向下密切联系群众、服务和组织团结人民群众，向上是落实和实施上级政策、切实反映人民群众意愿的领导者和实施者。实施组织振兴，要紧紧依靠农村基层党组织和广大党员干部，发挥农村基层组织的领导作用和政治作用，提升组织能力，带领广大人民群众心往一处想、劲往一处使，加快实现组织振兴的步伐。

（二）组织振兴是实现乡村健康发展的"压舱石"

分析国家和社会发展的历史经验可知，乡村不能振兴的主要原因是缺乏发展的内在动力，缺乏有效整合和分配各种资源的组织能力。若仅依靠村民自行发展，乡村将无凝聚力，缺乏秩序和规划。而那些走在或走向康庄大道的村庄，由于组织兴旺，其发展内生动力不断增强，进而实现了政治、经济和社会共同发展的良性循环。因此，唯有通过组织振兴，才能将外部资源转化为促进农村发展和农民福祉的各种有效因素，为乡村振兴提供内生动力。

（三）组织振兴是实现乡村有效治理的"催化剂"

习近平总书记曾作明确指示，要建立党委领导、政府负责、社会协同和公众参与等多元化的现代乡村社会治理体制。基层党组织处于乡村治理的核心地位，基层党组织的振兴是农村地区的治理能力提升、治理能力现代化的前提和保障。可以说，组织是帮助乡村治理不断深化的支撑点。若不能构建坚强有力的基层党组织，组织振兴就无从谈起，必然导致乡村治理能力无法提升，乡村振兴也会成为空中楼阁。

乡村组织振兴的意义如图 7 - 2 所示。

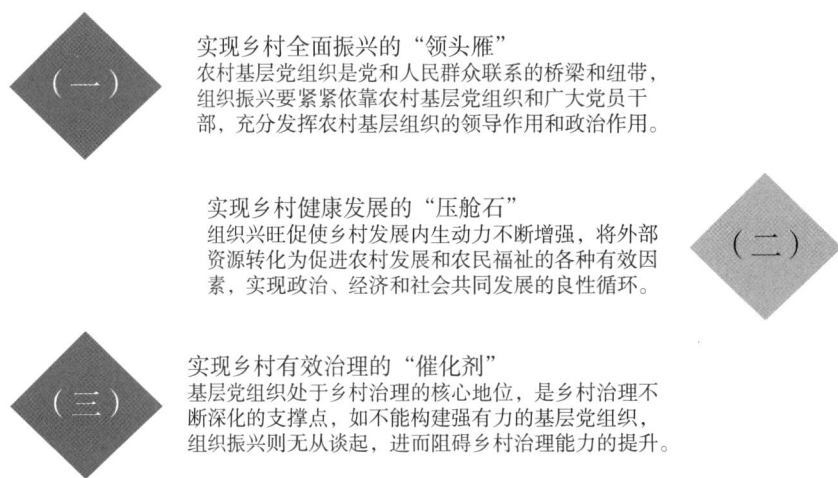

实现乡村全面振兴的"领头雁"
农村基层党组织是党和人民群众联系的桥梁和纽带，组织振兴要紧紧依靠农村基层党组织和广大党员干部，充分发挥农村基层组织的领导作用和政治作用。

实现乡村健康发展的"压舱石"
组织兴旺促使乡村发展内生动力不断增强，将外部资源转化为促进农村发展和农民福祉的各种有效因素，实现政治、经济和社会共同发展的良性循环。

实现乡村有效治理的"催化剂"
基层党组织处于乡村治理的核心地位，是乡村治理不断深化的支撑点，如不能构建强有力的基层党组织，组织振兴则无从谈起，进而阻碍乡村治理能力的提升。

图 7 - 2　乡村组织振兴的意义

7.2　乡村组织振兴的发展现状

7.2.1　组织振兴政策梳理

依据不同阶段的发展特征，可将新中国成立以来我国农村基层党组织建设发展进程、农村集体经济发展进程和社会组织发展进程分别分为 4 个阶段，其中农村基层党组织的建设可以分为曲折发展阶段（1949—1977 年）、调适与强化阶段（1978—2001 年）、规范化阶段（2002—2012 年）和体系化阶段（2013 年至今）；农村集体经济可以分为土地所有制转变过程中的集体经营形式（1949—1956 年）、"三级所有、队为基础"的人民公社组织形态（1957—1977 年）、"双层经营体制"下集体经济组织呈现多元化态势（1978—2011 年）和"产权制度改革"引领农村集体经济组织新发展（2012 年至今）；社会组织的发展可以分为塑造合法性的团结型社会组织（1949—1956 年）、全能且包办的行政型社会组织（1956—1978 年）、多元可能性的探索时期（1978—2012 年）和纳入现代化国家治理体系的治理型社会组织（2012 年至今）。农村组织发展历程如图 7-3 所示。

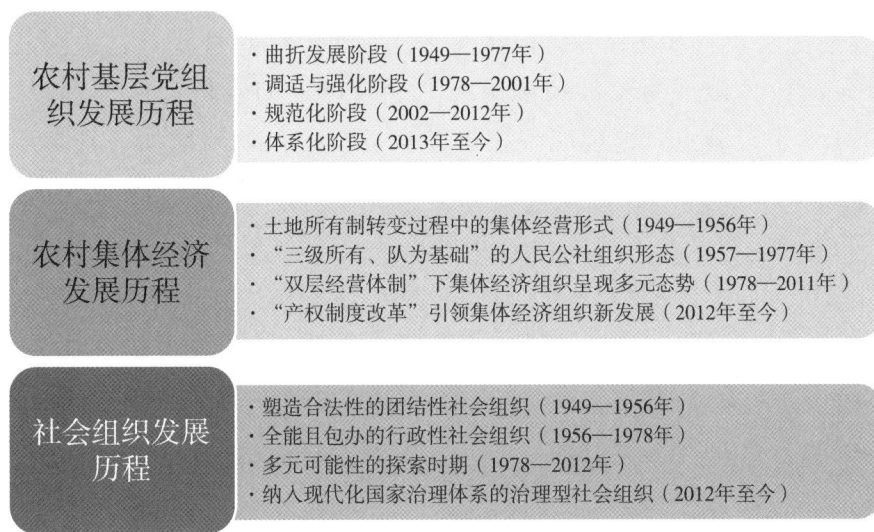

图 7-3　农村组织发展历程

乡村振兴战略提出之前，党中央和相关部门已对农村集体产权制度改革和社会组织的发展予以高度重视，2016 年 12 月和 2017 年 12 月分别出台了《关于稳步推进农村集体产权制度改革的意见》和《关于大力培育发展社区社会组织的意见》等相关政策，政策明确要求要建立新型农村集体经济运行机制，保护农民集体资产权益，并鼓励政府资金向农村社会组织倾斜，引导社会组织参与乡村治理。乡村振兴战略提出后，中共中央国务院、民政部和农业农村部等出台的一系列政策文件中均指出要加强基层党组织对乡村振兴的全面领导，发展农村集体经济、巩固农村集体产权制度改革成果，引导社会组织向农村地区倾斜，鼓励形成多元化的乡村治理体系。

7.2.2　基层党组织实现全覆盖

党的十八大以来，习近平总书记和党中央针对新时代我国农村基层党组织的发展方向作出了重要指示，同时，各地政府结合当地农村发展现状，对本省或地区的农村基层组织建设作出一系列部署，为乡村振兴和农业农村现代化的实现提供了强有力的组织保证。进入新时代以来，我国农村地区的经济、社会等方面都发生了较大变化，党的农村基层组织建设也取得了长足的进步和成效，农村基层党组织体系建设较为完整，数据显示，全国超过 99.9% 的行政村已建立起党组织。同时以换届为契机选择致富能手、返乡人员、大学生和退役军官等有能力有经验的能人作为农村党组织带头人，并选举其中的党员作为村党组织负责人，为农村基层党组成员输送了"新鲜血液"，改善了农村基层党组织老龄化的现状。目前，各地通过定向招录、开展乡土人才回归等方式吸引大中专毕业生到村里任职，增强农村党组织的后备力量。近年来，黑龙江省鸡西市持续强化"引、育、连、用"培养链条，不断拓宽农村党员发展渠道。2017 年以来，其已吸引 213 名外出人员回村发展，培养本地农村优秀人才 605 人，其中 709 人被吸收为入党积极分子，有 461 名优秀青年党员被作为乡村两级党组织负责人重点培养。近年来鸡西市新发展农村党员 1335 人，年增幅超过 40%，发展的党员中有超过 80% 的都是年龄在 40 岁以下的农民党员，学历在大专以上的党员占比超过了 20%。从全国党员发展情况来看（如图 7-4 所示），截至 2021 年 6 月 5 日，中国共产党的党员总数超过 9500 万人，40 岁以下的党员和学历为大专及以上的党员占比分别较 2019 年增加了 0.9 个百分点和 1.2 个百分点，这说明我国年轻党员规模在不断增加，且学历水平在持续上升。从近 5 年新发展党员人数来看，每年新发展党员中青年党员（年龄 35 岁以下的党员）的占比均达到 80%，且具有大专及以上学历的党员的比例从 2016 年的 41.10% 上升到 2021 年 6 月的 46.80%，占比增幅达到 5.7%。

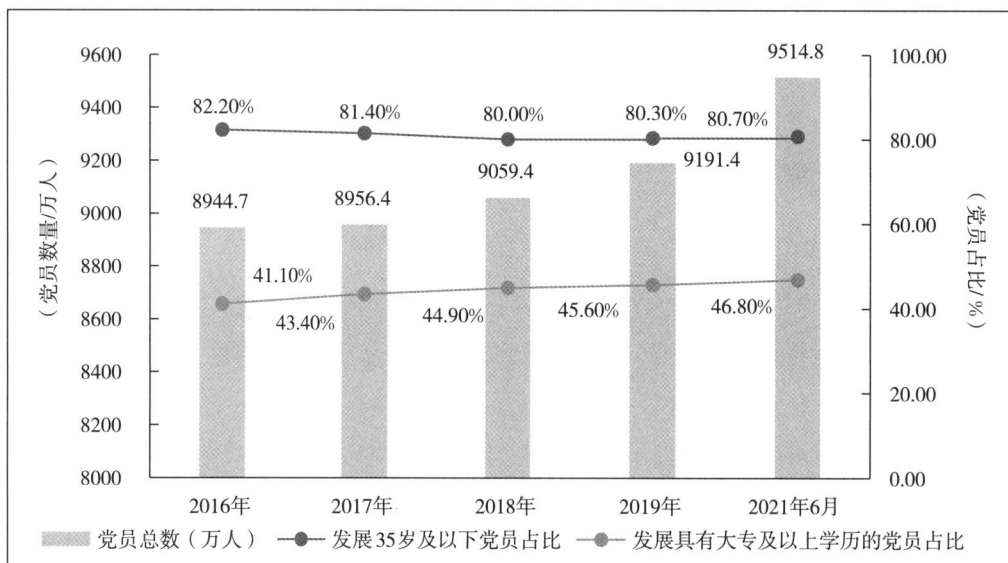

图 7-4 全国党员数量和每年新发展党员数量占比

（数据来源：历年中国共产党党内统计公报）

7.2.3 农民合作社规模壮大

随着我国乡村地区的发展，分散的小农户生产已不能满足我国实现农业农村现代化和乡村振兴的要求，而由农民自愿参与的新型农民合作组织——农民专业合作社则符合农业规模化生产与经营的需要，它对乡村振兴具有积极的促进作用。同时，为了大力发展新型农业经营主体，政府部门多次出台优惠政策，以支持我国农民合作社的发展，目前我国农民合作社发展已经取得了阶段性成就。自 2016 年起全国各类农民专业合作社数量整体呈上升态势，尽管在 2019 年经历了短暂下跌，但 2020 年农民合作社数量又恢复增长，总计达到 19.25 万个。我国农民合作社主要涉及四类（如图 7-5 所示），2020 年四类专业合作社的数量分别为 165156、6327、6797 和 14180 个，近 5 年农产品类专业合作社是占比最多的合作社，每年占比均达到了 85% 以上。通过汇总分析农业农村部等公布的 2020 年国家农民合作示范社名单，图 7-6 列示了入围总量排在前十的省份或地区，湖南省共有 129 个合作社入围国家合作示范社名单，是入围数量最多的地区；其次是山东省和四川省，分别有 115 和 110 个合作社入围。这反映出湖南省、山东省和四川省农民专业合作社发展状况良好。

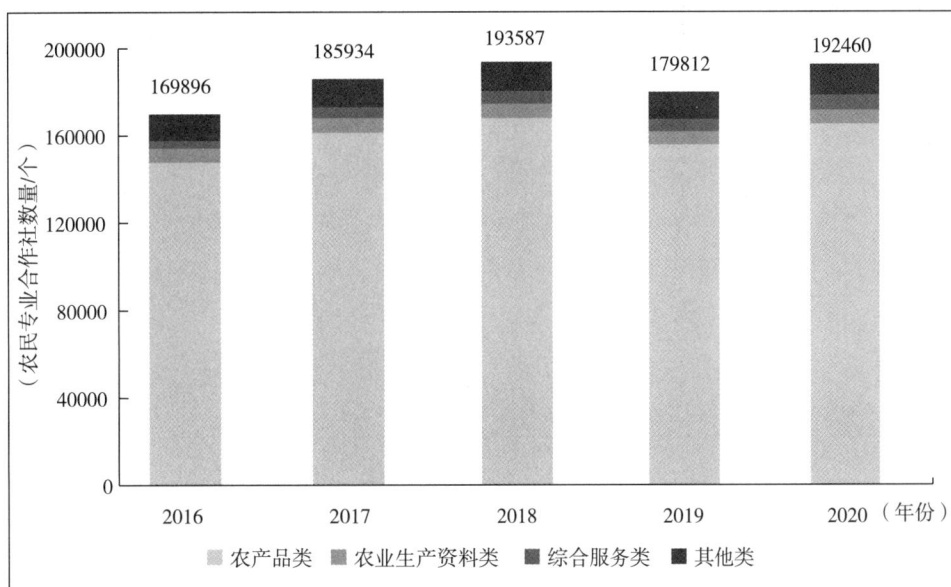

图 7 - 5　2016—2020 年中国各类农民专业合作社数量统计
（数据来源：中国供销合作社）

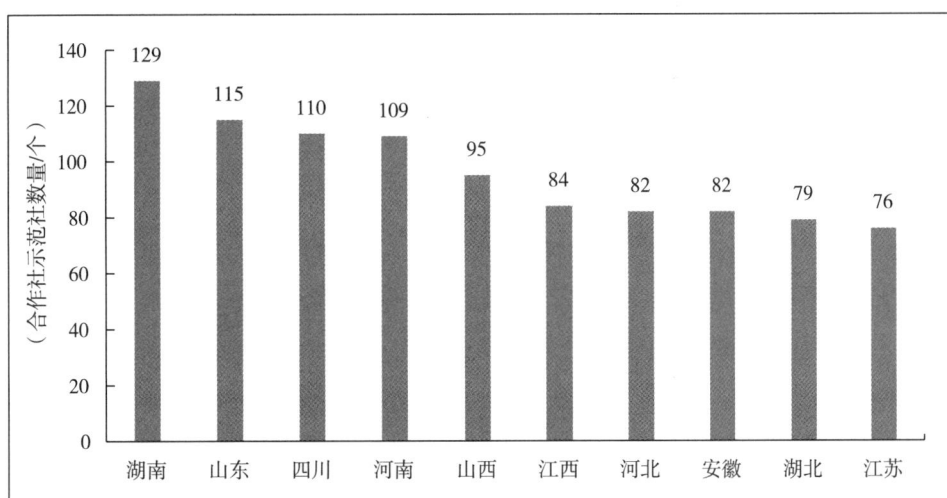

图 7 - 6　2020 年国家农民合作示范社名单中排名前 10 的省份
（数据来源：农业农村部）

　　农民专业合作社入社农户数量呈现出较大的波动，从图 7 - 7 中可以看出，2016 年至 2018 年农民专业合作社入社农户数量呈现出较快的增长趋势。两年内增加了 113 万，却在 2019 年骤然下降 142.6 万户，之后又在 2020 年呈现出上升趋势，随着农民合作社的数量增加，未来将会有更多的农户参与进来。此外，我国基层供销合作社的发展也较为迅速，近 5 年基层供销社数量一直呈现出上升趋势，2019 年增长率下降至 2.12%，但 2020 年基层供销社的增长率达到 15.98％，且 5 年时间内基层供销社共计增加 8636 个（如图 7-8 所示）。

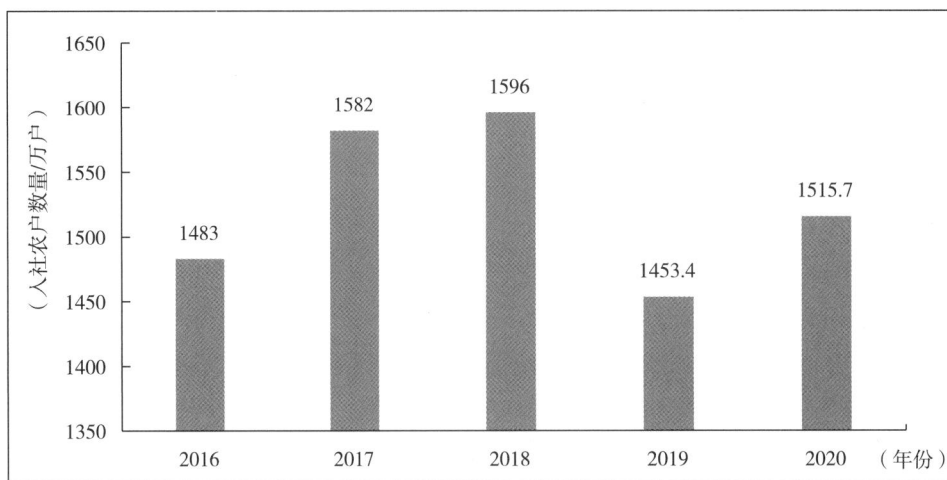

图 7-7　2016—2020 年农民专业合作社入社农户数量

（数据来源：全国供销合作社系统基本情况统计公报）

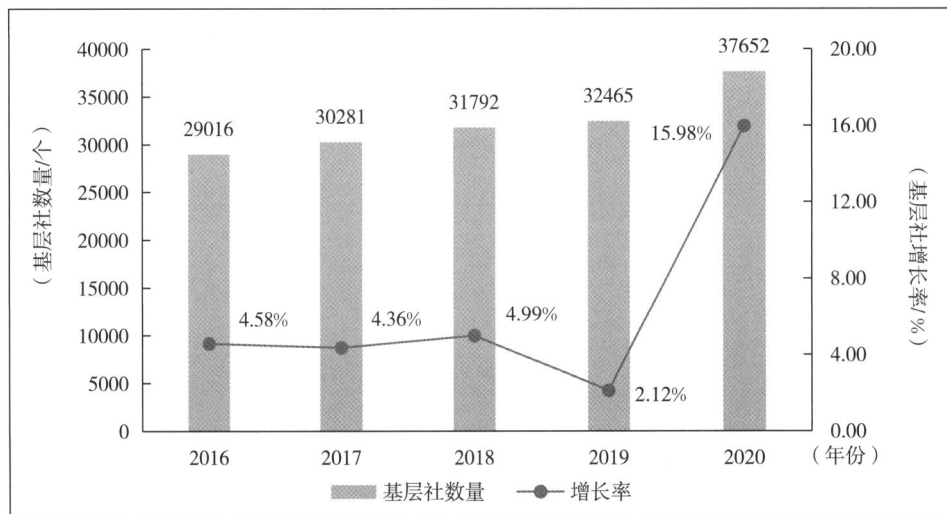

图 7-8　2016—2020 年基层供销社数量及增长率

（数据来源：全国供销合作社系统基本情况统计公报）

7.2.4　社会组织总体发展迅速

由于社会组织具有组织性、民间性、非营利性、自治性和志愿性 5 个特性，其能够发挥出政府和企业难以替代的作用。鉴于其特殊性，我国社会组织规模逐年壮大，截至 2021 年年底，我国社会组织的数量达到 90.09 万个（如图 7-9 所示），比 2016 年增加约 20 万个。民政部从社会团体、民办非企业单位和基金会三个方面统计了我国社会组织的结构及相关类型的数量，包括社会团体、基金会和民办非企业单位，其中前两者占比之和超过 99％，而基金会的占比极小。从其活动领域来看（如图 7-10 所示），我国社会组织活动领域多种多样，但主要集中于教育领域、社会服务领域和其他领域，教育领域的社会组织占比最高，仅有 8% 的社会组织活动领域涉及农村及农村发展，表明我国社会组织在促进乡村振兴方面仍有很大的发展空间。《"十四五"社会组织发展规划》和《关于动员引导社会组织参与乡村工作的通知》两个文件均明确要求各级部门要鼓励社会组织积极参与乡村振兴，更好地参与构建乡村现代化治理体系。

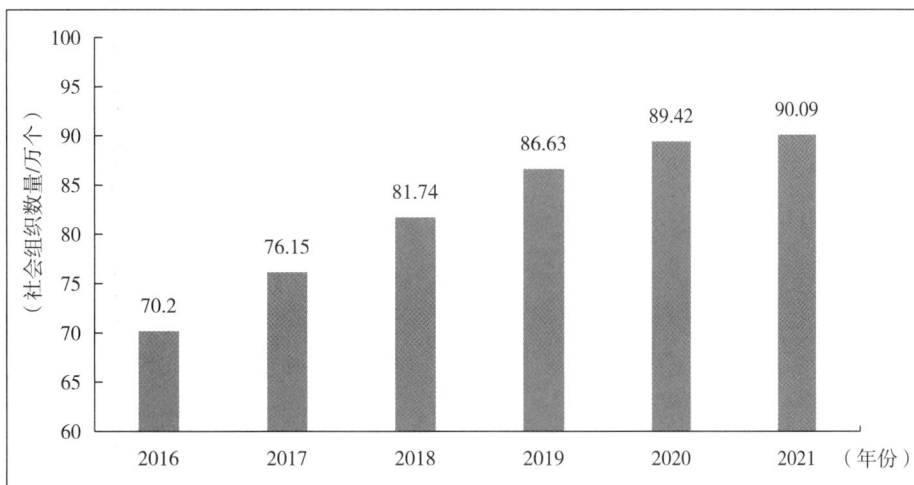

图 7 - 9　2016—2020 年中国社会组织数量

（数据来源：民政事业发展统计公报）

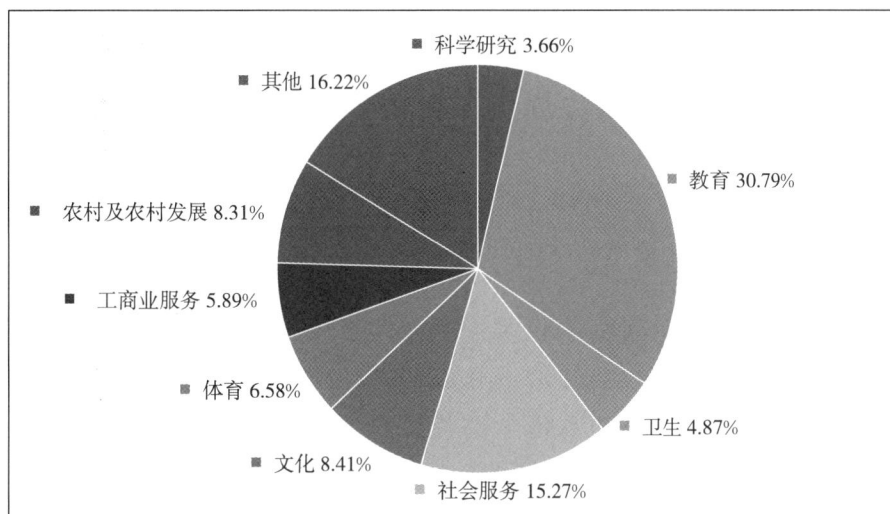

图 7 - 10　2018 年社会组织活动领域占比

（数据来源：民政事业发展统计公报）

7.2.5　村民自治组织发展良好

农村地区最常见的基层群众自治组织是村民委员会，村委会成员由全体村民选举产生，一般由三至七人组成，包括主任、副主任和委员。但随着我国农村地区朝城镇化的方向发展，农村人口逐渐向城市转移，农村人口严重流失，越来越多的农村被合并，致使近几年村民委员会数量和村委会成员数量逐年减少，截至 2020 年年底，农村村委会数量和村委会成员数量分别达到 50.2 万个、207.3 万人（如图 7－11 所示），较 2015 年分别减少了 7.9 万个、22.4 万人。农村通过合村并镇，更有助于整合农村的优质资源，加快实现乡村振兴和农业农村现代化。

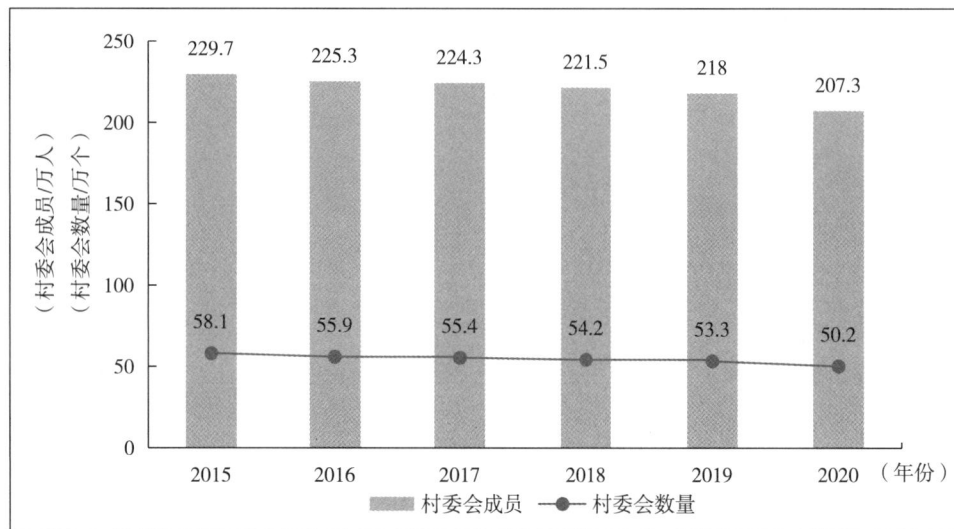

图 7－11　2016—2020 年村委会数量和村委会成员数量

（数据来源：民政事业发展统计公报）

7.3　电子商务促进乡村组织振兴发展现状

7.3.1　"党建＋电商"新模式助力组织振兴

近年来，互联网信息技术的发展不仅改变了城镇居民的生活方式，而且随着农村网络设施逐渐完善，网民数量逐渐增加，电子商务在农村地区飞速发展的同时也推动了农村居民转变生活方式和生活理念。全国各地抢抓电子商务进农村的发展机遇，探索"党建＋电商"发展新模式，推动了农村地区基层党组织建设和农村电子商务"双促进、双提升"。江苏省滨海县紧抓"互联网＋"新兴产业发展机遇，把党建引领嵌入电商企业发展内核，并通过实施"双培"计划，把电商行业的优秀人才培育成党员，把党员培育成电商行业的带头人。疫情期间，滨海县通过直播带货模式把农产品销往全国各地，仅在 2020 年 1 月至 7 月，全县电子商务交易额就达到 175 亿元之多。山东省临沂市兰山区依托商贸物流优势，把党组织建设在产业链上，成立了全国首个直播电商行业党委。在党组织的引领下，兰山区以直播电商行业为枢纽，紧密联结全产业链上的企业，遇到问题时通过直播电商行业党建联席会议共同商议解决。截至 2020 年年底，兰山区电商直播基地达到 15 家，从业人员达到 12 万人，2020年直播电商交易额突破 360 亿元。由于电商行业从业人员工作场所不固定、涉及领域广泛，为了更全面地服务于电子商务，河北省清河县于 2020 年年初成立了河北省首家县级互联网行业党委，并建立了互联网行业"三级四线五支部"党组织体系，确保党的组织覆盖到每一个网点，推动党的建设在电子商务行业全覆盖，更好地发挥党员干部和农村致富带头人的作用。此外，清河县培育出了众多的知名淘品牌，并将电商行业的带头人确定为入党积极分子培养对象，为互联网行业党建奠定了坚实的基础。

7.3.2　电子商务促进乡村治理能力提升

高效、现代化的乡村治理模式是实现乡村振兴的保障，也是构建乡村社会开放发展秩序的关键。一方面，电子商务的发展吸引了大量的人才参与乡村治理。农村电商的快速发展实现了农村商业生态的数字化，畅通了农产品销路，不仅提高了农民的参与度，而且吸引了许多年轻人和退伍军人从城市返回农村地区创业就业，其中优秀的电商带头人可以利用自己在电商领域的工作经验和技术优势，成为农村治理的重要力量，帮助改进乡村治理工作，构建乡村治理的新模式。另一方面，电子商务的发展为乡村治理提供了良好的技术支撑。农村电商的发展给农民的生产生活方式带来了极大的变化，而且村集体组织实现数字化治理，包括线上基层党建、民主选举、村务公开等，政府可以依托信息技术更好地向群众提供服务，不仅提升了政府工作效率，而且使政务运行更加透明。农民可以通过各种电商平台学习科学的方法和技术，利用小程序、App 等足不出户线上办理相关事务，实现农村的"数据多跑腿、农民少跑腿"。以山东省鱼台县为例，鱼台县高度重视基层治理，以"鱼快办"为抓手，并借鉴融媒体的思路，利用互联网和现代通信技术，整合行政单位和社会资源，建成"鱼快办融诉求平台"，依托智能信息系统发布"鱼快办融诉求平台"微信小程序及公众号，用户无须下载 App，打开微信可直接使用，既方便群众提交诉求，也可查询问题办理结果。自"鱼快办融诉求平台"运行以来，群众满意率明显提升，其已然成为倾听百姓心声、解决群众诉求、拉近干群关系的重要载体。

7.3.3　电子商务促进农民合作社蓬勃发展

目前，我国农民合作社发展迅速，截至 2021 年 4 月底，全国依法登记的农民合作社超过 225 万家，联合社数量超过 1 万家。随着电子商务在农村的深入发展，地方政府积极鼓励当地农民与电商直播平台开展深度合作，探索电商与农民专业合作社的合作模式。当前，越来越多的农业合作社与电子商务和物流公司合作，开展电子商务活动，有效促进农产品的生产和销售，拓宽了农产品的流通渠道，增加农民的收入。欧特欧监测数据显示，在 2020 年全国共有 2473 家农民合作社开展网络销售，较 2019 年增加了 362 个。从省市情况来看，安徽省网络零售额排名第一，占比比 2019 年增加 11.67%；其次是山东省，2020 年网络零售额占比为 14.10%，相较于 2019 年增加了 6.43%。截至 2020 年年底，山东省是电商合作社数量最多的省份，达到 364 个，比 2019 年增加了 72.5%。浙江省、江苏省等地的农民电商合作社数量也都有了飞速的增长。2019 年和 2020 年各地区农民电商合作社网络零售情况见表 7-1 所列。

表 7 - 1 2019 年和 2020 年各地区农民电商合作社网络零售情况

省 份	2020 年网络零售额占比（%）	2019 年网络零售额占比（%）	2020 年电商合作社数量（个）	2019 年电商合作社数量（个）
安徽省	19.52	7.85	68	73
山东省	14.10	7.67	364	211
广东省	8.23	1.14	173	71
河南省	7.72	3.07	116	118
浙江省	6.49	4.55	229	139
江苏省	6.48	21.42	196	119
吉林省	4.46	1.93	59	59
西藏自治区	3.29	0.00	7	1
云南省	2.76	1.69	93	39
内蒙古自治区	2.39	0.54	16	15
四川省	2.35	1.51	108	98
陕西省	2.16	2.20	94	131
广西壮族自治区	2.04	2.96	83	58
黑龙江省	1.97	2.52	102	142
辽宁省	1.92	3.02	51	48
福建省	1.76	10.49	132	113
湖南省	1.75	0.49	61	68
北京市	1.53	1.43	38	12
甘肃省	1.26	1.50	62	78
宁夏回族自治区	1.18	0.22	23	13
河北省	0.96	1.49	84	60
上海市	0.85	1.33	43	21
湖北省	0.79	2.57	89	93
山西省	0.76	11.00	38	87
海南省	0.71	1.57	21	16
江西省	0.66	2.68	54	41
青海省	0.53	0.05	4	2
天津市	0.39	0.83	13	8
贵州省	0.37	0.31	17	15
新疆维吾尔自治区	0.32	1.92	12	25
重庆市	0.27	0.05	21	7
香港特别行政区	0.02	—	2	—

数据来源：全国县域数字农业农村电子商务发展报告

7.3.4 电子商务促进农村集体收入增加

互联网技术的发展缓解了农村地区信息不对称的难题，使得农村电商规模突飞猛进，"电商＋村级集体经济"的新发展模式为新时代农村集体经济的发展转型提供了新思路，使得村集体经济得到造血式发展（如图 7-12 所示）。近年来，江苏连云港市海前村因地制宜，依托传统海洋渔业资源优势，抢抓网络经济发展机遇，党建引领聚合力、外引内培育头雁、提质增效创品牌，探索出一条"支部＋电商＋产业"的富民强村之路。2020 年，海前村的村集体收入达到 1200 万元，农民人均纯收入近 4 万元。2020 年以来，广西百色市右江区按照"党建领航、电商扶贫、集体增收、群众富裕"的思路，采取政策扶持、基地建设、畅通物流、品牌打造等措施，打通电商服务"最后一公里"，实现销售"零障碍"。截至 2020 年 6 月底，右江区共有 102 个行政村均有村集体经济收入，收入总额达 592.88 万元，其中，电商收入和 2019 年同期相比实现了翻倍增长。湖南江永县抢抓电商发展契机，投资 130 万元创办集体经济村办企业，充分发挥区域农产品丰富的资源优势，增加村集体收入。该县采取"支部＋电商＋村集体"的销售模式，帮助贫困户拓宽农产品销售渠道。截至 2021 年 6 月，全县共计培育电商企业 213 家，贫困户网上销售农产品达 2.8 亿元，农村集体经济收入和农民收入实现同步增长。

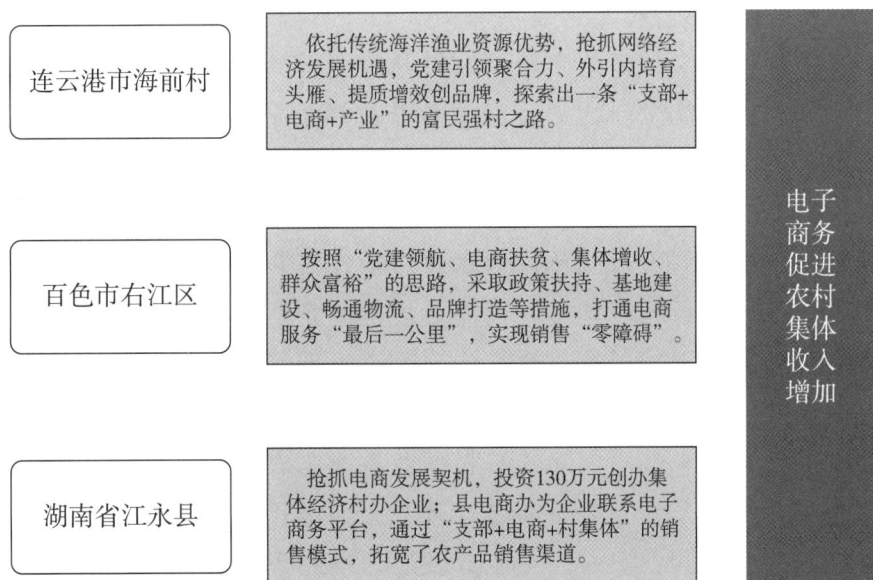

图 7-12　电子商务促进农村集体收入增加

7.4　电子商务促进乡村组织振兴发展面临的主要问题

7.4.1 基层组织领导能力不足，难以成为电商发展的带头人

基层组织领导能力不足且后备力量缺乏。少数农村基层党组织的核心作用弱化、萎缩或被边缘化，村党组织难以有效领导村内各类组织，在群众中缺乏说服力和公信力，难以组织

并动员群众。个别农村基层党组织甚至出现懒政的情况，不能尽职尽责为百姓解决问题。少数农村党组织对党员的管理和教育不足，长期不培养和发展新党员，或者在培养党员时存在"优亲厚友"的现象，带头人不能树立好榜样。有的地方由于当地经济发展水平所限，村干部工作报酬低、拖欠工资，导致一些村干部懒政、不作为，不能把时间和精力放在党的工作上。个别地方甚至出现损害、侵占群众利益的行为，村干部及其亲属可能仰仗自己的权力而损害集体经济的利益。随着农村城镇化进程的加快，农村基层党组织老龄化严重，许多留在农村的党员年龄偏大，文化程度偏低，对信息技术和智能设备的接受能力较弱，难以有效地带领人民群众抓住电子商务的契机，成为群众致富的领头羊。调查数据显示，2020年全国农民工规模已有28560万人，很多青壮年劳动力外出打工，大学生完成学业后留在城市，常年在外打工的党员会长期脱离党组织，很难将年轻人培养成党员，造成了农村发展带头人后备力量不足的现象。虽然一些农村电商带头人、农村致富能手、农民企业家有先进的发展理念，敢想敢干，但这些人被组织吸收的比例并不高，这些因素皆降低了农村基层党组织的凝聚力和战斗力，不仅阻碍了电商对基层党组织建设的促进作用，也阻碍了农村现代化治理体系的发展。

7.4.2 基层政府公共服务缺位，政企沟通协商平台缺乏

农村电商的发展促使越来越多的企业到农村开展电子商务，电商企业为村民提供了大量的就业岗位，刺激农村经济焕发新活力。但多数基层政府和电商企业之间缺乏有效的沟通，政企缺乏良性互动。一方面，基层政府工作不到位，不能切实了解电商企业的需求，对于电商品牌认证等工作落实较慢，阻碍了电商企业的发展。另一方面，为了适应电商产业的快速发展，基层部门常对政策规划进行调整，但镇政府通常没有公布政策的官方渠道，电商企业无法及时了解相关政策并进行相应调整，可能会使电商企业遭受损失。目前只有少数农村地区成立了农村电商行业协会以用于畅通政企沟通渠道，但其工作机制仍不够完善，难以充分发挥作用。农村电子商务的发展不仅改变了原有农村居民的生活方式，而且吸引了大量的外出务工人员、求学人员和外来电商人才进农村创业就业，农村原有的生活方式和设施已不能满足人民群众的需求，农村公共服务急需提档升级。而增长主义惯性下基层政府往往将公共服务供给排在优先次序的后端，农村公共服务发展速度远远落后于农村经济和产业的发展速度，基层政府公共服务明显缺位，导致电商人才迁移频繁，无法对其进行长期考察并发展成为基层党组织成员，造成农村地区基层党组织成员不稳定，使农村经济缺乏可持续发展能力。

7.4.3 电商发展需要资金支持，集体经济资金相对不足

目前，我国农村地区村集体经济发展不平衡。对于集体经济实力较强的村，村两委干部的工资有保障，他们有积极性、有足够的资金为农民办实事，在人民群众中具有较高的公信力。因此在发展农村电商时，村两委干部不仅可以充分调动村民的积极性，村集体也有足够的资金为发展电商提供坚强的物质保障，如购买所需设备、聘请有经验的电商能人对村民进

行培训，又进一步提高了农民收入和村集体收入，形成良性循环。而对于那些集体经济实力较弱的村，村穷民困，村两委干部则难以带动村民共同富裕。一方面，集体经济较弱的村往往背负着大量债务，不仅自身缺乏资金，而且经常面临融资难的困境，发展电子商务捉襟见肘，产生了恶性循环，同时阻碍了电子商务和村集体经济的发展。另一方面，村集体实力较弱的村往往出现人心涣散的现象，村干部在人民群众中间缺乏凝聚力，干部群众关系差，不能有效动员全体村民参与电子商务的发展。此外，虽然国家出台一系列政策，加大了财政资金对于发展农村集体经济的支持力度，但由于财政拨款涉及众多部门和人员，包括县乡财政部门、村两委班子和村级集体经济组织的管理者等，财政资金面临较大的权力"寻租"的风险，财政投入的资金可能被违规挪用，阻碍农村地区电子商务和集体经济发展。

电商发展需要资金支持，集体经济资金相对缺乏，如图 7 - 13 所示。

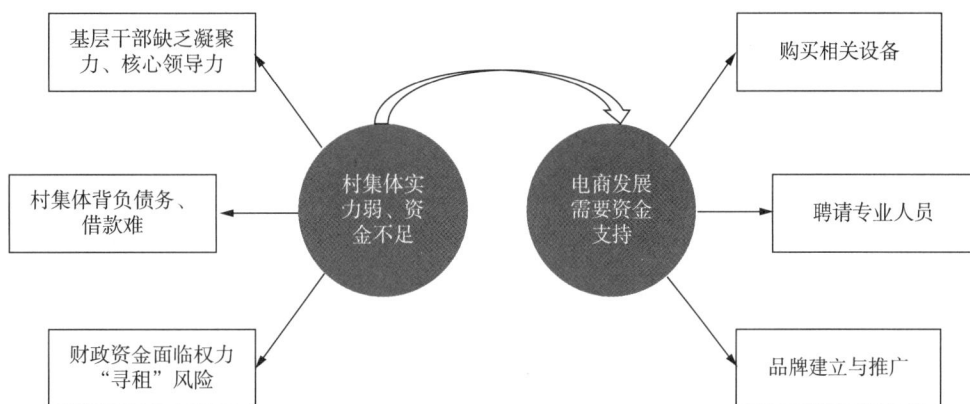

图 7 - 13　电商发展需要资金支持，集体经济资金相对缺乏

7.4.4　小农户缺乏市场话语权，电商合作社发展规模小

小农户是农村电商发展过程中的重要参与主体，政府出台了一系列措施和政策，补贴鼓励农户抓住电商发展的机遇。但随着电商的深入发展，面临的条件日益复杂，小农户生产规模小、生产效率低，这会限制小农户与电商市场的有效对接。一方面，小农户的文化程度普遍较低，不能有效应对错综复杂的电商环境，对于接受电商直播带货的能力和品牌意识较弱，而且在电商市场销售的农产品质量参差不齐，小农户不仅难以获得消费者的信任，而且难以有效宣传自己的产品，只能实现小范围的交易。另一方面，小农户力量薄弱，生产体量小，难以打造农产品品牌并形成品牌效应，在与物流公司、电商交易平台对接时缺乏谈判能力和议价能力，无法与强大的资本力量抗衡，难以获取合理的价格来保护自己的合法权益。因此，部分农户选择集中起来建立专业合作社，增强自身在市场上的话语权，维护自身利益，目前，成立电商专业合作社已经成为一种新趋势。但是根据现有数据来看，截至 2020 年 5 月底，开展网络销售的农民合作社数量仅 2473 家，占比不足全国农民专业合作社数量的万分之一，严重阻碍了电子商务在农村地区的发展，不利于农产品的规模化生产和销售。

7.5 电子商务促进乡村组织振兴的发展趋势与展望

目前，农村电商和乡村组织振兴已经取得一定的成就，随着国家对农村电商的大力支持和乡村振兴战略的持续推进，电子商务将会有更大的发展空间，从而对我国农村地区组织振兴的实现提供强劲的推动力，农村电商将促使农村基层党组织焕发新活力、促进农民合作社和农村集体经济发展更加迅速、加快乡村治理现代化的进程。

7.5.1 农村电商促使农村基层党组织焕发新活力

基层干部的核心领导能力增强。电商的发展给农村经济的发展带来了巨大的变化，基层干部作为农村基层党组织的领导者，往往是农村地区能力相对较强、文化水平相对较高的人，必定也将成为农村地区电商发展的带头人，带领和引导广大人民群众牢牢把握电商进农村的发展机遇，增加农民收入，缓和干部和人民群众的关系，增强基层干部在群众中间的凝聚力。农村电商将吸引更多有能力的人才靠近基层党组织。目前城市生活节奏加快，必然有许多大学生、外出务工人员等愿意放弃留在城市的机会返乡创业就业，而电商行业在我国农村地区发展势头迅猛，将成为他们的首选。电商的发展将会吸引他们向党组织靠拢，增强入党意愿，改善农村地区基层党组织老龄化严重的现象，提升基层党组织的办事能力。

7.5.2 农村电商拓宽农村集体经济发展的新路径

农民合作社等新型农村经营主体已经成为我国实现乡村振兴和农业农村现代化的必不可少的组成部分，农民专业生产合作社的增长趋势将会延续，并有更多的农民专业合作社参与电商或者成立专门的电商专业合作社，合作社的发展能够同时提高农民和村集体的收入。此外，由于村集体经济收入是村级财力的主要来源，村集体经济是巩固农村基层组织的基本保证，电商的发展为村集体经济的发展提供了一条新路径。村集体可以吸纳种植大户、农民专业合作组织和本村农民入股成立电商合作社，并与电商企业合作，建立地域特色农产品网上直销体系，促进农村当地农产品品牌化发展，增加村集体经济收入，实现良性循环。电商的发展也促使金融部门结合农村经营主体的实际情况，创新性地推出与村集体经济相关的金融产品，实行"电商企业＋村集体""合作社＋村集体"的链式融资模式，设立村级信用担保资金，创新担保贷款方式，将会有效缓解金融在农村地区"不想借、不敢贷、不足额"的现状。

7.5.3 农村电商加快乡村治理现代化的实现进程

电商的发展促进乡村治理体系多元化。国家多次出台政策鼓励社会组织和村民自治组织参与乡村治理，电子商务的发展不仅使大量人才返乡，也吸引了我国的社会组织服务于"三农领域"，众多企业开始在农村设立分公司和建厂，使得乡村治理结构不再单一化，村委、党委、基层政府、农民、社会组织和企业等的共同参与，促使乡村治理主体多元化。电商的发展将会促进乡村治理方式和治理能力现代化。电商促使农村地区的信息技术快速发展，政府部门和基层干部不仅可以利用远程教育系统学习新技能，同时能通过网络平台处理事务，以线上、线下相结合的方式，极大地提高其办事效率。电子商务的发展促进领导能力精英化、管理能力专业化，加快了实现乡村治理现代化的进程。

电商发展促进组织振兴的展望如图 7 - 14 所示。

农村基层党组织焕发新活力	农民合作社和农村集体经济快速发展	乡村治理现代化进程加快
· 电子商务的发展对农村基层党组织领导能力提出了更高的要求，促使党员干部提升自己的核心领导能力。 · 电商的发展将会吸引年轻人、外出务工人员返乡，并积极向党组织靠拢。	· 电商的发展会促使农民专业合作社通过电商直播的方式拓宽销售渠道，电商合作社数量逐年增加。 · 电商为农村集体经济的发展提供了新路径，增加村集体收入，实现良性循环。	· 电商吸引大量人才、社会组织等参与乡村治理，推动乡村治理主体多元化。 · 电商为农村地区带来了信息技术，促进领导能力精英化、管理能力专业化，加快实现乡村治理现代化的进程。

图 7 - 14　电商发展促进组织振兴的展望

第 8 章 农村电子商务助力乡村振兴的政策建议

2022 年中央一号文件明确指出，加强建设"数商兴农"工程，推动电子商务深入乡村。从前文研究可看出，近年来，我国农村电子商务迅速崛起，助力传统农业数字化转型，并持续推动乡村产业、人才、文化、生态、组织五大振兴，成为助力乡村振兴战略实施的新动能。因此，充分认识农村电子商务发展过程中存在的问题，并加以实施合理的政策措施，对助力电子商务促进乡村五大振兴而言至关重要。

8.1 强化电子商务基础设施

2021 年 11 月，国务院印发《"十四五"推进农业农村现代化规划》，强调加强农村地区基础设施建设，有序推进农业农村现代化进程。基础设施建设是提升农业农村生产力、发展现代化农业、推进农村电子商务持续发展的重要基石和必备条件。目前，我国部分农村地区基础设施建设不够完善，尤其是缺乏与农村电子商务发展密切相关的网络、物流、交通等基础设施的建设，阻碍了农村电子商务的进一步发展。因此，要通过不断提升农村地区信息基础设施、交通基础设施、物流配送体系等配套硬件设施的水平，为农村电子商务发展提供有力支撑，加快乡村振兴建设进程。

8.1.1 完善信息基础设施建设

信息网络基础设施建设对农村电子商务发展而言必不可少，2022 年中央一号文件强调，加强农村地区信息基础设施建设，赋能传统农业产业转型升级。当前，我国农村地区互联网建设速度加快、普及应用速度加速，截至 2021 年 12 月，农村地区互联网普及率达到57.6%[①]。但部分偏远农村地区的互联网设施建设仍处于落后阶段，严重影响了农村电商的持续发展。如何持续完善农村地区网络基础设施建设是当前亟须解决的难点问题之一。

政府应加大农村地区信息建设资金投入力度，设立农村信息基础设施建设专项资金，明确扶持政策。推动农村地区基础网络工程建设和改造，开展农村地区 4G 基站补盲建设，实现农村地区宽带设施的全方位覆盖，并逐步推动 5G、千兆网络等新一代互联网在农村地区的部署建设，完善农村地区信息化网络建设，持续推动前沿信息技术与农业产业链的深度融合发展。加强农村区域网络运行维护，提升农村地区网络质量，实现农村和城市"同网同

---

① 第 49 次《中国互联网络发展状况统计报告》，CNNIC，2022 年 2 月 25 日。

速"，缩小城乡数字鸿沟，逐步提升农村地区物流和数字服务设施水平。同时要注意到我国数字基础设施的使用成本要高于发达国家，使得我国仍未能快速推进互联网基础设施应用。鼓励支持电信、移动等运营商对农村地区使用互联网技术所产生的网络流量费给予部分优惠，加速农村信息化建设。逐步推动人工智能、物联网、大数据等现代前沿信息技术与农村生产、生活的深度融合，促进传统基础设施实现数智化改造。

8.1.2　完善交通基础设施建设

农村交通工程建设是解决"三农"问题的重要基石，是促进农村地区对外交流的重要纽带，能够有力推进农村产业发展和经济进步。其作为提升农村地区公共服务水平的重要抓手，在推进电子商务深入农村地区、助力乡村振兴方面发挥着重要作用。当前我国农村道路建设已取得一定进展，但与农村地区电子商务的实际发展需求相比，还面临着质量落后、数量不足等问题。

持续优化农村地区交通道路设施，要大力推动农村地区"四好农村路"建设，带动农村公路结构升级和质量提升，结合农村各乡镇（村）的具体布局和实际情况，推动乡镇对外公路建设改造，推进乡、镇、村互通互联，构建内畅外联的农村道路交通体系，提高农村物流配送效率，降低运行成本。鼓励支持各县域积极开展高品质示范路、"最美农村路"等活动，充分发挥示范带动效应，为农村电商发展提供有力的交通支撑。另外，建立健全长期稳定的农村公路养护长效机制，利用数字化工具等信息平台，实时跟踪监管农村公路安全隐患、道路治理等情况，强化农村公路应急保障能力，延长农村公路使用寿命，切实提升农村公路质量水平。加强农村公路安全保障机制建设，安排人员进行道路常态化巡查，及时处理农村公路安全设施缺乏、标志牌遮挡、路牌缺失等安全隐患，提升农村道路路况水平和安全通行保障能力，为电子商务深入农村地区提供有力的硬件支撑。

8.1.3　完善物流配送体系建设

在电子商务发展过程中，完备的物流配送体系至关重要，物流配送质量和效率直接关系到消费者的购买体验和消费评价。当前我国部分农村地区没有电商配送站点，导致电子商务与物流配送设施断联，严重限制了农产品的销售。特色生鲜农产品（蔬菜、水果等）易变质、保质期短，对农村地区物流配送和仓储体系提出更高要求。

解决乡村物流发展难题，关键在于加强基础设施建设，并配套建设乡村应急保障物流体系，着力完善以县域为中心、乡镇为节点、村为末端的农村地区三级物流配送体系，解决农村电商产品配送难问题。着眼于解决农产品进城"最初一公里"和消费品下乡"最后一公里"问题，合理布局各个网点和线路，不断加强农村物流配送基础设施和服务网络平台建设，确保物流配送站点实现乡镇村全覆盖。促进农村电商和物流配送行业的深度融合发展，建设"互联网＋电商＋农村服务"的新型体系，搭建综合性农村物流信息服务平台，动态跟踪快递配送进程，确保农村群众能够实时查询到快递物流信息，并享受快递到货短信提醒、送货上门等服务，推动农村一、二、三产业融合发展。加大农村公用型、共配型物流场

（站、点）等基础设施的建设投入力度，合理有序布局一批物流基地、分拨中心、配送站点和冷链仓储设施，实现集中仓储、集中分拣、业务整合、统一配送。建立标准化、规模化的物流配送流程，将快递包裹更快捷、更高效、更安全地送到消费者手中，降低物流企业运营成本。另外，大力推行绿色采购、绿色加工、绿色包装和绿色运送等农村物流运作模式，促进乡村生态振兴。

8.2　壮大农村电商主体

当前，我国农村电子商务持续快速发展，并获得一定成就。2020 年，我国县域农产品线上零售额达到 7520.5 亿元，同比增长 3.8%[①]。农村电子商务已成为农村地区拓宽销售渠道、加速产业链升级、实现经济高质量发展的重要动能，为我国乡村振兴建设做出巨大贡献。为持续推动农村电商发展，需在国家乡村振兴战略和重大政策的指引下，不断壮大农村电子商务主体，增强农村电子商务实力，为实现共同富裕赋能。

8.2.1　加大农村电商资金扶持力度

政府应加大农村电子商务的政策和资金支持力度，深度挖掘农村特色产业、资源优势并有效利用和整合，建立三级（县、乡、村）物流配送体系和公共服务网点，并在人才培训、税收优惠等方面给予更多支持和补贴。积极争取立项和专项资金，将农村电商补贴资金用于成立以县为单位的农村电商服务中心，为农村电商发展及农民创业提供业务代注册、产品设计、包装设计、网店运营、仓储物流、市场营销、售后客服等服务，有效推动农村电子商务发展。

8.2.2　创新农村电商业务模式

国务院于 2022 年 1 月发布的《"十四五"数字经济发展规划》指出，大力推动产业数字化和数字产业化进程，持续加强"互联网＋"模式与产业的有机结合。随着人工智能、VR（虚拟现实）、云计算等创新科技与产业的深度融合，重塑产业链结构，使商品生产、流通、销售得到升级改造，逐步成为促进传统产业链转型升级、提升产业链数字化和智能化水平的重要基石。在推进农村电商发展的过程中，要以国家政策为导向，助力数字经济释放对实体经济发展的倍增作用，加强数字化基础设施建设，创新农村电商发展新模式新业态，赋能农业农村发展，推动实体经济做优做强，为农民实现可观收益，推动乡村振兴建设进程。

以大数据、云计算、5G 等新一代信息技术为基础，以国家大力推行电子商务深入农村建设为契机，结合当地产业发展实际情况，挖掘农村地区休闲观光、健康养老、文化体验等多元丰富的特色价值，推动农村电子商务与农业、旅游业深度融合，探索农业与加工、旅游

[①] 《2021 全国县域农业农村信息化发展水平评价报告》，农业农村部市场与信息化司、农业农村部信息中心，2021 年 12 月 20 日。

等多产业融合的可持续发展模式，如"电商＋产业""互联网＋电商＋旅游""互联网＋企业
＋农户"，使农村电商实现规模、效益同步发展，实现乡村共享经济新业态。鼓励农村电商
发展"线上营销、线下服务""线下体验、线上交易"等经营模式，充分发挥直播电商、集
体采购等新模式的带货能力，引领电商企业不断拓展农产品销售新路径。推动大型电商企业
助力传统农业数字化转型，建立农业现代化产业园、智能化仓配网络、农产品直采基地，全
面提升农产品生产加工、流通销售的数字化、智能化水平。推进农村地区跨境电商发展，通
过采取直播电商、社交电商等多元化方式，建立线上线下结合、境内境外联动的跨境电商营
销体系，拓宽农产品销售渠道，并大力培育具有国际影响力的农村跨境电商龙头企业，有效
带动农产品品牌国际影响力的提升。另外，运用"农业＋金融＋电商"模式建立乡村振兴示
范试点，根据农村地区不同产业、企业的金融需求，促进农村地区电商企业和资本市场的有
效联结，助力我国乡村振兴建设。

8.2.3　营造良好的农村电商氛围

深入开展国家电子商务示范基地创建活动，逐步引导其向农村地区延伸，并借助综合评
价、分类指导、动态调整等手段，逐步提升电子商务示范基地创建水平，为农村电商发展营
造良好环境。大力扶持有基础、有潜力的本土电商企业，并积极引进知名电子商务交易平台
和企业，增强农村地区电商企业与公众的信心。同时，加强农村电子商务公共宣传推介，通
过录制音频视频、悬挂宣传条幅、开办丰富多彩的活动等多种方式进行全方位宣传，营造农
村电商发展的浓厚氛围。录制农村电商相关音频，利用乡村大喇叭对电子商务进农村相关知
识（电子商务基础知识、典型案例、成功企业）进行全面宣传。制作农村电子商务宣传视
频，设立路牌广告、宣传条幅，开展内容丰富的农村电子商务系列活动，如"农村电子商务
动员大会""农村电子商务经验分享会""农村电子商务技能大赛"等，让公众及时了解电商
知识及电子商务在农村发展中的重要意义，提高企业和普通百姓对电子商务的认知水平。在
电子商务平台设置农村地区板块，对农特产品、农村旅游、农村电商等进行科普宣传，引导
社会各界对农村电商的关注和支持，全面推进农村电商的持续健康发展。

8.2.4　发挥农村电商集聚效应

随着新一轮科技革命和产业变革的蓄势待发，农村电商产业生态、产业集群这种新生事
物依托于传统产业和电子商务平台，形成规模效应和协同效应，成为农村经济发展的新着力
点。建立农村电商产业集群，要聚焦特色主导产业和重大项目建设，建立"产业＋电商"
"党建＋电商"等系列电子商务产业园，通过加大招商引资力度，引入辐射作用大、运营模
式新、技术含量高的电商企业，吸收成功和先进经验，有力整合产业资源，提升企业间的合
作匹配度，并为园区内电商企业提供孵化、培训、运营等一体化服务，充分发挥电子商务集
聚效应，实现农村电子商务经营、物流、服务等产业体系稳步长效发展。

同时，推动产业互联网与电子商务平台深度融合，使数字化产业全方位渗透到各个线下
农村产业集聚区，构建全产业链、全价值链贯通的新型生产结构和服务体系，实现农村电子

商务数字化发展新突破。围绕农业主导产业和特色优势产业，坚持"一村一品"理念，选择具有特色优势的乡镇，联系龙头电商企业一对一帮扶，打造有特色的农村电商专业村，塑造特色农产品品牌，扩大电商规模，增强协同效应，辐射带动农村特色优势产业发展。对具有引领作用的农村电商龙头企业和示范企业给予足够重视，大力培育一批本地龙头和示范电商企业，打造区域电商品牌，形成带动和示范作用，打造智能化、数字化的智慧生产集群，赋能农村电商标准化、数智化转型升级，促进农村电子商务市场的发展。

8.3　完善农村电商服务体系

随着以互联网、大数据、云计算为代表的前沿技术在农村产业的不断应用，电子商务深入农村发展，为乡村振兴建设提供新动能。为顺应当下农村地区数字化转型的环境变化，加速电子商务与农村农业的有机结合，实现农村电子商务高质量发展，需不断加强农村电子商务服务体系建设。

8.3.1　建立电子商务公共服务中心

积极搭建县（乡）服务站点，形成"县域服务中心＋乡镇服务站＋村级服务点"的三级网络服务体系。通过多种数字化工具，为当地电子商务企业和个人提供运营、营销、摄影、行政、技术咨询、培训等多元化服务，实现资源有效对接和利用。以农村电子商务公共服务中心为核心纽带，加快农村电商网点数智化改造，提升服务中心综合性服务水平、建设农产品物流配送中心等，逐步完善农村电子商务公共基础服务体系，推进农村电子商务发展与进步。全力打造以农村电子商务发展为核心，集信息咨询、商品流通、跨境销售等服务于一体的综合性服务平台，为企业和个人提供全方位、全过程、多元化的"链条式""一站式"孵化服务。支持鼓励家庭农场、农业合作社、传统企业等搭建电商平台，积极引导企业和农民利用电商平台进行农特产品宣传、营销和销售，有效扩充农产品销售渠道，提升企业和农产品知名度和影响力，推动产品品牌化建设，实现农产品生产标准化、规范化，提升企业和产品影响力，促进农村电子商务蓬勃发展。

8.3.2　完善电子商务安全服务体系

完善农村电子商务的农产品质量安全监管体系，加强农产品溯源体系和质量安全检测体系建设，实现属地可追溯、风险可监控、去向可追查的农产品安全监管新机制，不断提升农产品生产、流通标准化和安全化水平。建立农产品溯源管理系统，利用大数据、二维码等新一代信息技术，对每一件农产品进行"身份"标识，做到"一品一码"，解决生产端和消费端之间信息不对称的问题。建设农产品质量监管体系，对农产品种植、采摘、生产、包装等产业链全过程进行动态监控，确保农产品质量达标、提升产品品质。在县级农村电子商务公共服务中心开设产品质量检测服务窗口，为本土电商企业和农民提供质量检测服务，确保农产品质量安全。定期组织开展电商农产品质量专项抽查,对不合格农产品及时公布报道,要求电商企业下架停止销售,并督促相关政府主管部门采取后续处罚措施,逐步提升农村电商产品质量安全水平,提高公众消费满意度与认可度,增强农产品品牌影响力与竞争力。

8.3.3　完善电子商务诚信服务体系

强调以诚信为本的农村电子商务经营理念,实现农村电子商务持续健康稳步发展。逐步完善农村电商市场监管体系,建立奖惩分明的管理机制,对农村地区电商主体进行有效约束,实现农村电子商务规范化、标准化发展。以国家政策为导向,建立涵盖基础信息、经营信息、市场信用信息、企业公用信息及其他信息等的农村电子商务企业诚信档案,引导农村电商企业不断完善诚信档案信息。在农村电子商务公共服务平台开设"信息共建"板块,开展企业注册信息诚信认证服务,鼓励企业积极建立并完善诚信档案,将档案信息上传至相关平台供消费者查询,实现信息对称,降低交易风险。逐步推动诚信档案应用,引导更多农村电商企业、信用服务机构和行业协会等多方共同参与农村电子商务诚信服务体系建设。加强农村电商企业内诚信文化建设,充分发挥当地龙头企业的示范作用,引导企业合法合规运营。

8.4　加强农村电商人才资源建设

加快农村地区电子商务发展离不开专业技术人才、管理人才的有力支撑。农村电商人才能够合理运用互联网等数字化工具,以更快速度、更高质量学习接纳新型数字技术,有效拓宽农产品销售渠道。同时,农村电商人才可以有效利用大数据平台分析农产品需求和消费趋势,及时调整产业链生产结构,优化农产品生产过程。由于农业生产受季节、地域、生产周期等多因素影响,更加需要既懂得农产品生产管理又懂得电商运营的复合型人才。但是,由于我国农村地区条件艰苦、人才培养激励制度不够完善,农村地区电商人才"培育难、引进难、留住难"现象突出。目前农村电商建设人力资源面临严重不足,导致产品生产、营销推广、包装设计、数据分析等方面均面临不同程度的人才缺口,严重阻碍了农村电商发展。因此,加强电商人才队伍建设对推动农村地区电商发展和加速乡村振兴建设进程意义重大。

8.4.1　加强基层党组织建设

基层党组织建设对培育农村电商人才、扩充人才储备至关重要,要以加强农村基层党组织建设为重要抓手,不断提升治理能力水平,推进农村电商发展和乡村振兴建设。以县级党校为主体,通过线上线下结合的教育模式,让县乡党组织同步获得有关农村电商的学习资源,提升基层党组织的电商基础知识和管理能力水平,带领群众进行学习,不断扩充农村电商人才队伍。加大基层党组织的电子商务培训力度,培育一批有电商知识和优秀管理能力的领头人,逐步提升农村基层党务干部的电商管理水平,对农村电商进行有效监督管理,推动农村电商迅速发展。在返乡入乡进行电商创业的优秀大学生中，建立"优秀人才－党员－支部成员－村党组织书记"的培养链条机制，对符合入党条件的候选人才进行重点培养，加大基层组织优秀青年人才的培养力度，为农村电商发展提供新动能。

8.4.2 完善人才激励机制

由于农村地区条件艰苦、生产的季节性强，电商人才长期持续收入不高，更需要有高效合理的激励制度对农村电商人才进行不断的激励，为农村电商发展留住本土人才、吸引外来高端人才，并有效调动农村电商人才的工作积极性和职业认同感。完善农村地区电商人才激励机制，可安排专项资金对农村电商成功企业、个人进行激励，为企业、个人提供办公设备、办公场地、扶持补贴等一系列资金支持，营造良好的农村电商发展环境。积极争取电子商务进农村专项资金，指导传统农村企业招揽人才进行数字化转型、开展跨境电商业务，并对有较大成果的农村电商领域优秀企业和个人给予政策倾斜和重点支持。利用农村电商人才专项资金设立人才基金，重点加大对各领域优秀团队、领军人才和新创业人才的激励力度。将人才队伍建设工作纳入各级考核体系，突出对人才引进、激励、培养等重点指标的考核。

8.4.3 加大人才引进力度

当前，我国人才引进政策机制大多在城市地区实行，在农村地区并未形成专门的政策体系，而县外高端人才引进是农村电商人才队伍建设的重要组成部分。为推动农村电商高质量、可持续发展，需不断加大外来高端人才的引进力度，打造农村电商人才"蓄水池"，为促进农村电商发展和乡村振兴提供现代化、专业化人才支撑。重视农村电商人才引进，构建农村电商人才引进机制，落实创业优惠政策和人才引进政策，鼓励大学毕业生和拥有电商知识、实践经验的优秀青年到农村创业，为返乡入乡创业人才提供政策和资金扶持，带动农村电子商务高水平、高质量发展。组织开展技能大赛、农村电商交流会、成果展示分享会等创新活动，大力宣传返乡创业人才的成功案例，吸引更多优秀人才加入农村电商行业，为农村电商发展提供强大的人力支撑。着力搭建返乡入乡创业平台，建立特色农业创新创业基地、园区和示范县，为返乡创业人才提供实习实训机会，丰富实操经验，提升专业技能。为外来高级技术人才、运营管理人才、实用型人才制定高端人才优惠政策（住房、就业、医疗等），吸引更多电商优秀精英入乡创业，解决农村空心化问题，缓解农村电商发展对专业人才的迫切需求。

8.4.4 完善人才培养机制

在壮大农村电商人才队伍、助推农村电商发展过程中，重点之一是不断完善农村电商人才培养机制，通过专业的电商知识培训持续提升农村电商人才的基础知识水平、实践能力、运营管理能力等，不断为农村电商发展输送专业的生产、管理、运营、营销等复合型人才。

在培养机制完善方面，政府应加大政策支持和引导力度，高度重视农村电商人才资源建设。构建政府、学校、企业三方联合的农村电商人才培养机制，结合当地农业产业发展的实际情况，为农村电商企业输送专业性人才。鼓励督促高校加强与电商企业的合作，搭建校企联合的实习实训基地，提升学生的实践操作能力，并定期组织对农民的培训，积极探索农村电商人才的培养新模式，为农村电商人才队伍建设提供全方位支撑。设立农村电商人才孵化和管理机制，为其提供技术指导、信息咨询、跟踪帮扶等服务，推进电商人才与当地企业、实训基地对接。构建多层次、全方位的农村电商培训体系，鼓励农村地区学校、电商企业联合县级电子商务公共服务中心开展线上、线下相结合的电子商务培训。

另外，政府可定期邀请知名电商企业、专业讲师开办交流会、讲座等活动，传授电商基础知识、视频拍摄、直播带货、线上营销等丰富经验，增强本土电商人才的专业知识技能，逐步实现农村电商标准化、品质化。重点加强对农村青年、返乡创业大学生、大学生村官、返乡农民工、农村妇女、镇村干部等人群的电子商务培训，提升其运用电子商务的能力和水平。搭建跨境电商人才培养机制，培育厚基础、强能力的综合型、复合型跨境电商人才，为当地电商企业拓展全球市场、打造国际品牌提供有力支撑。建立健全农村电子商务培训追踪服务机制，为公众提供后续实践指导服务。推进建设家庭农场、农民合作社等新型经营主体，培养农村电商领头人。充分发挥电商领军人才作用，建立"一对一""一对多"帮扶机制，逐步优化农村电商人才结构。

8.5　加强农产品品牌化、标准化建设

农村电子商务发展有效解决了农产品上行难问题，推动城乡商品双向流通，为农民扩充农产品销售途径、获得更多收入。随着新消费时代来临，消费者不再满足于过去的单一需求，品质化、品牌化开始主导消费市场，消费者更加注重消费体验、产品品质与品牌价值。因此，如何有效利用电子商务平台优势打造特色农产品品牌、提升农产品生产质量，实现农产品品牌化、标准化，为农民创收提供持续性保障，成为农村地区企业发展的新着力点。

8.5.1　推进全产业链数字化升级

经过多年发展，数字经济已成为我国经济高质量发展、带动传统产业转型升级、实现共同富裕的重要引擎和重要动能。2020 年，我国数字经济总体规模达到 39.2 万亿元[①]，规模稳居全球第二。随着人工智能、大数据、物联网等数字化工具在生产制造、运营模式等方面的创新应用，对推动传统农业产业转型、实现产业链数字化升级意义重大。一方面，推动数字经济深入融入农业农村发展，有助于乡村振兴利益分配机制的不断完善，利用数字平台对农业产业链进行改造，使农产品小生产者摆脱对中间商的依赖，将农产品种植、生产、流通等环节的利益最大化留在乡村，助力农民获得更多环节的利益分配，增加农民的收入。

另一方面，推动"电商＋运营"模式运用，加速电子商务与农村传统产业的有机结合。

---

① 《中国数字经济发展白皮书（2021）》，中国信息通信研究院，2021 年 4 月。

依托电商平台的独特优势，有效整合市场资源，利用大数据、云计算、互联网等新一代信息技术重构传统农业企业研发、生产、流通等各个环节，提升产、供、销全产业链智能化、数字化水平，实现全链路数字化。充分利用电商平台的订单农业手段，提升农业生产端、供应链端的数智化水平。鼓励电商企业积极探索"互联网＋运营"新模式，开展线上线下一体式运营，并利用大数据平台进行直播销售、集中采购、产地直销等，减少交易成本、降低流通损耗，拓展农产品流通途径，解决农产品滞销问题，为农民创造更多收益。

8.5.2 打造特色农产品品牌

近年来，党中央、国务院高度重视品牌工作，提出全面落实"三品"（品牌、品质、品种）战略，并出台《国家创新驱动发展战略纲要》《中国制造2025》《国务院办公厅关于发挥品牌引领作用推动供需结构升级的意见》等一系列文件，为农产品品牌建设提供新方向、新思路。随着新零售模式的快速发展，消费者愈发注重产品附加值，尤其是产品品牌影响力带来的溢价，依托电子商务平台打造特色农产品品牌也逐步成为助力乡村振兴的重点。

农产品品牌建设要以政府为主体，鼓励各地依托地域、资源优势打造特色农产品品牌，建立特色农产品产业带，发动电商企业、行业协会、农民合作社参与农产品品牌策划、产品开发、产品营销等环节，持续推动知名产品品牌—企业品牌—区域品牌建设，提升农特产品的价值和影响力，实现农产品品牌化发展。充分发挥龙头企业的引领作用，以政府为主导，运用农村电子商务平台、电视台、报纸等平台，以平台数据和流量为支撑，对农特产品品牌进行多层次、多元化宣传，逐步提高农产品品牌知名度和影响力，提升农产品产业价值，带动相关产业发展，创造品牌溢价，助力乡村振兴建设。鼓励农村电商企业打造新消费理念——绿色的农产品品牌，如绿色养生食品、有机农产品等，并利用电子商务平台进行产销对接，实现多个消费端供给。另外，强化农产品品牌意识，引导企业申报注册农产品商标，为尚未进行相关质量认证的企业提供"三品一标"等相关认证的辅导和帮助，加强农特产品品牌建设。

8.5.3 完善农产品标准化体系

随着我国经济的蓬勃发展，消费结构逐步向品质化、中高端升级，社会公众对农产品品牌、品质提出更高要求。消费者不仅关注农产品的品牌价值，更关注农产品和相关服务的质量。但由于农村地区存在生产技术不达标、基础设施不完善等诸多因素，农产品质量不一、产品破损，甚至出现食品安全问题，严重影响消费者体验感。此外，农产品信息管理不完善加剧了消费者与企业之间的信息不对称问题，消费者无法了解农产品是否严格按照国家标准或行业标准进行生产加工，导致劣质甚至有害农产品在市场上流通，一定程度上阻碍了农业产业的发展。

加强县域农业产业标准化体系建设，提高农产品质量安全水平对农产品走出农村、扩大销售市场尤为重要。其建设需发挥政府部门的主体引导作用，大力推进农产品标准化生产，联合行业协会、电商企业、专业机构，着力研究农产品技术标准、生产作业标准、成本计量标准，确保农产品生产严格按照标准进行。按照统一标准进行土壤施肥、种植、采摘，严格把控农特产品生产、加工环节，缩小产品差异性，确保可供流通的农产品具有统一商标、规格、包装等，实现农产品品牌、包装、质量、标准一致化，加速农产品标准化建设。完善农产品质量安全检测及溯源体系，通过二维码等数字技术，实现"一品一码"，开展农产品身份认证，并通过互联网公布信息。合理划分农产品品级，促进企业提高农产品质量，限制劣质产品上架销售，实行分等级定价、以质定价、优质优价，有效提升在售农产品质量水平。

8.6　建立健全监管制度

由于农村电子商务运营涉及平台、消费者、企业、农民等多个主体，监管不足会导致多方利益受损、扰乱市场秩序。在农村电子商务发展过程中，需不断完善相关法律法规，由统筹推进机构负责落实，构建全方位、多层次的农村电子商务监管体系，不断加大农村电商的监管力度，规范农村电商运行，营造健康有序的市场环境，逐步实现农村电商规范化、有序化、标准化发展。

8.6.1　完善相关法律法规体系

与电子商务的迅速发展相比，我国相关政策法规仍不够完善。虽然《中华人民共和国电子商务法》已于 2019 年实施，但对于平台责任、数据保护等相关问题仍然没有做出明确规定，立法滞后使得政府监管无法可依、数据利用不规范、电商市场不正当竞争行为频发，一定程度上阻碍了农村电商的发展。国家需进一步制定相关法律法规，加强立法解释，逐步完善电子商务政策体系，为农村电商健康、有序发展营造良好环境，提供强大政策支撑，实现农村电商规范化、可持续发展。

8.6.2　设立电商统筹推进机构

从现有的电商监管体系来看，由于农村电子商务的交易流程和交易环节同时受到商务部、工信部、发改委、市场监管总局等多个部门的监管，多部门联合管理容易造成重复监管、监管力度分散、监管真空局面。因此，电子商务行业亟须设立一个统筹推进机构，统管电子商务行业的发展，对行业行为进行有效约束，并促进区域间、行业内电子商务数据的实时共享，推动电子商务监管体系全方位、多层次建设，为农村电商发展提供有力保障。

8.6.3　加大农村电商监管力度

建立健全农村电商监督管理制度，加大农村电商监管力度。根据农村电子商务发展的实际情况，对现有法律法规进行有针对性的补充完善，以进一步明确电商交易中平台方、交易双方的责任和义务，为相关执法部门提供合理的执法依据。加大农村电商相关政策的宣传力度，促进相关企业和个人遵纪守法，共同维护电商发展的良好环境。督促各级政府、县商务局等部门履行各自职能，建立覆盖政策落实、项目实施、资金投入等方面的全链条监管机制，强化农村电子商务市场管理，对严重扰乱农村电商发展环境的违法违规行为给予严厉处罚，推进农村电子商务健康有序发展。引导农村电商企业诚信经营，在电商平台上披露假冒伪劣产品及相关企业信息，持续强化电商诚信体系建设。利用微信小程序、手机 App 等平台开通线上监督渠道，拓展监督范围、创新监督方式，及时处理解决公众所反映的问题，并对相关违规行为进行严厉处罚，逐步加大对农村电商的监管力度，推动农村电商规范化、有序化发展。

附　　录

案例一　"电子商务＋坚果产业"：三只松鼠跨区域促进乡村产业振兴

一、三只松鼠发展历程

三只松鼠属于依托电子商务的发展而成立的零食品牌，2012 年成立于安徽省芜湖市，成立之初主要通过线上模式销售包装型坚果类零食。三只松鼠提出"以数字化推动食品产业进步，以 IP 化促进品牌多元化发展"的战略，有效推动了我国国产零食的发展。如今，其已成为国内规模领先的以坚果为主的休闲食品品牌。三只松鼠企业上游供应商主要为坚果类农户，坚果类农产品具有保存和运输成本低、单位价值高、口感品质波动不明显等特征。三只松鼠成立首年，以"双十一"766 万元销售额的业绩刷新了天猫食品行业单店日销售额最高纪录；2 年后，三只松鼠"双十一"单日销售额破亿，全年销售额突破 10 亿元；2019 年，年销售额破百亿，并成功在创业板上市；自 2016 年至 2020 年，连续 5 年蝉联全国销量第一的零食品牌[①]。作为发展速度较快的电商品牌，三只松鼠在助力乡村产业振兴中不断发挥重要作用。

2020 年，三只松鼠坚果品类营业收入约 48.48 亿元，2021 年，坚果品类营业收入超过 50 亿元，占比超过 50％。2021 年，三只松鼠研发投入约 5754 万元，主要用于坚果健康化升级项目和坚果保鲜技术及加工技术的研究，通过产品研发升级避免产品同质化竞争，提高坚果品质的稳定性。

三只松鼠的经营模式主要包括两个方面：一方面，通过"直播＋短视频"、开发衍生周边、制作动画片等方式将品牌 IP 化，以推动全域精准营销；另一方面，以"聚焦坚果＋精选零食"的产品模式，为客户提供坚果、烘焙、肉食和果干等多品类休闲食品。三只松鼠在研发端采取"内部食品研究院＋平台化合作研发"的模式，通过对消费者数据的评估和分析，推动产品创新。三只松鼠在采购生产端连接了数百家原材料供应商及食品加工生产合作伙伴，并将联盟工厂作为战略供应商，建立利益共同体，加强产品的生产管理。在销售端，三只松鼠采用"线上＋线下"全渠道布局的形式，其中线上渠道通过 B2C 电商旗舰店和 B2B 电商平台与消费端建立连接。其中，B2C 模式以零售为主，覆盖了天猫旗舰店、京东旗

① 《新消费时代休闲食品消费趋势研究》，商务部流通产业促进中心。

舰店、拼多多、抖音、唯品会、苏宁旗舰店等，经营主体为三只松鼠；B2B模式以分销和批发为主要交易类型，覆盖了京东自营、天猫超市、零售通等电商平台。

二、做法与成就

（一）以创新驱动乡村坚果产业振兴

目前，三只松鼠与江南大学、中国农业大学等多所高校开展深度合作，以技术创新带动坚果行业的发展。当前，三只松鼠共申请专利约400件，授权专利超过100件，其中，发明专利18件。三只松鼠围绕坚果相关标准与高校开展合作，参与和主导制定修订的相关标准十余项。通过创新和专利，其完善了坚果行业标准，推动了坚果产业的发展。如针对坚果霉菌，三只松鼠公布了一项快速检测技术专利，帮助解决产业中的产品筛选难题，推动了坚果产业的高质量发展。

（二）以技术推动乡村坚果产业振兴

三只松鼠在精进创新的基础上，不断融入技术要素，支撑品牌发展，推动乡村坚果种植产业与技术的融合，将先进的设备和技术引入乡村、引入农场，将大数据资源和消费者喜好等内容引入生产基地，链接乡村生产端与消费端，不断推进产业振兴的步伐。三只松鼠的技术支持，既解决了自身的进口依赖问题，又实现了对国内坚果产业的改造升级。借助三只松鼠的规模优势和技术支持，云南已成为世界最大的夏威夷果生产基地。此外，三只松鼠向宁国地区导入现代林业技术和服务，为当地打造了山核桃品牌，带动宁国产业振兴发展。

（三）以资本助推乡村坚果产业振兴

三只松鼠作为备受欢迎的零食品牌电商，自成立以来便深受资本的关注。三只松鼠通过接受风险投资等方式吸纳社会资本，间接为乡村产业发展注入了更多资本要素。三只松鼠成立至上市的过程中，经历了多轮融资，其中单轮最高融资超过1亿元（如图1所示）。三只松鼠每年投资近3亿元用于原料采购，向合作社或农户采购原材料占采购总金额比例超过30%。三只松鼠有效缓解了乡村坚果产业的生产和销售困境，更好地推动了乡村坚果产业振兴。

2012年	2013年	2014年	2015年	2016年
A轮融资 75万美元	B轮融资 750万美元	C轮融资 1600万美元	D轮融资 1.66亿人民币	E轮融资 3750万人民币

图1　三只松鼠融资历程

（资料来源：三只松鼠招股说明书）

（四）以销售促进乡村坚果产业振兴

2022年，三只松鼠在各家电商平台的销售规模均保持在高水平。在天猫年货节销售额达2.34亿元，京东超级品牌日的销售额破亿元，年货节期间在抖音电商渠道商品交易总额累计3.4亿元。三只松鼠利用自身销售优势，为乡村产业振兴提供了动力：一方面，极大拓展了乡村坚果产品的销售市场。基于庞大的销售规模，三只松鼠坚果的原料需求旺盛。2019

年，三只松鼠坚果品类原料采购规模约 38.99 亿元；2020 年，由于疫情影响，三只松鼠采购规模下降；2021 年又再次回升。三只松鼠庞大的采购规模为全国坚果产业的发展开拓了市场空间。另一方面，三只松鼠通过"帮一把"计划，将电子商务利好回馈乡村和农户，为乡村产业振兴提供动力。例如，三只松鼠每年从新疆地区采购百余吨灰枣，通过电子商务平台售往全国，再将所得利润用于推动当地教育等基础事业建设。

三、经验启示

电子商务作为信息化的平台，其商业模式的创新在乡村产业振兴发展过程中大有可为。三只松鼠借助电子商务平台，运用轻资产的经营模式，将农产品与消费端建立紧密的联系；通过自身品牌的发展，吸引社会资本进入。通过产学研融合，为坚果产业注入技术要素，推动行业的发展与进步。通过电子商务模式，将不同地区的不同产品融合发展，为不同地区的坚果产品赋予共同的品牌效应，打破地域限制，极大地拓展了坚果类农产品的市场空间，拓展了乡村产业振兴发展的格局（如图 2 所示）。

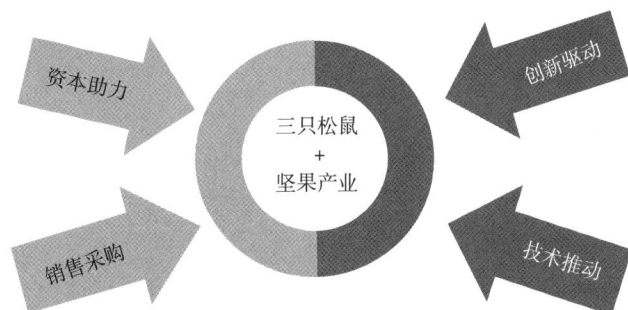

图 2　三只松鼠电子商务促进乡村产业振兴经验

案例二 湖南宁远：守正创新，引领乡村人才新发展

一、背景介绍

宁远县，隶属于湖南省永州市，县域面积 2510 平方千米，下辖 4 个街道、12 镇、4 个乡、687 个行政村，总人口 83 万人。宁远自然风光秀美，是安家置业的桃源胜地，是潜力巨大的创业就业热土。多年来，宁远始终秉持着创新创业的初心，持续推进电子商务进村工作，为广大乡土人才奠定了坚实的电商创业基础以及提供了众多的就业岗位，持续推动乡村人才返乡、留乡等，引领乡村人才新发展，推进乡村全面振兴。在电子商务带动下，单2021 年宁远县即新增返乡创业人员近 2000 名，其中在外成功人士返乡创业 113 名，带回项目 67 个，资金 1.96 亿元。

二、具体措施

乡村振兴，人才是基石。为贯彻落实国家乡村振兴战略，宁远县借助于电商这一新兴商业模式推动乡村人才兴旺，为乡村全面振兴助力。具体看，宁远县通过深化农村电子商务培训形式、创新电子商务创业模式、举办电子商务赛事、打造多元化的电商服务以实现乡村育才、引才和留才，进而助力乡村人才振兴（如图 1 所示）。

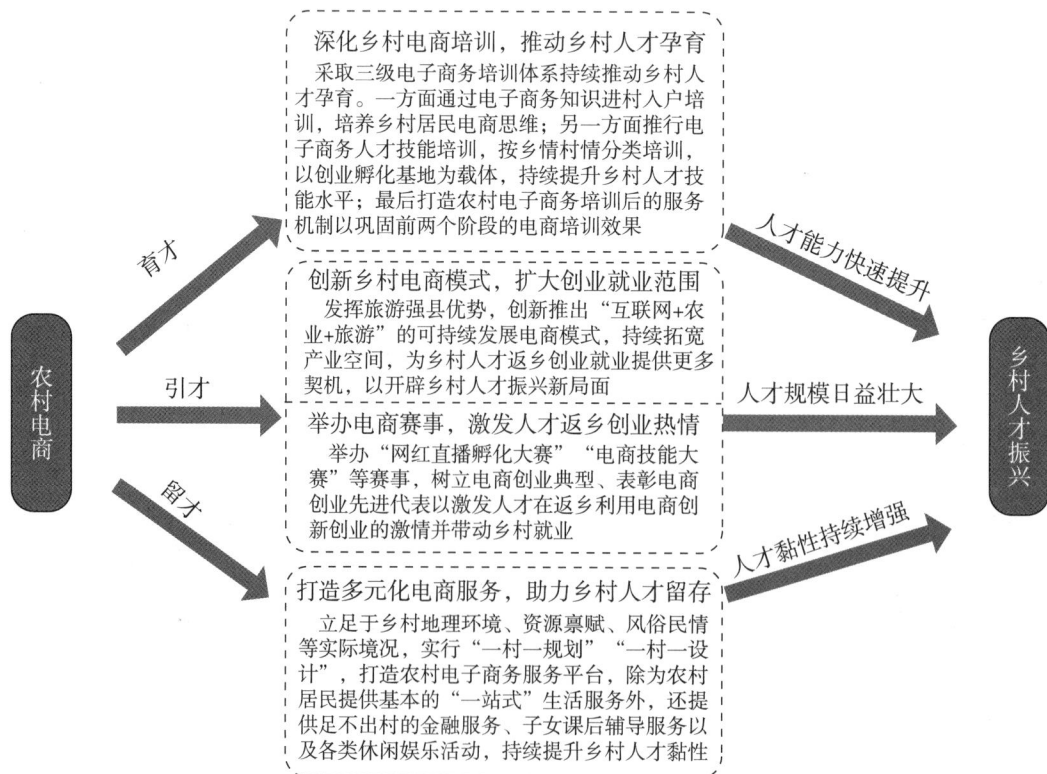

图 1 湖南宁远借电子商务助力乡村人才振兴

（一）深化乡村电商培训，推动乡村人才孕育

近年来，宁远县以"村播带货"为切入点，不断优化电商人才培养环境，持续加大电商人才培育力度，加快培育新型农业经营主体以强化乡村振兴人才支撑，已然形成了电子商务知识进村入户培训、电子商务人才技能培训和电子商务人才跟踪培训孵化三级培训体系（如图 2 所示）。

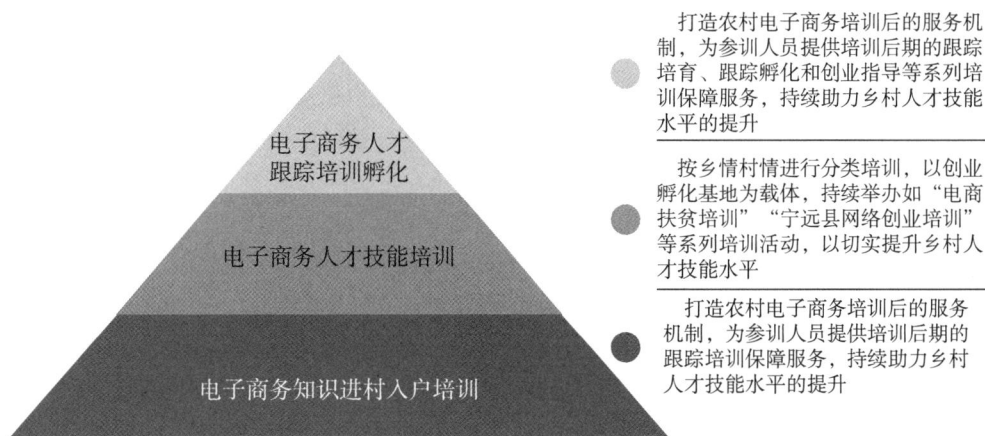

打造农村电子商务培训后的服务机制，为参训人员提供培训后期的跟踪培育、跟踪孵化和创业指导等系列培训保障服务，持续助力乡村人才技能水平的提升

按乡情村情进行分类培训，以创业孵化基地为载体，持续举办如"电商扶贫培训""宁远县网络创业培训"等系列培训活动，以切实提升乡村人才技能水平

打造农村电子商务培训后的服务机制，为参训人员提供培训后期的跟踪培训保障服务，持续助力乡村人才技能水平的提升

电子商务人才跟踪培训孵化

电子商务人才技能培训

电子商务知识进村入户培训

图 2　宁远县三级电子商务培训体系

为增强农村地区对电子商务的认知，培养乡村居民电商卖货的思维，激发广大农村群众的内生动力，宁远县率先开展了电子商务知识进村入户培训活动，但考虑到乡村居民对电子商务可能存在一定的认知不足，影响培训效果，宁远县在入户培训过程中，采用循序渐进的方式。首先，培训师通过介绍电子商务的基础知识、电子商务发展现状、趋势和政策等内容，让农村居民初步形成电商意识，为后续培训内容奠定基础。而后，进一步就如何开展农村电商创业路径、发挥农村电商在带动农产品上行的重要作用等问题向农村居民讲清楚、讲明白，以激发农村居民电商创业热情。最后，采用案例分析的方式以进一步巩固和加强农村住户对电子商务在农村所发挥带动作用的认识，形成或提升网销技能。

为进一步增强农村居民的电商创业热情，宁远县依托电子商务人才培训孵化中心开展电商人才技能培训。不同于其他县电商培训，宁远县创新推出按乡情村情进行分类培训，即首先对各乡镇电商人才培训的实际需求进行摸底，按照区域、行业等进行划分归类，然后以创业孵化基地为载体，以电商从业人员、大学毕业生、农村青年为主要培训对象，持续举办"电商扶贫培训""宁远县网络创业培训""宁远创业培训后续服务活动"等系列培训活动，以求最大程度结合不同乡村的实情提升乡村人才培训效果。培训活动大多以电子商务理论结合案例分析的方式施行，不仅深化农村居民对电子商务的理解，同时从实际案例中体会出电商卖货思维，激发宁远广大农村群众创新创业动力。仅 2021 年，宁远全县共举办直播电商培训 11 期，约 1000 名农村带货主播在培训中得以诞生，带动从事直播电商及相关产业的"新农人"5000 多人。宁远县亦重视培训成果的转化，主要结合当前最红火的"电商卖货"形式，从最基本的注册电商平台账号和入驻要求到操作性极强的借用平台介绍农产品、直播卖货等进行实际操作。截至 2021 年年底，全县共举办"村播带货"技能培训班 7 期，培育

带货主播逾 500 名，其中 100 名优秀学员签约直播基地，打造了如宁远血鸭等众多本土特色电商品牌，带动从事电商行业及相关产业的"新农人"5000 余名，已然形成了"村播带货"人才链。其中主播张婷便是这众多"新农人"中的一员，经过"村播带货"的培训，其成功从毫无收入的家庭主妇变身为收入不菲的网红创业者，同时在其创办的"巧颜文化创意"公司的带动下，有超过 100 名的来自城市或本土的家庭主妇从事手工编织行业，实现增收，这为宁远县的乡村人才振兴发展又提供了助力。

此外，为巩固前两个阶段的电商培训效果，宁远县还打造了农村电子商务培训后的服务机制，为参训人员提供培训后期的跟踪培育、跟踪孵化和创业指导等系列培训保障服务，持续助力乡村人才电商思维和技能水平的提升。

（二）创新乡村电商模式，扩大乡村人才创业就业范围

为激发城市人才回乡和本土人才留乡创业就业激情，焕发人才活力，作为旅游强县的宁远凭借其九嶷山国家森林公园、舜源峰、桃花岩等众多自然资源以及华夏第一陵舜帝陵、宁远文庙等诸多人文资源，在原有的"互联网＋农业"的电商发展模式上创新推出"互联网＋农业＋旅游"的可持续发展电商模式，延伸产业链条，为乡土人才提供了更为广阔的创业就业空间（如图 3 所示）。宁远县借助"互联网"这一东风并充分发挥旅游强县优势，持续催化农业和旅游业深度融合。当前，宁远县已成功引导乡村人才发展出农村休闲、农业观光等新型产业，特别是借助九嶷山国家森林公园的特有自然资源优势，在九嶷大道附近建立起九嶷山现代农业科技园，已吸引近 10 家合作社入驻，并发展起如火龙果等一大批特色农业以及培育起一批采摘园、星级农家乐等网红打卡点。在产业链的持续延展下，宁远县可供乡村人才创业就业的范围亦得到扩大，在让旅游观光客成为农产品消费者，促进宁远县农特产品销售的同时，亦持续激发乡村人才活力，不断提升人才返乡和留乡创业就业的吸引力。

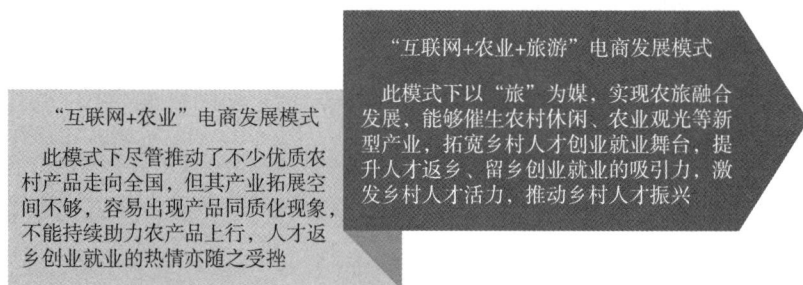

"互联网+农业"电商发展模式

此模式下尽管推动了不少优质农村产品走向全国，但其产业拓展空间不够，容易出现产品同质化现象，不能持续助力农产品上行，人才返乡创业就业的热情亦随之受挫

"互联网+农业+旅游"电商发展模式

此模式下以"旅"为媒，实现农旅融合发展，能够催生农村休闲、农业观光等新型产业，拓宽乡村人才创业就业舞台，提升人才返乡、留乡创业就业的吸引力，激发乡村人才活力，推动乡村人才振兴

图 3　宁远县电商发展模式向"互联网＋农业＋旅游"转变

此外，宁远县还在此基础上着力打造"一村一品"，即以村为单位并依据本村特有的自然资源优势打造特色电商产品，以迎合乡村人才多元化的创业就业需求，优化乡村人才结构，壮大乡村人才规模。截至目前，宁远县已通过加大招商力度、完善电商服务平台、鼓励村民创新创业等措施，带动全县 100 多个村走出了"一村一品一特色"的新路子，为广大乡村人才施展才华搭建了"大舞台"，开辟出乡村人才振兴的新局面。

（三）巧借电商赛事，激发人才返乡、留乡创业热情

澎湃的电商创业热情是推动人才返乡、留乡的内生动力。近年来，宁远县为激发广大乡

村人才的电商创业热情，除为其提供必要的电商创业服务外，还大力举办电商赛事如"网红直播孵化大赛""电商技能大赛"等，以实现在比赛中既提升乡村人才的电商技能，形成比学赶超的良好氛围，又借助赛事树立起来的电商创业典型人物、创业先进人物等以激发广大乡土人才的电商创新创业激情，带动乡村就业。例如，宁远县借助网红直播大赛契机，组织惠农网高级电商培训讲师为选手们进行赛前培训和复赛辅导，以切实培育一批懂技术、善经营、紧跟时代浪潮的创业青年；同时，梳理优质农产品资源，让该县 70 余款具有本土特色的产品上架到选手直播间，并制作成参赛视频上传到各短视频平台上，让更多的在外人才了解宁远县魅力所在，推动人才来"宁"创业就业。在一场场电商大赛的带动下，众多城市人才开始注意到宁远这个小县城独有的魅力，激发了众多有识之士的电商创业热情并"流入"宁远开启了创业历程。其中，获得 2022 年宁远县网红直播孵化大赛一等奖的欧阳瑶力便是典型代表之一，2015 年其在宁远县创建了湖南省康德佳林业科技有限公司，当上了"新农人"。在其带动下，26 个创业团队在宁远县得以孵化，4 个女企业家创办的高新技术企业得以孕育，为宁远县带来了众多的新生代创业力量，推动宁远乡村人才振兴。此外，诸如"红薯大王"唐广、"青蛙公主"杨敏、"邦哥血鸭"陈大忠等亦是在电商直播赛事的宣传带动下毅然返乡创业。

（四）打造多元化电商服务，提升乡村人才留存度

实现乡村人才振兴除需引才、育才等，同样也应留才。近年来，宁远县为增强乡村人才黏性，开始着力建设农村电子商务综合服务平台和乡村综合服务网点，以打造多元化电商服务，致力于为乡村人才提供与城市无差异的生活服务体验，提升乡村人才留存度（如图 4 所示）。当前宁远县立足于乡村地理环境、资源禀赋、风俗民情等实际境况，实行"一村一规划""一村一设计"，已累计建成逾 410 个农村电子商务服务平台，覆盖大部分行政村落，同时依托服务平台还新建农村淘宝 236 个、供销惠万家 23 个、便民超市 49 个、游客中心 47 个，持续优化

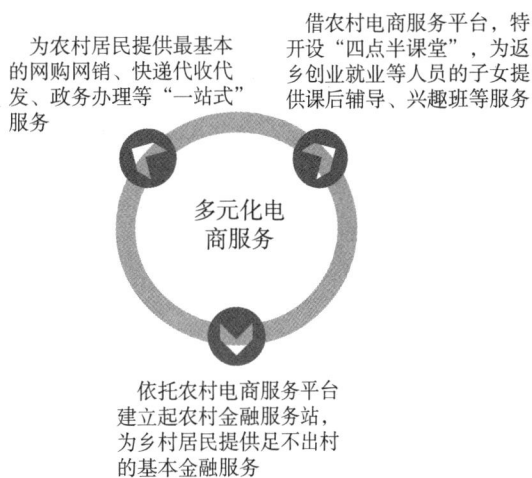

图 4　宁远县为乡村人才提供多元化电商服务

农户生活服务体验。目前建成的服务平台不仅能够为农村居民提供最基本的网购网销、快递代收代发、政务办理等"一站式"服务，还能够为农户提供各类休闲娱乐活动，例如体育健身、书画展、奇石盆景根艺展、文艺晚会和各类农技、普法、卫生知识讲座等。此外，为缓解因子女教育而导致乡村人才离村的问题，特开设"四点半课堂"，召集大学生村官、退休干部和老教师等知识水平较高人员为返乡创业就业人员的子女提供课后辅导、兴趣班等服务。此外，宁远县还依托农村电商服务平台建立起农村金融服务站，让银行工作人员下乡为农村居民办理相关创业贷款，同时建设农村自助服务点并布局 ATM 终端设备，让乡村居民

足不出村就能受到最基本的金融服务。在一系列服务的推动下，宁远县的乡村人才黏性不断增强。

三、经验启示

湖南宁远以深化农村电子商务发展为契机，结合乡情村情和自身特色，持续推进乡村人才振兴（如图 5 所示）。一是在培育乡村人才上，要坚持以人才的实际需求、乡村的现实情况等为划分依据，为电商培训对象设置差异化的培养目标，并以理论和实践相结合的方式巩固学员所学，为乡村培育既懂理论又能实践且符合实际需求的乡村人才。二是在吸引乡村人才上，要主动结合自身拥有的禀赋优势，持续创新电商模式，扩大创业就业的领域范围，为人才返乡、留乡提供更大选择空间，如本案例的宁远县就能借助其拥有的自然禀赋优势，创新推出"农旅"结合的电商模式，让人才能够借力电商在更大范围内选择创业领域，实现自身价值。三是在提升乡村人才黏性上，必须缩小乡村与城市间的服务体验差距。随着乡村人才的代际转换，风华正茂、知识水平高的人才将成为乡村人才队伍的主力军，这类人才对服务需求的特点就是要质量高且多元化，因此要提升这类人才的黏性，单借助于电子商务向乡村人才提供的"一站式"服务已经渐显乏力，唯有借助电商平台的持续优化和创新服务模式才能满足其多样化的服务需求，提升其乡村留存度。

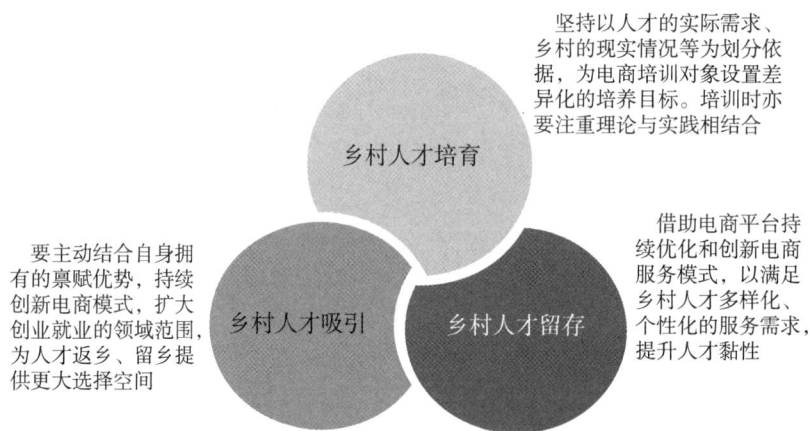

图 5　宁远县借电商发展推动乡村人才振兴的经验启示

案例三　"两山"理念引领新川村"蝶变"

一、案例背景

新川村位于江苏苏州和浙江交界处，交通闭塞且资源匮乏，老百姓以务农为生或从事农耕为本。改革开放之后，勤劳的新川人趁政策东风，把握市场机遇，办起了 20 多家村办企业，更是诞育了中国新能源动力电池领军企业——天能集团。

近年来，新川以绿色发展理念为引导，始终坚定不移地走可持续发展道路，践行习近平总书记"绿水青山就是金山银山"的理念，尤其是从乡村振兴战略实施之后[①]，新川人突出村企共建和一、二、三产融合发展，逐步形成了高端制造产业引导，服务业辅助和休闲农业、民宿旅游和农村电商为辅的多元化特色产业体系，地区经济明显好转，区域名牌知名度不断提升。

新川百姓的经济收入也随之年年攀升，人均收入由 1978 年的 145 元、1998 年的 3260 元、2004 年的 2 万元、2018 年的 12 万元，上升到 2020 年的 15 万元。全村 985 户居民，就有别墅 850 多幢、私家轿车 1280 余辆，轿车户均拥有量 1.29 辆。

之所以能从过去的落后山区，蝶变为今天的绿色工业园区、富饶生态库区、美丽旅游景区，是其践行可持续发展理念的必然结果。新川村严格落实习近平总书记绿水青山就是金山银山的观点[②]，大力发展绿色产业，对当地产业格局优化配置，促进了资源重新协调配置，在以天能集团为龙头的企业带动下，村企共建搭台，产业发展唱戏，工业反哺农业，形成了村企共建助力乡村振兴的良好格局，让绿叶子变成了金票子，实现了党建强、生态优、百姓富、环境美，这再次充分印证了"两山"重要理念的科学性，是"两山"理念转化的又一个绿色样本。

新川旅游电子商务模块如图 1 所示。

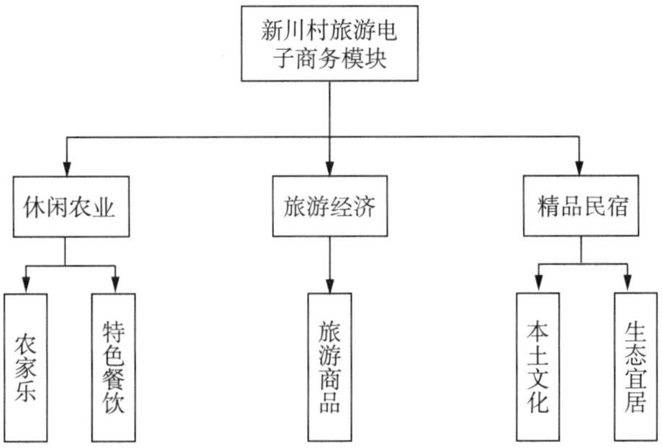

图 1　新川旅游电子商务模块

---

① 王永康. 紧盯绿色生态"发展报表"不动摇着力构建新产业发展体系 [J]. 浙江经济，2015（22）：10−11.

② 梁勤芳. 新巴尔虎右旗产业融合发展研究 [D]. 呼和浩特：内蒙古师范大学，2021.

二、具体措施

（一）因地制宜发展乡村生态旅游

1. 休闲农业

农家乐是一种休闲农业模式，以当地农民合伙经营的模式为主。居民为游客提供民俗和餐饮，游客体验纯真的农村生活，为城市居民提供放松身心的机会，得到了广大旅游爱好者的青睐[①]。承德市近些年来充分发挥地区资源优势，广泛开展农家乐休闲旅游活动，项目得到了市政府的大力支持，比如宽城满族自治县清河口村推出了特色冰雪温泉、乡村民宿、草莓采摘和观光摄影等相结合的旅游套餐[②]，为广大旅游爱好者提供了不同类型的农家乐活动，针对季节变化推出了不同套餐，满足了不同消费者的需求，增强了消费体验。

2. 旅游经济

淘汰落后产业，以宁可不要发展也要保护好环境的决心和勇气，对"低、小、散"企业进行整治，劝退、淘汰了 10 多家"低、小、散"有污染的企业；一边大力发展生态工业，对部分保留的耐火材料厂、蓄电池小厂进行重新整合，转型发展，或通过与天能集团配套协作，建链补链，逐步形成高端制造业为引导和服务业辅助的新型产业集群体系，为地区经济发展提供助力，不断增创绿色发展新优势；一边通过立足新川资源特色，发展竹制品加工、精制茶叶等特色产业，发展旅游经济。

3. 精品民宿

民宿是现代旅游中的重要组成部分，符合城市民众追求自然返璞归真的需求，对乡村经济发展和实现乡村振兴目标有积极作用。省文化厅对乡村旅游给予高度重视，始终坚定不移地贯彻落实乡村振兴战略，将民宿旅游作为落脚点，发挥地区资源优势和民俗风情特色，创新品牌体系，倾力打造精品民俗，提高地区品牌优势，增强产品市场影响力，为乡村生态注入新活力，为乡村振兴战略的目标实现奠定了基础。在此基础上[③]，将民宿旅游和革命历史相融合，或与名人逸事、地方特色、人文风情等密切联系，推出系列丛书，进一步增强民宿旅游产品的品牌影响力。

新川生态旅游项目如图 2 所示。

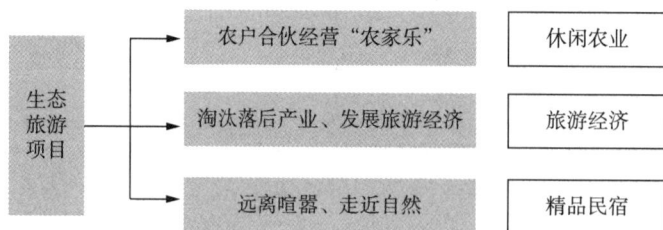

图 2　新川生态旅游项目

---

① 陈明秀，王奇．基于乡村旅游的休闲茶业发展模式［J］．福建茶叶，2015，37（6）：106-107.

② 李铮．承德市乡村旅游电子商务应用研究［D］．桂林：广西师范大学，2017.

③ 阮扉．乡村振兴背景下农业特色小镇建设路径研究——以秦岭天麻小镇为例［D］．西安：西北大学，2021.

（二）电子商务生态旅游的发展路径

1. 打造特色乡村旅游品牌

创新产品体系，打造特色旅游产品内容，加快供给侧改革，充分发挥电子商务平台载体优势，大力宣传地区特色旅游产品内容，为消费者提供多元化的旅游体验，满足消费者的不同需求，提高满意度。要以市场需求为引导，突出地域特色，打造节假日旅游、文化旅游、团建旅游、家庭旅游、婚配旅游等不同类型产品，契合不同客户群体需求，突出针对性。

2. 加强乡村旅游基础设施平台建设

在互联网时代背景下，要充分发挥互联网资源优势，以信息资源助力乡村发展，为我国乡村建设提供助力。要加强乡村地区的基础设施建设，推动宽带入村，普及互联网，通过政府参与和企业主导等多重方式为农村地区带来实惠，降低资费标准，助力乡村发展，严格执行乡村振兴战略。通过道路互通降低城乡交际成本，为乡村旅游的顺利发展奠定道路基础，加快农产品流动速度，建立并完善物联网体系，减小城乡消费水平差。

3. 深化产业链改造，发挥电子商务优势

更好地培育农村市场，提高乡村旅游的竞争优势，发挥出现代农业的带动作用，完善产业体系，促进农业产业体系的健康发展，通过完善的产业体系建设为地区经济的高速发展创造条件。要在村镇内建设综合旅游服务网点，加强政策引导和资金扶持，通过先进技术的应用为乡村建设提供帮助，建立和完善多层次服务体系，为乡村生态发展奠定基础。各级政府应当对乡村电子商务发展给予足够重视，充分发挥互联网优势，对产业链完善加强信息支撑，形成良好的外部环境。

（三）政府支持"电商＋生态"旅游项目

从乡村生态振兴视角看，电子商务促进乡村生态旅游是涉及专业人才培养、旅游基础设施建设、旅游产业项目规划和招商引资等方面的系统工程。要充分发挥政府主导作用，协调乡村生态发展，将电子商务的优势充分体现，形成多方参与的和谐机制，为乡村旅游创造条件（如图3所示）。

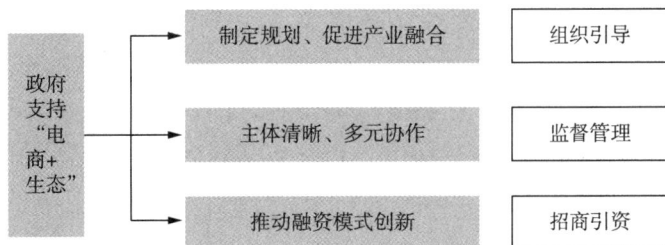

图 3　新川村政府支持"电商＋生态"

要由政府机构主导，企业广泛参与，形成良性发展格局，优化产业体系，积极调整产业规划细则，实现农村电子商务体系和乡村旅游发展的融合。要从多方参与的方面促进生态旅游的协调发展，对各部门之间的利益加以疏导，避免权责不明导致的工作不畅，制定行业标准对生态旅游发展提供良好格局。要加强对农村旅游体系的监管，发挥出政府机构的主导作用，积极主动地为乡村旅游发展贡献力量，坚持可持续发展的理念，形成绿色意识，通过良性引导和有效监督，保障乡村旅游的健康发展。

要出台乡村生态旅游方案，明确责任主体，将实施细则严格落实，加强监督管理。做好政府监管，引导企业参与和社会融资，为乡村旅游项目的健康发展提供充足资本，创新优化提高项目品牌知名度，改善地区市场影响力。借助经营权和股权等投资模式优化融资类型，为生态旅游项目的高质量发展奠定基础。

三、经验启示

在实施乡村振兴战略中必须坚持可持续发展的科学理念，将电子商务作为促进乡村旅游的有效工具，做好区域宣传工作，借助互联网和新媒体加强宣传，提高当地旅游产品的特色和知名度；通过大数据分析和客户精准画像明确客户需求，优化产品体系，增强适应性，为旅游增质增效创造条件；借助精准广告投放和需求分析等，改善经济效益，提升市场知名度和影响力，为乡村经济高速发展奠定基础。要发挥旅游平台优势，积极参与平台合作，以提升地区对游客的吸引力，通过与飞猪旅行和携程网等平台的广泛合作，为乡村旅游的健康发展提供帮助。

案例四　三瓜公社：电子商务的乡村生态振兴之旅

一、案例背景

　　三瓜公社位于安徽省合肥市辖下的巢湖市半汤街道。三瓜公社本来只是一个落后的小镇，村民的主要收入也只是来源于农耕。后来当地政府联合安徽淮商集团，二者采取了政企合作的方式，成立了三瓜公社投资发展有限公司。三瓜公社利用其丰富的自然资源、独具特色的历史文化，依托目前热门的电子商务，形成了"文旅＋农旅＋商旅"相结合的旅游模式（如图1所示）。仅仅几年时间这里就从一个落后的小镇变成了一个风景优美、生态健康的特色旅游景区，而电子商务对这里的生态振兴起到了关键的作用。

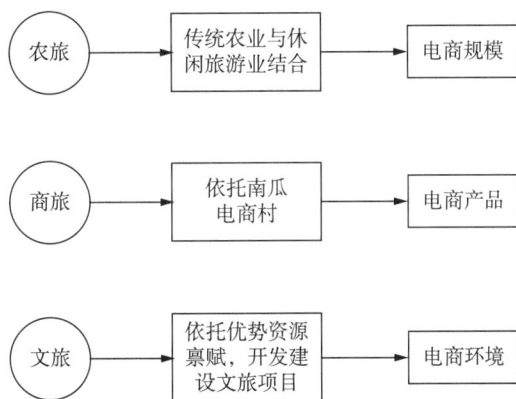

图1　三瓜公社"三旅结合"模式

二、具体措施

（一）三瓜公社的生态建设

1. 重整闲置资源，乡村面貌大幅改观

　　三瓜公社位于合肥市巢湖市半汤镇，靠近巢湖岸，附近有半汤温泉、郁金香高地风景区等优秀资源，周边资源丰富，交通便捷，有着十分优越的地理位置。

　　在建设过程中，三瓜公社重点改造废弃民房，建设了80户风情居民民宿、60家特色农家乐、10多处风情别样的客栈酒店，建设以民宿、美食为特色的村落。在项目实施之前，村里有很多未开发的荒置土地，造成了土地资源的浪费。于是三瓜公社利用这些闲置土地成立了四大合作社，分别是花生专业合作社、山里邻居食用菌专业合作社、山里人家养殖专业合作社和桃源瓜果专业合作社，充分地利用了土地资源；同时，还对荒地、山地、林地进行修正保护，修复水系。

　　通过近年来的建设，其闲置土地得到了释放，村容村貌重新焕发了活力。

2. 开发特色"三村"，推进乡村旅游

三瓜公社致力于建设美丽乡村，通过对环境的整治，吸引了大批游客前来观光。三瓜公社最具特色的就是其中的三个村子，分别是南瓜电商村、西瓜美食村和冬瓜民俗村，三瓜公社的"三瓜"也是由此而来（见图2）。

南瓜电商村定位为电商村，是安徽省第一批电商特色小镇。目前，大批优秀的电商企业已经入驻南瓜村，这些电商企业大多是知名企业，开设了很多线下实体店铺，并且凭借着自身的影响力提升了本地的物流水平。这些线下门店和互联网形成了"线上＋线下"的模式，丰富了农产品的销售渠道。南瓜电商村利用了当地特色，开辟了温泉蛋、温泉鸡、茶叶、山泉玉米、山泉大豆等三十多个产业基地，以茶、泉、文化、农特为主题的特色产品和纪念品也陆续上架店铺，形成了具有半汤本地特色的品牌效应。

冬瓜民俗村将其独特的民俗文化与旅游融合在一起，一方面通过宣传六千年历史的农耕民俗文化推动旅游业的发展，另一方面旅游业的发展又有利于当地特色传统文化的宣扬。冬瓜民俗村围绕着四大主题基调进行建设，"半汤六千年民俗馆"主题向旅客展示巢湖地区六千年来形成的传统文化，旨在保护和宣传当地的传统文化，比如古温泉文化就吸引了大批旅客的参观，促进了温泉旅游的发展；"有巢印象"主题还原了一个古代有巢氏的生活场景，让旅客身临其中体验古巢文化；"传统手工艺坊"主题向旅客展示了传统民间手工艺文化；"主题农业带"以农业为基调，向旅客展示了最真实的农业文明。

西瓜美食村向旅客提供了休闲娱乐的场所。西瓜村的面积是最大的，房屋也比较多，因此可以用来改造成民宿。西瓜美食村还配备了六十个特色农家乐，以其中一个山泉鱼庄为例，旅客可以通过垂钓将捕捞到的鱼送给厨师，厨师可以根据旅客的口味烹饪。西瓜村还配有十处主题客栈酒店，每一处都有自己独特的风格。"民宿＋农家乐＋主题客栈"就构成了西瓜美食村的三大板块。

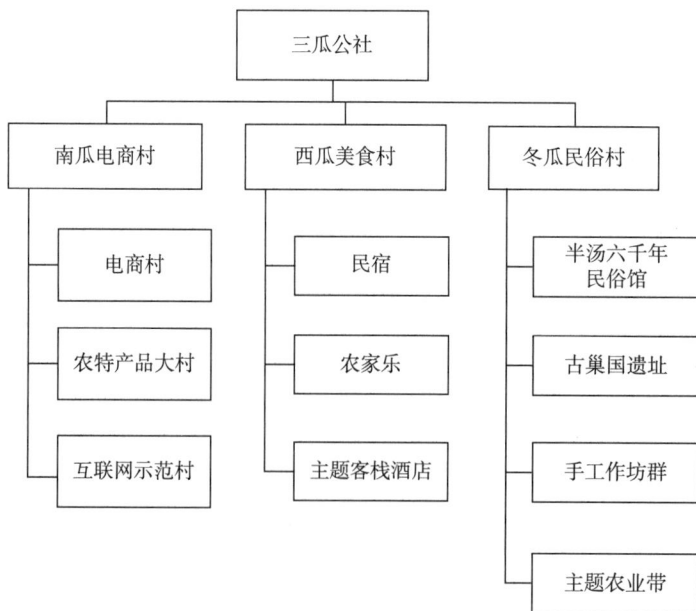

图2 三瓜公社特色三村

（二）三瓜公社引入电子商务

1. 创新政企模式，打造电商平台

本次改造采用的是"政府＋企业"的模式，合巢经济开发区管委会与安徽淮商集团共同成立三瓜公社投资发展有限公司，这种政企相结合的模式为电子商务的引入提供了良好的条件。政府进行宏观指导，提升乡村的硬件设施，比如道路硬化，引进高压电线并铺设网络，为电商的引入打下了基础。而淮商集团则提供资金支持，建设电商基地，引入线下优秀店铺。

2. 筑巢引凤：电商吸引优秀人才

要实现乡村振兴，人才是不可或缺的，三瓜公社为了吸引外地人才和培养优秀人才，提供了"乡创"和"农创"两大创业平台，"乡创"支持城里人返乡创业，"农创"致力于引导本地农民创业。同时三瓜公社还成立了"半汤乡学院""电商培训中心"，为那些有志于农村电商创业的返乡人才和本地农民提供了场所。电商的引入不仅吸引了很多优秀人才返乡创业，而且提供给本地农民大量的就业机会。

3. "农电融合"为农业注入新活力

三瓜公社始终坚持以"互联网＋三农"为实施路径，将特色农产品融入电商产业（如图3所示）。通过电子商务设立特色农产品品牌，打开农产品市场，通过线上和线下拓宽农产品的销售渠道。以花生为例具体说明问题。在过去，当地农民仅仅是把收获的花生直接卖给批发商，赚取微薄的利润；而现在，农民在收获花生后并不急着将其售出，通过对花生的分拣将其分类，再进行深加工。在销售渠道和服务方面，通过线上电商平台和线下门店销售结合，可以较轻松地将花生销售出去。最后，强大的物流为商品的配送提供了保障。

（三）电子商务促进乡村生态振兴路径

1. 电商实现了低污染的乡村商业模式

随着电商平台的飞速发展，线上经济开始向农村快速传播。三瓜公社电商特色小镇于2015年开始启动农产品上行项目，开设了三瓜公社淘宝企业店铺，整合名优特产货源，开发温泉、冷泉系列等当地农特产品。小镇充分发挥产业集聚效应，建设电商基地，目前累计入驻电商创业企业共86家，其中引进行业内知名企业5家、扶持成长期企业6家、初始创业的小微企业数量75家。开设了天猫、淘宝、京东、苏宁等各平台线上店铺共28个，自建了"三瓜公社"电商平台和App，开发产品总数1000余种，组建电商团队11支。

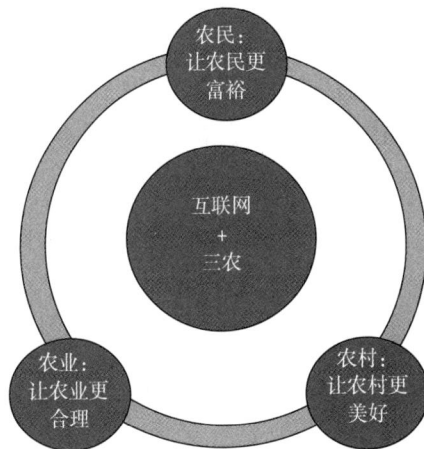

图3　"互联网＋三农"实施路径

当然，只发展线上经济是不够的，三瓜公社还创新了商业模式，将养殖、种植、生产、线上线下交易、物流等环节融为一体，提高产品产量、价格，激发农民的积极性和参与性，解决了农产品无标准、无品牌、无体系等关键问题，让农特产成为线下购买热品、线上电商"爆款"，提升农特产品附加值达 30％～50％，已发展社员 1000 多户，同时也带动了周边 11 个村落的共同致富。这种商业模式区别于传统的低水平工业模式，主要是网上零售及其配套产业，污染很小，有利于生态的发展。

2. 电商催生了节约国土空间的资源友好型发展

三瓜公社通过建立电商平台，大大提高了土地资源的利用效率。一方面，通过嫁接互联网，对传统农业进行改造，可以省去部分行业中间环节，也就不需要建造进行中间环节生产的工厂，节省了土地面积。三瓜公社通过网络平台及线上线下融合，大力推动订单式农业，使土地利用更科学、生产要素与市场对接更紧密，农产品附加值得到大幅度提高。另一方面，南瓜电商村、西瓜美食村和冬瓜民俗村虽然有着各自的功能，但是三个村子之间交通便利，优势互补，作为一个整体发挥了旅游功能，这种集约化大大提高了整体的效益。

3. 电商带动了当地的旅游发展

三瓜公社的三个村子有着各自的特点和功能，其中南瓜电商村定位为电商村，主要用于销售当地的农产品，建立线上线下店铺使农村产品销售渠道多元化。而西瓜美食村和冬瓜民俗村主打线下为旅客提供服务，三个村子共同发挥了线上和线下的优势。三瓜公社依托电商平台，利用互联网在线上对自己的品牌进行宣传，提高了品牌知名度，吸引大批游客前来观光。大批游客的到来又会促使政府对当地生态环境进行改善。

4. 电商促进了绿色交通体系的建立

三瓜公社电子商务的快速发展，促进了产业快递物流业的发展，天猫官方旗舰店、微创全国联盟、京东、创客空间及特产销售门店的入驻增加了当地的物流需求，这就需要当地政府改善交通状况，提高物流的便利程度。电子商务又促进了乡村生态旅游的飞速发展，因此在优化路网结构时需要考虑当地的生态，以及对旅客来说是否足够安全和便捷，优化出行方式，这就需要建立一个绿色的交通体系。

因此三瓜公社以"把农村建设得更像农村"为建设理念，加大对村庄道路交通整改力度，埋设污水管线，做好绿化整洁，建设无线网络覆盖，使村容村貌焕然一新。目前，三瓜公社与合肥、南京国际机场邻接，临近芜湖、南京外贸码头，两条高速公路、四条铁路贯穿其中，实现了与城市的道路互通。这样，无论是物流便利程度还是旅客出行的舒适度都得到了提升。

三瓜公社电子商务促进生态振兴实施路径如图 4 所示。

三、经验启示

三瓜公社通过政企合作的方式，对半汤镇进行改造，电子商务的引入给半汤镇的生态发展注入了活力。三瓜公社

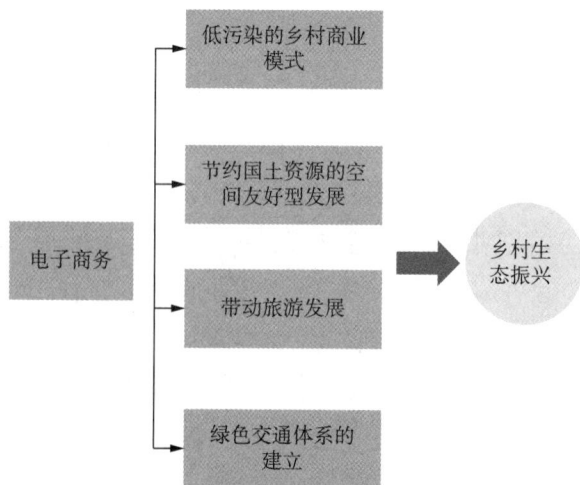

图 4 三瓜公社电子商务促进生态振兴实施路径

将电子商务与乡村发展紧密融合，把握时机，加快一产、二产和三产的融合，还提出了农旅、商旅、文旅三旅共同发展，打造了一个农旅结合的电商特色小镇。我们可以看到，在引入电子商务之后，三瓜公社并没有放弃自己的本土文化，反而是将这些元素更好地利用起来，与电子商务协同发展，三瓜公社的三个村子各有自己的特色，更是协同发挥了各自的优势。在未来的发展过程中，三瓜公社应该更加注重对生态的保护，虽然电商会在某些方面促进生态的发展，但是其本身也会带来一些生态问题，比如电商会使用大量的包装及捆扎材料，这些都是需要考虑到的问题，电子商务自身的绿色化、生态化还需要进一步改进。

案例五　北寨村："党建＋合作社＋电商"联动促进集体经济发展

一、发展背景

北京市平谷区的北寨村是典型的山区村，当地北寨红杏种植经过 50 余年的发展，面积达 1 万余亩，成为北寨村的独特果品和村民的主要收入来源。北寨红杏是国家地理标志产品，却没有实现品牌效益和高附加值。一是自实行家庭承包经营以来，村里将土地全部分包到户，农户分散种植，销售以中间商收购和村内农户零散销售为主，没有组织带动，没有议价权，优质果短缺，村民销售效益整体较低。二是村民市场意识和品牌意识淡薄，北寨红杏包装鱼龙混杂，良莠不齐，形不成竞争力强的自主品牌。三是红杏主要成熟期在 6 月下旬至 7 月初，上市时间集中，体量大，不易长时间保存，容易受自然灾害损伤，影响果品产量和外观。随着杏农的老龄化和生产资料、雇工费用的上涨，村民都对发展前景感到困惑，亟须对红杏产业发展模式进行变革重组。

二、做法与成就

北寨村坚持问题导向，充分发挥基层党组织的领导作用，让党员作为产业发展带头人。2020 年年初北寨红杏的销售严重受阻，使村民遭受了极大损失，为此，镇村两级党委坚持党建引领，转换思路，组织果农成立了北京北寨红杏产销专业合作社，探索"村党支部＋农民合作社＋果农"的发展模式，牵引村集体经济壮大发展。合作社依托"互联网＋"，规范管理，畅通销路，诚信经营，提升服务水平，着力打造"独乐好物"品牌，提升农产品附加值，有效地激活了村集体发展的新动能，有力地促进了农民增收。

（一）组建农民合作社，助力集体经济发展

党建引领，提高组织化程度。面对特殊情况，北寨村转变传统的农产品销售思路，实施"党支部＋合作社＋村民"发展模式，由党组织书记担任合作社理事长，"两委"干部和党员在疫情防护摸排走访的同时，积极向农户们宣传农民合作社的优势，通过召开壮大集体经济组织动员会，引导村民主动出资入股农民合作社，每个农户入社出资 200 元，合作社成员总数为 145 人，入社农户占全村农户 90% 以上。

专人负责，提高服务水平。为进一步拓展北寨红杏的销售渠道，北寨村成立专班，指定专人负责管理合作社。由村"两委"评议推选村内销售能人，专门负责全村红杏的销售推广工作，提前走出去联系商户。

明确权责，提高规范程度。合作社与农户成员签订了订单协议，合作社在规定时间内统一收购本村农户成员生产的北寨红杏。合作社制定了红杏外观、成熟度、农残抽检等统一的收购标准，设计了统一的包装箱和包装标准，明确了统一的收购价格，通过标准化管理，进一步提升了北寨红杏的品质，增强了市场竞争力。

（二）构建营销体系，畅通销售渠道

果农触网，提升销售能力。在平谷区商务局的支持下，北寨村"两委"对接"新农人讲师团"，打造针对北寨红杏的一系列短视频、直播等电商销售课程。"新农人讲师团"驻村开展了30场系列培训，全村2/3的果农接受了培训，通过手机"新农具"把北寨红杏销往全国各地。

强化宣传，持续云端带货。合作社通过南独乐河镇官方微信公众号"独乐之声"持续宣传"独乐好物"，在杏花开放期组织开展了"云赏花"预热，在红杏成熟期开展云端带货，拓宽北寨红杏网上销售渠道。坚持文创赋能，参加第三届乡创文旅云端大赛暨北寨红杏领衔"平谷好物"直播带货季启动仪式，多家电视台和官方媒体对此进行报道，促进了红杏销售。

便利物流，拓宽销售渠道。北寨红杏上市期间，村里专设3个快递揽收点，农户不出村就可以寄出北寨红杏，同时享受6折优惠，便利北寨红杏运输。镇党委、镇政府帮助合作社对接大兴、海淀等社区，有效实现北寨红杏从枝头直达市民餐桌的顺畅流转。面对疫情防控，北寨村在区、镇两级政府的支持下，引进众多快递公司和电商平台，签署了包装定制、线下揽件、线上销售的"一站式"合作协议。2020年，顺丰、京东、EMS 3家快递公司出单北寨红杏78779单，销售12.4万箱311.5吨，占总产量的69.4%，全年互联网物流快递销售占比增幅38.8%，销售量翻番，"互联网＋红杏产业"效果凸显。2020年，北寨红杏优质果产量449吨，销售额1138.4万元，平均售价达到每千克25.34元，相比于2019年，每千克价格上涨26.7%，直接为村集体增收30余万元。

（三）强化技术支持，建立溯源体系

科学技术支持，保障质量。合作社与中国农业大学合作，建立科技小院，3名研究生长期入驻，进行土壤质量提升、环境质量改善等技术研究，开展培训，帮助果农全面规范土壤施肥。自2019年开始，合作社依托"生态桥"治理工程，共为农户兑换生态有机肥1000余吨，有效改良了土壤质量。

建立溯源体系，诚信卖物。合作社建立统一的农产品溯源体系，统一制作了销售二维码标识，粘贴于统一制作的包装箱上。消费者可通过标识获取产品信息，包括北寨红杏的特点、营养成分、采摘时间、果农责任人等。而且消费者可通过完整的追溯链条进行维权，不仅提升了村民的诚信意识，也提高了北寨红杏品牌的公信力。

三、经验启示

北寨村充分利用当地特色农产品的优势，通过成立北寨红杏产销专业合作社将小农户种植变成组织化种植。同时合作社充分发挥基层党建的"核心引擎"作用和党员的模范带头作用，探索"村党支部＋农民合作社＋果农"的发展模式，推动北寨红杏产业提档升级。北寨村"两委"班子通过组建合作社，确保疫情期间红杏不滞销、杏农收入不减，让村民切身体会到发展村集体经济的好处，使村民对村集体更加认同，提高了村党支部在人民群众中的核心领导地位，同时有效促进了村里其他工作的高效推进。

参 考 文 献

[1] 涂圣伟．中国乡村振兴的制度创新之路［M］．北京：社会科学文献出版社，2019：5－22．

[2] 中共中央党史和文献研究院．"三农"工作论述摘编［M］．北京：中央文献出版社，2019：121．

[3] 石宝峰，赵敏娟，夏显力，等．坚持农业农村优先发展：理论创新与实践探索——第四届中国农业经济理论前沿论坛综述［J］．经济研究，2021，56（5）：203－207．

[4] 魏少芳．乡村振兴战略背景下发展农村经济的路径选择［J］．河北企业，2020（12）：75－76．

[5] 岑昭思．乡村振兴战略下农村经济发展路径研究［J］．经济研究导刊，2022（9）：35－37．

[6] 韩马明．传承创新农村优秀传统文化　推动乡村文化振兴［J］．农家参谋，2022（4）：13－15．

[7] 张远新．推进乡村生态振兴的必然逻辑、现实难题和实践路径［J］．甘肃社会科学，2022（2）：116－124．

[8] 尤琳，魏日盛．乡村振兴战略背景下提升村级党组织组织力研究［J］．社会主义研究，2022（1）：122－129．

[9] 中国政府网．中共中央国务院印发《乡村振兴战略规划（2018—2022年）》［EB/OL］．（2018－09－26）［2022－05－12］．http：//www.gov.cn/zhengce/2018－09/26/content_5325534.htm．

[10] 吴芬．电子商务对我国产业结构转型升级的影响［D］．重庆：重庆工商大学，2021．

[11] 安艾芝，樊重俊，李永欣．区块链在电子商务中的应用探讨［J］．电子商务，2020（12）：31－32，47．

[12] 刘媛媛．大数据时代下计算机电子商务安全问题探析［J］．中外企业家，2019（15）：53．

[13] 肖国云．大数据时代电子商务安全问题探讨［J］．商展经济，2022（4）：33－35．

[14] 翟井波．电子商务企业发展面临的困境及未来发展趋势［J］．商业文化，2022（6）：81－83．

[15] 阿里研究院．中国淘宝村研究报告（2020年）［EB/OL］．（2020－10－10）［2022－05－12］．http：//imgs-b2b.toocle.com/detail－－6573965.html．

[16] 黄伟．基于区块链技术的物联网安全分析［J］．中国新通信，2018（22）：150－151．

[17] 安冬．基于区块链技术对我国政府采购项目安全的思考［J］．中国政府采购，2018（11）：66－71．

[18] 杨慧娟．"互联网＋"背景下农村电商发展模式探究［J］．中国市场，2019（11）：184，192．

[19] 朱孟玲．乡村振兴战略背景下农村电商的发展现状及策略研究［J］．商展经济，2022（2）：50－52．

[20] 史修松，张洋，张效祯．农村电商产业集群发展区域差异研究——来自淘宝村的证据［J］．淮阴工学院学报，2018，27（6）：64－70．

[21] 赵建伟，彭成圆，冯臻．农村电子商务空间差异及影响因素研究——基于江苏省农村电子商务发展指数的分析［J］．价格理论与实践，2019（7）：144－148．

[22] 徐腊梅．基于乡村振兴的产业兴旺实现路径实证研究［D］．沈阳：辽宁大学，2019．

[23] 常艳花，张红利，师博，等．中国农业现代化发展水平的动态演进及趋势预测［J］．经济问题，2022（5）：82－89．

[24] 周娜．乡村振兴视角下实现农业现代化的路径探析［J］．理论探讨，2022（2）：159－164．

[25] 董翀．产业兴旺：乡村振兴的核心动力［J］．华南师范大学学报（社会科学版），2021（5）：137－150，207－208．

[26] 胡高强，孙菲．新时代乡村产业富民的理论内涵、现实困境及应对路径［J］．山东社会科学，2021（9）：93－99．

[27] 刘玉侠，张剑宇．乡村人才振兴：内涵阐释、困境反思及实现路径［J］．重庆理工大学学报（社会科学），2021，35（11）：104－114．

[28] 何世平．乡村振兴战略背景下乡村人才队伍建设的思考［J］．南方农机，2022，53（5）：25－28．

[29] 丁文锋，马景，马天昊．乡村人才振兴的战略地位与实现路径［J］．农经，2021（6）：80－85．

[30] 李海金，焦方杨．乡村人才振兴：人力资本、城乡融合与农民主体性的三维分析［J］．南京农业大学学报（社会

科学版），2021，21（6）：119-127.

[31] 李博．乡村振兴中的人才振兴及其推进路径——基于不同人才与乡村振兴之间的内在逻辑 [J]．云南社会科学，2020 (4)：137-143.

[32] 高琦．激发人才活力 推进乡村振兴 [J]．人民论坛，2018 (14)：56-57.

[33] 张硕，乔晗，张迎晨，等．农村电商助力扶贫与乡村振兴的研究现状及展望 [J]．管理学报，2022，19 (4)：624-632.

[34] 熊璐．农村电商职业培训的现实困境与突破路径——以江西省为例 [J]．职教论坛，2020 (11)：152-156.

[35] 张天浩．十九大以来关于乡村文化振兴研究综述 [J]．山东农业大学学报（社会科学版），2021，23 (4)：84-92，184.

[36] 宋小霞，王婷婷．文化振兴是乡村振兴的"根"与"魂"——乡村文化振兴的重要性分析及现状和对策研究 [J]．山东社会科学，2019 (4)：176-181.

[37] 谭鑫，谭嘉辉．以乡村文化振兴推动乡村全面振兴 [J]．社会主义论坛，2021 (11)：50-51.

[38] 李辰．新时代乡村文化振兴研究 [D]．杭州：浙江农林大学，2021.

[39] 郭淑梅，许爱萍．乡村振兴视角下天津农业生态旅游业集群化发展路径分析 [J]．未来与发展，2019，43 (2)：42-47.

[40] 郭顺．宁夏乡村振兴评价体系构建及实践研究 [D]．银川：北方民族大学，2020.

[41] 吴德强．乡村振兴战略背景下河南新生代农民思想政治教育对策研究 [J]．河南教育（高等教育），2021 (8)：29-30.

[42] 赵旭光．新媒体时代应用型本科院校优秀传统文化教育改革路径探析 [J]．信阳农林学院学报，2021，31 (2)：143-145.

[43] 周俊华，李楠．乡村文化兴盛视角下边境地区乡镇文化站文化治理的功能研究——以金平县勐拉镇为例 [J]．云南行政学院学报，2019，21 (5)：51-58.

[44] 廖青虎，陈通，孙钰，等．乡村文化治理的创新机制——控制权共享机制 [J]．北京理工大学学报（社会科学版），2021，23 (1)：99-105.

[45] 张雪．推动文化产业赋能乡村振兴 [N]．经济日报．2022-04-19.

[46] 施倩然．当代乡村文化振兴的媒介机制与实践策略——以铜陵市顺安镇为例 [D]．合肥：安徽农业大学，2020.

[47] 宋名舰，田云刚．电商助力乡村文化振兴路径探究 [J]．文化学刊，2021 (11)：39-42.

[48] 钱倩，龚文龙．区域产业转型升级背景下大学生创业教育模式研究 [J]．黑龙江科学，2019，10 (3)：12-13.

[49] 郭礼英．农村电商对农民生活方式的影响研究 [D]．成都：西华大学，2018.

[50] 李颖．乡村电商对乡村文化旅游业发展的影响 [J]．商业文化，2021 (14)：122-123.

[51] 李赫一，张海丽．乡村振兴背景下应用型本科院校参与农村电子商务人才培养策略研究 [J]．乡村科技，2021，12 (31)：11-13.

[52] 马翼飞．农业生态资本运营与绿色减贫协同发展评价研究 [D]．武汉：中南财经政法大学，2019.

[53] 马慧，罗志佳．乡村振兴进程中培育和践行社会主义核心价值观存在的问题及对策 [J]．才智，2022 (5)：13-15.

[54] 赵胤．"互联网+"背景下乡村振兴战略实施路径研究 [J]．长江丛刊，2019 (18)：106，108.

[55] 童静．湖南耕地生态经济系统结构、功能及可持续性能评价 [D]．长沙：湖南农业大学，2013.

[56] 张哲源，张若曦，曹磊，等．系统性治理下的生态修复探索——以泉州市百崎湖为例 [J]．生态城市与绿色建筑，2021 (1)：88-93.

[57] 张永良．我国小城镇发展中的主体行为研究 [D]．咸阳：西北农林科技大学，2006.

[58] 任晓月．论地方政府在农村环境治理中的责任 [D]．武汉：武汉科技大学，2012.

[59] 张国斌，潘建青，董海潮，等．加强土地管理 促进新农村建设健康发展 [J]．浙江国土资源，2008 (11)：42-46.

[60] 刘小瑜．农业生产托管促进粮食高质量生产的机理与效果研究 [D]．济南：山东财经大学，2021.

[61] 陈建成，赵哲，汪婧宇，等．"两山理论"的本质与现实意义研究 [J]．林业经济，2020，42 (3)：3-13.

［62］陈晨．基于时空分解分析的中国区域碳强度变化驱动因素研究［D］．天津：天津大学，2019.

［63］陈小捷．乡村振兴背景下农村生态文明建设问题研究［D］．北京：北京邮电大学，2020.

［64］周宇佳．乡村振兴背景下农村基层党组织的组织力建设研究［D］．大连：东北师范大学，2020.

［65］杨占国．我国土地资源管理和利用中存在的问题及对策［J］．辽宁行政学院学报，2020（4）：65 - 69.

［66］刘镇玮，林美卿，苏百义．乡村振兴之生态振兴：内生逻辑、关键环节与实践向度［J］．山东农业大学学报（社会科学版），2021，23（2）：134 - 138.

［67］何明珠．河北省乡村生态振兴研究［D］．石家庄：河北经贸大学，2021.

［68］鲁可荣．农村社会组织建设与农村基层社会治理创新——基于浙江实践的研究［M］．济南：山东人民出版社，2015：1.

［69］王立峰，孙文飞．建党百年来农村基层党组织建设的演进历程与经验启示［J］．江苏行政学院学报，2021（5）：84 - 91.

［70］于雅璁，王崇敏．农村集体经济组织：发展历程、检视与未来展望［J］．农村经济，2020（3）：10 - 18.

［71］罗婧．从团结型社会组织、行政型社会组织到治理型社会组织——1949 年以来社会组织的变迁历史［J］．清华大学学报（哲学社会科学版），2020，35（3）：191 - 206，212.

［72］王诗宗，宋程成，许鹿．中国社会组织多重特征的机制性分析［J］．中国社会科学，2014（12）：42 - 59，206.

［73］李杨．乡村振兴战略下农村电商发展困境及对策［J］．决策咨询，2021（4）：63 - 66.

［74］徐丽艳，郑艳霞．农村电子商务助力乡村振兴的路径分析［J］．中国社会科学院研究生院学报，2021（2）：109 - 120.

［75］张娅丛，张永亚．农村交通运输改善工程研究［J］．核农学报，2021，35（9）：2216 - 2217.

［76］王志辉，祝宏辉，雷兵．农村电商产业集群高质量发展：内涵、困境与关键路径［J］．农村经济，2021（3）：110 - 118.

［77］许敏．产业集聚、社会关系网络与农村电商创业绩效［J］．农业经济与管理，2021（2）：51 - 62.

［78］张硕，乔晗，张迎晨，等．农村电商助力扶贫与乡村振兴的研究现状及展望［J］．管理学报，2022，19（4）：624 - 632.

［79］柯铭华，朱朝枝，谢志忠．标准化视域下福建特色农产品质量管理［J］．福建论坛（人文社会科学版），2017（4）：177 - 184.